Christian Meier

Die parlamentarische Demokratie

Deutscher Taschenbuch Verlag

Von Christian Meier ist
im Deutschen Taschenbuch Verlag erschienen:
Caesar (30593)

Juli 2001
Deutscher Taschenbuch Verlag GmbH & Co. KG,
München
www.dtv.de
© 1999 Carl Hanser Verlag München Wien
(ISBN 3-446-19656-0)
Umschlagkonzept: Balk & Brumshagen
Umschlagfoto: © The Image Bank/Frank Seifert
Satz: Satz für Satz. Barbara Reischmann, Leutkirch
Druck und Bindung: Ebner, Ulm
Gedruckt auf säurefreiem, chlorfrei gebleichtem Papier
Printed in Germany · ISBN 3-423-30812-5

Inhaltsübersicht

Einleitung
7

I.
Der Sinn der Demokratie
15

II.
Die Herkunft des Parlaments
65

III.
Wahlen, Abgeordnete, Parteien
103

IV.
Aufgaben des Bundestags
153

V.
Die Organisation des Bundestags
173

VI.
Die Arbeit des Bundestags
229

VII.
Ein Plädoyer für die parlamentarische Demokratie
257

Nachwort zur Taschenbuchausgabe
271

Bildnachweis
272

Einleitung

Es ist gut, wenn eine rechtschaffene demokratische Verfassung selbstverständlich und zur Routine wird; wenn ein Volk seine Ordnung unaufgeregt und vielleicht gar mit jener Gelassenheit lebt, die auch einmal fünf gerade sein läßt.

Keiner bedroht heute bei uns die parlamentarische Demokratie. Kein Gedanke an einen Staatsstreich. Keine irgend nennenswerte Unterwanderung ist zu befürchten. Nirgends, soweit man jedenfalls sehen kann, sprudeln irgendwelche Quellen, aus denen sich eine »Bewegung« speisen könnte, die »das Volk« zu neuen Ufern zu führen verspräche.

Auch ist der Staat wohl nicht mehr in der Lage, den im Extremfall usurpatorischen Herrschaftswillen eines übermäßig ambitionierten Individuums oder einer bestimmten Gruppe auf sich zu ziehen. Wie sich darüber ja auch kein nennenswerter Gleichklang mit breiteren Anhängerschaften herstellen ließe.

Trotzdem empfinden nicht wenige den Zustand unserer Demokratie als unbefriedigend. Ausgehöhlt sei sie, gefährdet gleichsam durch Achselzucken, Resignation, Ratlosigkeit, zu vielen überfälligen Entscheidungen gar nicht in der Lage.

Vielleicht ist sie gar »überholt«? Denn wer sagt denn, daß diese Ordnung das Ziel der Weltgeschichte sei, daß die unendlich lange historische Abfolge verschiedener Ordnungen, die schließlich in weiten Teilen der Welt zu Verfassungen geführt hat, welche man mit mehr oder weniger Recht Demokratien nennt – daß also diese lange historische Abfolge sich nicht weiter fortsetzt, über die Demokratie hinaus?

Ist die parlamentarische Demokratie nicht längst zu umständlich geworden, zumal angesichts des außerordentlichen Tempos, in dem die Welt sich verändert? Fallen die wichtigen Entscheidungen überhaupt noch in den Parlamenten und Regierungen der Staaten? Und nicht eher in Brüssel, New York, Washington oder in den Vorstandsetagen

Die Kuppel über dem Plenarsaal des Berliner Reichstagsgebäudes.
Entwurf: Norman Foster.

großer Konzerne – oder überhaupt nicht mehr an einzelnen Orten, sondern zwischen ihnen, von vielfältigsten Impulsen gespeist, wenn sich auch hier und dort zeitweise einige Macht konzentrieren mag? Und wie viele dieser Entscheidungen sind nur vorläufig, weil die, die sie treffen, nicht die Absicht haben, sich daran zu halten; weil weder Vernunft noch die Einmütigkeit der jeweils anderen sie dazu nötigt; weil aber auch, wenn man sie trifft, vieles übersehen wird und anderes noch nicht sichtbar ist.

Oder wird die Frage nach den Entscheidungen ihrerseits immer weniger aktuell, weil in Hinblick auf das, was die Welt bewegt, vieles »von selbst« geschieht, weil, was in Labors und auf Reißbrettern, im Internet, in Produktionsstätten, in Kommerz und Verkehr und wo immer sonst ins Werk gesetzt wird, im ganzen keiner Entscheidung gehorcht; und sich die Entscheidungen normalerweise bestenfalls darauf richten können, wie man innerhalb der ohnehin im Gang befindlichen Prozesse in diesem oder jenem Rennen besser abschneidet? Was überhaupt ist, aufs Ganze gesehen, noch steuerbar und von wem?

8

Ja, sind nicht Wirtschaft, Wissenschaft und Technik inzwischen viel wichtiger als alle Politik? Und läuft, was in ihnen im Gange ist, in ihrem täglichen Vollzug und immer mehr in der raschen Folge von Neuem und immer Neuerem, nicht längst eher in Formen des prozessualen Wandels, also aus einer Unsumme von Impulsen heraus, die sich gegenseitig vorantreiben, als daß es überhaupt noch Sache politischer Entscheidungen sein könnte? Oder anders: Kann Politik nicht bestenfalls hinter dem, was sich ohnehin verändert, herlaufen, um dies und jenes und allenfalls sich selbst daran anzupassen?

Was kann ein Gesetzgeber oder auch eine Gruppe von Gesetzgebern in einer Staatenkoalition noch ausrichten, wenn irgendwo die Gentechnologie die Getreidezucht und sogar den menschlichen Nachwuchs derart verändert, daß dem an keiner Grenze mehr Einhalt geboten werden könnte? Wenn sich unter den Bedingungen moderner Kommunikation die Gesellschaften selbst in einer Weise verwandeln, auf die keiner vorbereitet ist? Nicht zuletzt wird unser Urteilsvermögen ja durch die Unmenge von Informationen weit über Gebühr strapaziert und überfordert.

Wird Politik da vielleicht eher randständig oder sektoral beschränkt? Noch zuständig für Straßenverkehr und die Bekämpfung von Kriminalität, für Krankenkasse und Sozialversicherung, für die Unterhaltung öffentlicher Schulen und einiges dergleichen mehr? Allenfalls für Versuche, durch Verbesserung von Standortbedingungen etwas mehr Arbeit im eigenen Land zu schaffen? Was vielleicht demokratisch besser als anderswie geregelt wird – ohne daß das aber, sofern es einen nicht selbst angeht, sonderlich interessieren müßte?

Indes schüttet man, wenn man so fragt, vielleicht das Kind mit dem Bade aus. Meinen wir vielleicht zu sehr auf dem reißenden Strom der Veränderung dahinzutreiben? Verlieren wir uns vielleicht allzu widerstandslos an die Unübersehbarkeit all dessen, was jenseits der Kajüten und Salons vor sich geht, in denen wir uns im übrigen verschanzen?

Am siebten September wird der Deutsche Bundestag 50 Jahre alt. Man hat den Tag ursprünglich als nationalen Feiertag begangen, bis man ihn 1954 zugunsten des 17. Juni, des »Tages der deutschen Einheit«, aufgab.

Aus Anlaß dieses Jubiläums sind die folgenden Betrachtungen entstanden. Sie fußen zum einen auf historischer Forschung auf den Gebieten der Demokratie und des Politischen überhaupt, zum andern auf dem Versuch, sich über das Parlament, seine Voraussetzungen und die Bedingungen seines Funktionierens allgemein und besonders für die Bundesrepublik Rechenschaft abzulegen – im Hinblick auf die eingangs angedeuteten Probleme unserer Zeit samt ihrer nahen Zukunft.

Parlamente haben – abgesehen von Großbritannien – in den europäischen Bürgerschaften eine unsichere Verankerung. Für viele mag es sich gar so ausnehmen, wie wenn sie nicht Fisch und nicht Fleisch wären. Denn was sind sie eigentlich? Volksvertretungen gewiß, aber wieweit vertreten sie das Volk? Teile des Regierungssystems fraglos, aber wieweit sind sie eigentlich dazu da? Und vor allem: wie verhält sich das eine zum andern?

Die Herkunft der Parlamente, ihre Stellung gegenüber den Monarchen und Regierungen, ihr Kampf um Mitsprache und Recht, ist – wie die Geschichte überhaupt – der Allgemeinheit in Deutschland gewiß nicht mehr bewußt. Allein, an Institutionen haften in der allgemeinen Vorstellungswelt regelmäßig doch einige Spuren ihrer Herkunft. So verbindet sich mit der Vorstellung Parlament in wenn auch vagem Sinne eben die einer Vertretung des Volkes, und zwar gegenüber den Regierenden. Denn das ist doch wohl eine Grunderfahrung, die aus jeder Gegenwart neue Nahrung erhält, daß ein Gefälle besteht zwischen Regierenden und Regierten; daß die Regierten auch den Regierenden gegenüber Schutz brauchen, Recht brauchen, immer wieder zumindest eine Stimme, die in ihrem Namen laut und vernehmlich erhoben wird.

Diese Grunderfahrung läßt die Institution Parlament gleichsam eine im Haushalt politischer Bedürfnisse vorgesehene Planstelle besetzen. So etwas ist nötig, jedenfalls immer wieder einmal. Dank solcher Erfahrungen mag eine Gewaltenteilungslehre wie diejenige Montesquieus eine nachwirkende Evidenz gewinnen; obwohl sie – was zumal das Verhältnis von Exekutive und Legislative angeht – nie ganz mit der Wirklichkeit übereingestimmt hat.

Aber wie steht es heute darum, wo aus der Parlamentsmehrheit die Regierung hervorgeht, das Parlament folglich die Regierung zu tragen hat; wo Gewaltenverknüpfung zwischen den beiden weithin an die Stelle von Gewaltenteilung getreten ist (und manches zudem, was früher vom Parlament erwartet worden wäre, heute am ehesten noch die dritte Gewalt, das Bundesverfassungsgericht zumal, besorgt; ein Stück weit zumindest)?

Da wird das Parlament zum Teil des Regierungssystems, und allzu oft nimmt es sich für den, der nicht genau hinsieht, so aus, wie wenn Regierung und Parlament einen Block bildeten, den Block der Herrschenden; mag die Opposition noch so viel erklären, sie hat ja, so scheint es, nichts zu sagen. Indem aber das Parlament derart ins Glied tritt, beherrscht die Regierung das Bild.

Wenn es der Regierung gegenübersteht, hält das Parlament die Hand aufs Geld, im Verein – und eventuell auch im Wetteifer – mit ihr ist es dagegen eher geneigt, es auszugeben. Im einen Fall sucht es »die Politik« aus dem bürgerlichen Leben wenigstens ein Stück weit herauszuhalten, im andern hilft es ihr eher, immer wieder dahinein zu intervenieren. Dann mag zwar einigermaßen klar und greifbar sein, wer die Regierung ist und was sie tut, man kann es gut finden oder schlecht, aber der Anteil des Parlaments daran verschwimmt eher.

So können in der allgemeinen Vorstellung die Konturen des Parlaments leicht unscharf werden. Man weiß – gerade in Deutschland, wo es noch nicht so lange her ist, daß wir das alles lernen mußten –, daß man die Parlamente braucht, daß sie von Nutzen sind. Aber ihre Rolle ist vieldeutig, und vieles von ihr rastet nicht in Grundbedürfnisse der Gesellschaft ein. Immer wieder schieben sich auch ungünstige Eindrücke ins Bild. Die leeren Bänke, die so häufig den Eindruck vom Plenum bestimmen, die oft ermüdende Langeweile vieler Debatten, in denen so wenig Überraschendes geschieht, so wenig Individuelles sichtbar wird. Wie wenig Vertrauenskapital sich angesammelt hat, wird beim immer wiederkehrenden Thema der Diäten und ihrer Erhöhung besonders greifbar. Jeder Gruppe der Bevölkerung, mehr oder weniger, gesteht man Einkommenserhöhungen zu (zumal derjenigen, der man selbst angehört), nicht aber den Abgeordneten. Entsprechend hört man hierzulande wenig Bedauern darüber, daß das Parlament immer mehr von seinen Zuständigkeiten nach Brüssel verliert. Ganz im Gegensatz zu Großbritannien, aber auch einigen skandinavischen Nationen, die sich ihr Land so schwer nur ohne ein souveränes Parlament vorstellen können. Da haben wir offenbar keine Probleme.

Wohl pflegt man auf den Rheindampfern nicht mehr wie in den fünfziger Jahren, wenn man den Bundestag passiert, »Wer soll das bezahlen?« zu singen. Und auch von Taxifahrern hört man das Abgeordnetenhaus, den »Langen Eugen«, nicht mehr als »Bonner Taghotel« bezeichnet (wo auch am Tage geschlafen wird). Gleichwohl muß, wie gerade anläßlich der vermeintlichen »Selbstbedienung« der Abgeordneten immer wieder deutlich wird, etwas im Verhältnis »des Volkes« zu seinen Vertretern im argen liegen.

Die Arbeit eines Parlaments ist nicht leicht zu verstehen. Und daß die Erwartungen einer Bürgerschaft an ihr Parlament wie an »die Politik« überhaupt widersprüchlich sind, ist ohnehin keine Frage.

Man will, daß die Politiker den Gang der Geschäfte vorantreiben; daß sie alles erledigen, was ansteht; möglichst reibungslos. Man will aber auch, daß gegen Übergriffe seitens der Regierenden, gegen ihren oft allzu leichtfertigen, auch hochmütigen Umgang mit der Macht etwas unternommen wird; was Gegensätze, also Streit mit sich bringt; wodurch gelegentlich Sand ins Getriebe kommt; was keineswegs von Nachteil sein muß, aber am Ende doch auch wieder viele ärgerlich stimmen kann.

Abwehr gegen staatliche Ansprüche und Erwartung staatlicher Hilfe verbinden sich oft in naiver Weise, wie schon Ernst Forsthoff ausgeführt hat. Bald will man eine zupackende Regierung, bald ist man froh, wenn sie einen in Ruhe läßt.

Hans Maier hat auf die in sich widersprüchlichen Wünsche aufmerksam gemacht, denen das Parlament begegnet. Man verlange, »daß es einerseits Technik, Arbeitsstil und Moralkodex eines frühliberalen Bundestags der ›Volksboten‹« beibehalte, »andererseits eine moderne, vieltausendköpfige, hochspezialisierte Exekutive« kontrolliere. Das gleicht, fährt er fort, »dem Versuch, eine Montagehalle mit Kerzenlicht auszuleuchten oder die Kanalisation einer Großstadt mit der Gießkanne zu betreiben.«.

Ernst Fraenkel hat die »in Deutschland weitverbreitete vulgärdemokratische Haltung gegenüber dem parlamentarischen Regierungssystem als schizophren« bezeichnet. »Erwartet der Bürger doch von seinem Abgeordneten, daß er nur der ›Stimme seines Gewissens‹ folgt, das heißt aber sich keiner Fraktionsdisziplin unterwirft, und daß er es dennoch niemals zu einer Regierungskrise kommen läßt, die in parlamentarisch regierten Staaten nur unter Beachtung einer strikten Fraktionsdisziplin vermieden werden kann; wie er davon ausgeht, daß sein Abgeordneter gleichzeitig dem Willen des ›Volkes‹ Ausdruck verleiht und sich dennoch gegenüber dem Druck der ›pressure groups‹ immun verhält.«

In alldem bezeugt sich nicht nur eine – doch wohl über Deutschland hinaus verbreitete – Widersprüchlichkeit von Erwartungen an Politik und Parlament, sondern es wird darin zugleich eine Spannung faßbar, die der parlamentarischen Demokratie eigen ist. Es wird von ihr das verschiedenste, darunter sehr vieles, was nicht leicht miteinander vereinbar ist, verlangt. Bald tritt mehr das eine, bald mehr das andere in den Vordergrund. Wie überall in der Politik ist auch hier vieles Sache der Balance. Richtig zufrieden ist man nie. Soll man vielleicht auch nicht sein.

Dessenungeachtet ist das Ansehen, die Macht der Volksvertretung nicht einfach vorgegeben und läuft deren Arbeit nicht nur nach eigenen Gesetzen respektive nach denen eines nach außen abgeschirmten politischen Systems ab. Sie können sehr befördert werden, in den verschiedensten Hinsichten, mehr im Sinne der Bürger sein, wenn das Parlament von der Bürgerschaft gestützt wird. Dies aber setzt eine gewisse Kenntnis voraus. Und die muß sich den Gegebenheiten anpassen. Denn die gleiche Verfassung muß oft sehr verschiedenen Verhältnissen genügen.

Jedenfalls kann man die parlamentarische Demokratie nicht einfach der Routine überlassen. Sie bedarf ganz gewiß wie stets so auch heute der Reflexion und der immer wieder neuen Bewußtmachung ihrer Leistung, aber auch ihrer Schwierigkeit, einer Schwierigkeit, die in unsern Tagen durch die Kompetenz- und doch wohl auch Ansehensverluste vergrößert wird, die dadurch entstehen, daß mit dem Rückgang staatlicher Selbstbestimmung auch die Entscheidungsgewalt des Parlaments verringert wird, daß es vieles nur übernehmen kann, was anderswo beschlossen wurde, daß es sich in vielem auf die Rolle des Notars beschränkt sehen muß.

So sehr sich aber alles mögliche verändert und weiter in raschem Wandel begriffen ist, so sehr sich vieles, was geschieht und was uns und unsere Welt verändert, der Entscheidung entzieht – das Politische ist damit noch nicht erledigt, es verändert sich nur sein Stellenwert, seine Problematik – und die Notwendigkeit, sich darauf einzurichten. In diesem Sinne laufen die Betrachtungen dieses Buches schließlich auf ein Plädoyer für die parlamentarische Demokratie hinaus.

Schließlich noch eine Bemerkung zur Sprache. Gerlinde Hämmerle, Abgeordnete im elften und zwölften Bundestag, auch Parlamentarische Geschäftsführerin der SPD-Fraktion, hat am 11. Mai 1990 erklärt: »Für meine Person möchte ich etwas dazu sagen: Schrägstrich-Formulierungen und das große I – zum Beispiel in ArbeitnehmerInnen – genügen nicht. Sie sind zwar lesbar, aber nicht sprechbar. Außerdem möchte ich keine Schrägstrich-Person sein.« In Anbetracht der Tatsache, daß alle Funktionen im Bundestag sowohl von Damen wie von Herren ausgeübt werden können, könnte nach dem heute zum Teil so beliebten Brauch erwartet werden, daß bei Funktionsbezeichnungen ständig etwa neben dem Parlamentarischen Geschäftsführer die Parlamentarische Geschäftsführerin eigens genannt wird. Das wäre an sich zwar sowohl les- wie sprechbar, indes würde es den Text unnötig und in ausgesprochen störender, verumständlichender Weise aufblähen. So ist im folgenden Text einfach als selbstverständlich vorausgesetzt, was inzwischen glücklicherweise selbstverständlich ist und an dessen Selbstverständlichkeit man auch nicht mehr zweifeln sollte, eben daß alle Funktionen im Bundestag, inklusive derjenigen des Wehrbeauftragten, von Angehörigen beider Geschlechter bekleidet werden können. Die Bezeichnung der Funktion geschieht daher, dem Herkommen gemäß, in der männlichen Form, es sei denn, es handle sich um einzelne Fälle, in denen sie von Damen bekleidet wären.

Zu allerletzt: für die Herstellung des Textes habe ich Heidrun Thiel sehr zu danken.

I.

Der Sinn der Demokratie

*Wie kann »das Volk« herrschen? – Der Wille »des Volkes« und der
der Parteien – Begriffsgeschichte: Schwierigkeiten mit der »Demokratie« –
Die Durchsetzung des positiv verstandenen Demokratiebegriffs und der
Demokratie – Zwei Punkte der Kritik: Das Volk kommt nicht oder kaum
zur Geltung; die Demokratie ist nur beschränkt leistungsfähig – Die Krise
ist die Chance der Demokratie – Die oft unterschätzten Möglichkeiten der
Bürger, den eigenen Willen außer bei den Wahlen zur Geltung zu bringen –
Voraussetzungen der Demokratie und die Frage, wie es heute darum bestellt
ist – Was alle zusammen angeht, sollen alle gemeinsam entscheiden –
Vorzüge und Sinn der Demokratie in absehbarer Zukunft*

Demokratie, »Volks-Herrschaft« – seit davon die Rede ist, seit es so
etwas zu geben scheint, also seit der Antike ist die Frage nicht zur
Ruhe gekommen, was das sein kann und was es bedeutet. Die Frage
nicht nur, ob eine solche Verfassung gut, ob sie zu empfehlen, sondern
zuvor schon, ob es überhaupt sinnvoll sei, eine politische Ordnung als
»Demokratie« zu begreifen. Was nämlich ist »das Volk«? Und, was auch
immer es sein mag, wie kann es »herrschen«?

Ohnehin ist Demokratie schwer zu verstehen. Bei der Monarchie ist
es klar: Der eine herrscht, zumeist durch seine Regierung, die andern
werden beherrscht, müssen höchstens sehen, ihm Freiheitsrechte
abzutrotzen. Bei der Demokratie aber sollen die Beherrschten zugleich die Herrschenden sein. Stellt man die Frage, über wen »das
Volk« herrscht, kann die Antwort nur lauten: über sich selbst; über wen
denn sonst? Wie aber kann das angehen?

Gewiß, wird man einwenden, herrschen sei nicht das richtige Wort.
Vieles jedenfalls, was »Herrschaft« vermöchte, sei durch die Verfassung,
in unserm Fall das Grundgesetz, ausgeschlossen. Besser als von Herrschen spreche man von Regieren, von Führen, auch von Verwalten.

Und diese »Regierung« hat sich nach demokratisch gesetztem Recht zu vollziehen. Das ist richtig, gibt aber keineswegs alle Eindrücke, die man als Nicht-Teilhaber an der Regierung davon hat, wieder.

Eingriffe von seiten der Regierenden, der an der Macht Befindlichen, können schmerzlich sein; ihre Abgehobenheit, ihre Taubheit mögen einen zum Verzweifeln bringen. Alles mögliche muß man sich von der Regierung, von »den Politikern« gefallen lassen, ohne daß es recht einzusehen wäre. Wie oft ist nicht die »Arroganz der Macht« gerade auch in Demokratien beobachtet und empfunden worden? Eben weil sie unter demokratischem Vorzeichen weniger leicht einleuchten will. Kommt man nicht um so eher darauf, beherrscht zu sein, wenn man angeblich zu den Herrschenden gehören soll? Und das Parlament, des Volkes, also unsere Vertretung, kann, so mag es immer wieder erscheinen, wenig dabei helfen.

So muß sich immer wieder die uralte, offensichtlich eingefurchte Grundunterscheidung, eben zwischen Herrschen und Beherrschtwerden, aufdrängen. Sehr störend unter Umständen, und wenn es viele nicht stört, sollte das andere um so mehr stören. Denn Resignation ist ein Gift für die Demokratie.

Immerhin gilt eine Einschränkung: Die Bürger dürfen wählen. Herrschaft kann höchstens Herrschaft auf Zeit sein. Und damit können die Wähler immer wieder andere beauftragen; denn ohne Regierungen kommen sie ja nicht aus.

Die Staatsgewalt wird dem Grundgesetz (Artikel 20 Absatz 2) zufolge »vom Volk in Wahlen und Abstimmungen und durch besondere Organe der Gesetzgebung, der vollziehenden Gewalt (und der Rechtsprechung) ausgeübt«. Das eine tun wir direkt, das andere tun wir offenbar auch, aber nur vermittelt.

Die Vermittler aber, Regierung wie Parlament, gewinnen bei dieser Tätigkeit unvermeidlich eine Menge Macht, die sie auch uns gegenüber ausüben können. Durch sie herrschen wir, durch sie werden wir beherrscht. Nicht immer einfach vorzustellen. Aber hier hat die Frage nach dem Sinn der Demokratie anzusetzen, wenn sie sich den skeptischen Fragen, die diese »Volks-Herrschaft« heute auf sich zieht, stellen will.

Im alten Athen tagte die Volksversammlung zumindest dreißigmal im Jahr, nahezu alle zehn Tage also. Die Zahl der Teilnehmer wird zwischen einem knappen Zehntel und einem Fünftel der (männlichen) Bürgerschaft geschwankt haben. Natürlich konnten viele nicht und schon gar nicht regelmäßig dabeisein. Die Entfernungen zum Versammlungsplatz konnten sich auf bis zu sechzig Kilometer Weg erstrecken. Mehr als die Hälfte der Bürger jedoch wohnten in der Stadt und ihrer näheren Umgebung. Viele werden zumindest oft die Volksversammlung besucht oder in engster Verbindung zu andern gestanden haben, die dies jeweils getan hatten oder zu tun beabsichtigten.

Im Rat der Fünfhundert, der die Sitzungen vorbereitete (und die Volksversammlung zwischen den Tagungen vertrat), saßen Männer nicht nur aus allen Vierteln der Stadt, sondern auch aus allen Dörfern und kleinen Städten Attikas. Der Rat wurde jedes Jahr neu bestellt, und zwar durch das Los. Keiner durfte zwei Jahre hintereinander, keiner auch nur öfter als zweimal im Leben dem Rat angehören. Weder Erfahrungen noch Beziehungen also sollten sich in diesem jährlich zu hundert Prozent erneuerten Organ derart konzentrieren, daß es zu eigener Macht gegenüber der Volksversammlung – über den Auftrag hinaus – hätte gelangen können. Der Rat war wirklich nicht mehr als ein aufs Geratewohl herausgegriffener Ausschuß des Volkes. Der Vorsitz wechselte täglich, selbst die Ratsschreiber, die für die Protokollierung der Sitzungen, die Ausfertigung der Beschlüsse und deren Archivierung zuständig waren, blieben nur gut einen Monat in dieser Position. Wie die Ratssitze wurden auch die Ämter jährlich neu besetzt, die meisten ebenfalls durch das Los; und man durfte sie, mit wenigen Ausnahmen, nicht mehr als einmal im Leben innehaben.

Grundsätzlich sahen die Athener darauf, daß alle Entscheidungen jeweils im größten dafür geeigneten Gremium, möglichst in der Volksversammlung, nach offener Diskussion getroffen wurden. Man hielt sehr auf Transparenz. Und trotzdem konnte sich auch damals die Frage stellen, wer da eigentlich herrschte: das Volk oder doch eher Perikles, der es so gut zu beeinflussen verstand – und andere Demagogen, die nach ihm eine führende Stellung gewannen. Ganz abgesehen von der andern Frage, ob als »Volk« die ganze Bürgerschaft oder nicht eher die breite Menge, der Pöbel, die Herrschaft ausübte.

Nichts von einer solchen Beteiligung des Volkes ist heute möglich, nicht einmal in den Schweizer Kantonen, wieviel weniger in den Nationalstaaten Europas, von der Europäischen Union ganz zu schweigen. Wir müssen uns, zumindest auf weiteste Strecken der Politik, vertreten, genauer: repräsentieren lassen. In der Bundesrepublik kommen auf einen Abgeordneten mehr als hunderttausend Bürger. Wir brauchen nicht nur ein Parlament, sondern auch Parteien, eine Regierung, eine Bürokratie (was alles die Antike nicht nötig hatte, zum Teil gar für gefährlich hielt).

Außerdem hat sich mit der Größe unserer Staaten zugleich ein hoher Bedarf an staatlicher Tätigkeit ergeben; die ganze Infrastruktur, auf die wir angewiesen sind, hängt daran, die Sicherheit, die Daseinsvorsorge bis hin zu den staatlich geregelten Versicherungssystemen. Und so viel dem Staat aufgegeben ist, so viel hat er zu sagen; so viel Verfügungsgewalt liegt in den Händen seiner Regierungen und Beamten. Sosehr müßten seine Bürger, wenn es sich denn um Demokratie handelte, also eigentlich auch mitsprechen können, und sei es, daß sie dafür sorgen, daß er sich wenigstens aus dem heraushält, was ihn nichts angeht.

Doch abgesehen davon, daß das kaum möglich wäre, ist unsere Gesellschaft anders als die antike durch verschiedenste – und weitgehende – Spezialisierungen und Interessen ausgezeichnet; mit sehr starker zeitlicher Beanspruchung vieler ihrer Mitglieder, bevor sie überhaupt daran denken könnten, sich der Politik zuzuwenden.

So ist es nicht nur ein Mangel, wenn unsere Demokratien nicht unmittelbar sein können wie die der Griechen, sondern es ist von der Sache her geboten und hat große praktische Vorzüge. Abbé Sieyès hat schon 1789 erklärt, die Repräsentation durch Abgeordnete sei ein Mittel, die Wirksamkeit des politischen Systems durch Arbeitsteilung und Kondensierung politischer Willensbildung zu steigern.

Dies bedeutet freilich umgekehrt, daß auch den Abgeordneten beste Gelegenheiten (und Versuchungen) geboten werden, um in den eigenen Händen ein gutes Maß Macht zu versammeln. Man kann sie kaum daran hindern (obwohl sie sie in ihren Fraktionen und Parteien zu verrechnen haben und es weithin von denen abhängt, was sie nun wirklich vermögen).

Wohl gab es – seit dem 17. Jahrhundert in England – Forderungen, wonach die Repräsentanten, also etwa die Mitglieder des englischen Parlaments, jährlich neu gewählt werden sollten. Die Chartisten nahmen sie in den dreißiger Jahren des 19. Jahrhunderts noch einmal auf.

»Wo alljährliche Wahlen aufhören, fängt die Tyrannis an«, hat man Ende des 18. Jahrhunderts in Amerika behauptet. *Where annual elections end, tyranny begins.* In den meisten amerikanischen Staaten wurde jährlich gewählt. Im amerikanischen Repräsentantenhaus führte man eine zweijährige Wahlperiode ein, ebenso in der französischen Nationalversammlung nach der Verfassung von 1791. 1891 forderte es das Erfurter SPD-Programm. Freilich bestand jeweils die Möglichkeit unmittelbarer Wiederwahl. Die Grünen haben zeitweilig eine Regel befolgt, die sie in ihrem so ansprechenden, schönen Deutsch, wie folgt formulierten: »Jede/r Grüne Abgeordnete darf pro Legislaturperiode höchstens zwei Jahre sein/ihr Mandat wahrnehmen, dann muß er/sie zurücktreten und seinen/ihren Platz dem/der entsprechenden Nachrücker/in freimachen«. Auch sie sind inzwischen freilich davon abgekommen.

Doch selbst wenn man heute vielleicht daran denken könnte, der Zugehörigkeit zum Parlament wenigstens zeitliche Grenzen zu setzen, so müßte der dadurch beförderte Wechsel in der Zusammensetzung dieser Organe doch weit hinter dem im athenischen Rat der Fünfhundert zurückbleiben. So weit, daß es gar nicht ausbleiben könnte, daß im Parlament beachtlicher Sachverstand, Erfahrungen und Beziehungen zusammenkommen und sich über die Wahlperioden hinaus erhalten; es wäre ein großer Fehler, auf diesen Sachverstand, diese Erfahrungen und auch auf eine gewisse Kontinuität ihrer Weitergabe an jeweils jüngere Parlamentarier zu verzichten. Nur bedeutet das eben umgekehrt, daß die Repräsentanten an Überlegenheit gegenüber den Repräsentierten gewinnen. Längerfristige Ausübung sachlicher Kompetenz und Macht lassen sich kaum voneinander trennen.

Und selbst wenn man eventuell für das Parlament eine zeitliche Begrenzung der Zugehörigkeit festsetzen könnte, wird sich das kaum auf die leitenden Positionen in den Parteien ausdehnen lassen. Eben dort aber massiert sich ohnehin schon ein Großteil der Einflußmöglichkeiten und der Ämterpatronage. Und manches davon ist sogar dringend vonnöten, da die Parteien im Hinblick auf das Ganze, das sie zu bedenken haben, ein gewisses Eigengewicht brauchen, nicht zuletzt um den Einflüssen von Lobbies gegenzuhalten. Man darf diese Macht‹ nicht aus dem Parlament verbannen. Im Gegenteil, sie gehört geradezu dorthin.

Wo in Athen, um es in den Kategorien von A. F. Bentley zu sagen, »leadership mainly on the discussion plane« vorherrschte, muß es bei uns »leadership mainly on the organisation plane« tun. Und da ist »das

Volk«, was immer es sei, außer im Moment der Wahlen zwangsläufig unterlegen. Die Vermittlungsinstanzen werden gestärkt. In der Hand derer, die die Macht zu organisieren pflegen, muß ein großer Teil davon hängenbleiben, so daß sie zu Kernen im politischen Kraftfeld werden können. Die Vermittler können wichtiger werden als die Vermittlung, was freilich Diskussionen in der Öffentlichkeit nicht ausschließt. Trotzdem setzen an diesem Punkt immer wieder die Zweifel darüber an, wieweit indirekte Demokratie Demokratie sein kann.

Und wo überhaupt zwischen Volk und Regierung ist der Ort des Parlaments? Die Zeiten, da es »das Volk« – oder »das Land« oder wie immer es hieß – gegenüber dem Herrscher und seiner Regierung vertrat, sind vorüber. Parlamentarische Demokratie bedeutet, daß die Regierenden dem Parlament verantwortlich sind, zumeist auch aus ihm hervorgehen, jedenfalls in ihm ihren Rückhalt haben müssen; und häufig genug sind die Regierenden dabei stärker als die Parlamentsfraktionen, auf die sie sich stützen.

Seitdem ist die Parlamentsmehrheit in der Regel aufs stärkste mit der Regierung verbunden. Formal läßt sich zwischen Exekutive und Legislative scheiden; in Wirklichkeit besteht ein enger Zusammenhang, und das mit einiger Notwendigkeit. Da die Parlamentsmehrheit von der Mehrheit der Bürger gewählt worden ist, waltet eher ein Gegensatz zwischen Mehrheit und Minderheit als einer zwischen Regierung und Volk – um von allen möglichen Schattierungen der Parteiung zunächst einmal abzusehen.

Andererseits kann sich im »Volk« leicht der Eindruck festsetzen, daß »wir hier unten« »denen da oben« gegenüberstehen. Dann rücken die Parteien in den Augen der Bürger eher zusammen. In solchen Situationen kann es störend auffallen (und in verbreiteten Meinungen Wurzeln schlagen), daß das Parlament nicht weniger »abgehoben« ist als die Regierung, weit eher von ihr gelenkt als »das Volk« vertretend. Es ist der Eindruck, wonach unsere Vertreter – samt der Regierung – eher über uns herrschen, als daß wir es durch sie tun könnten; ja als daß unsere Auffassungen und Interessen viel Aussicht hätten, dort überhaupt vernommen zu werden, selbst wenn sie über Monate hinweg demoskopisch stabil erweisbar wären. Zumal wenn es an der Alternative zur Regierung hapert, erstreckt sich dies Urteil gern gleich auf das ganze Parlament und »die Parteien« statt nur auf diejenigen, welche an der Regierung sind. Gelegentlich kann es zu außerparlamentarischer

Opposition kommen. Übrigens kann sie am Ende das System gar stabilisieren, freilich indem sie es auflockert und bereichert. Jedenfalls sitzt der uralte Gegensatz von Herrschenden und Beherrschten zu sehr gleichsam in den Adern des allgemeinen Vorstellungsvermögens, liegt er wohl auch zu nahe, als daß man seiner so leicht entraten könnte. Doch damit nicht genug.

»Nicht alle Staatsgewalt geht vom Volke aus«, hat Dolf Sternberger erklärt. Alle Verfassungen nämlich enthielten monarchische, oligarchische und demokratische Elemente. Nicht einmal dann, wenn es offiziell in Funktion tritt, bei den Wahlen, sei »das Volk« frei. Vielmehr schalteten sich die Parteien davor und bestimmten den Rahmen, in dem es sich bewegen könne. Sie sortieren Wünsche und Fragen zu Programmen, wählen die Kandidaten aus und präsentieren sie. Selbst wenn ein sehr großer Teil der Wähler der Überzeugung ist, daß die im Parlament vertretenen Parteien allesamt unbefriedigend arbeiten, entscheidende Probleme gar nicht erst wahrnehmen, daß der ganze Stil der Politik verändert werden müsse, sind die Chancen gering, daß sich Grundlegendes ändert – es sei denn, es käme zu einer ganzen politischen Bewegung in Richtung auf gründliche Reformen.

Die Möglichkeit, neue Forderungen innerhalb der etablierten Parteien zur Geltung zu bringen, kann eng begrenzt sein. Die Bildung neuer Parteien ist zwar denkbar, doch ist ihr Aufstieg erschwert durch die Fünf-Prozent-Hürde. Und obwohl die Parteien bei der Aufstellung ihrer Kandidaten deren Chancen im Auge behalten müssen, also nicht ganz unabhängig vom Wähler sind, bleibt ihre Prärogative doch beachtlich groß. Mächtige Interessen vermögen jedenfalls zumeist mehr als die Rücksicht auf das – zudem schwer berechenbare – Wahlvolk.

Gerade die in der Bürgerschaft am meisten verbreiteten Interessen, etwa das an der Reinheit der Luft und des Wassers – so hat Ernst Forsthoff in den sechziger Jahren erkannt –, haben besonders geringe Aussicht sich durchzusetzen. Denn sie haben keine starken gesellschaftlichen Patrone (Verbände) für sich, bieten im Gegenteil vielen Interessengruppen eine breite Angriffsfläche. Immerhin haben die Grünen inzwischen gezeigt, daß die Demokratie auch solche Probleme in den Parteienkampf einführen kann.

Selbst wo die Möglichkeit zu Volksentscheiden besteht, hängt deren

Nutzung, wie gern erklärt wird, vielfach davon ab, daß Gruppen vorhanden sind (oder sich bilden), welche die Initiative dazu ergreifen. Die Fragen werden von unter Umständen kleinen Minderheiten gestellt, »das Volk« kann nur darauf antworten.

Und überhaupt – was kann denn der Wille »des Volkes« sein? Abgesehen vielleicht davon, daß es überhaupt ein Volk sein will, was aber auch nicht immer klar ist, sowie davon, daß es seine politische Ordnung will. Stets gibt es vielerlei Einzelwillen, die unter Umständen in sehr verschiedene Richtungen zielen. Schon um sie zusammenzufassen, bedarf es nicht nur vielfältiger Überzeugungs-, sondern eben auch Organisationsarbeit. Sie wird nicht nur innerhalb von Parteien, durch Parteien oder zwischen ihnen geleistet, sondern nicht zuletzt durch Interessenverbände. Und mächtig kann dabei auch die Bürokratie sein; von dem unter Umständen großen Einfluß von Experten ganz abgesehen. Immerhin ist für viele Entscheidungen heute sehr viel fachliches Wissen erforderlich.

Was am Ende eine Mehrheit beschließt, im Parlament zumal, ja was vielleicht sogar eine Mehrheit der Bürgerschaft will oder zu wollen meint, kann also aufs stärkste von kleinen Minderheiten beeinflußt sein. Jedenfalls kommt ihnen dabei in aller Regel ein mächtiger Part zu, selbst wenn sie auf die grundsätzlich stets gegebenen Möglichkeiten massiver Manipulation, von Tauschgeschäften oder Korruption verzichten.

Das ändert nicht notwendig etwas daran, daß in der Demokratie alle Staatsgewalt vom Volke ausgeht. Man kann durchaus zeigen, wie diese Staatsgewalt und ihre Ausübung demokratisch legitimiert wird. Aber es führt nur allzu leicht dazu, daß »das Volk« in dieser Demokratie nicht sehr viel zu melden hat. Oft ist das Wichtigste schon geschehen, bevor es überhaupt bemerkt wird. Und mit der demokratischen Legitimation hat es schließlich auch seine Tücken. Wenn die Theorie wert darauf legt, daß eine »ununterbrochene Kette« demokratischer Legitimation noch die letzte Beamtenernennung bestimmt, so wird man zu der Gegenfrage neigen, wieweit dadurch denn die bestimmende Wirkung mächtiger Gruppen – gleichsam von Willenskernen im politischen Feld – ausgeschlossen sein soll; Gruppen nämlich, die keineswegs, weder direkt noch indirekt, demokratisch legitimiert sind; denn es handelt sich dabei ja keineswegs nur um Parteien. Demokratie bietet jedenfalls für viele Zweifel ein offene Flanke.

Josef Alois Schumpeter ist deswegen aufgrund der Beobachtung demokratischer Wirklichkeit zu dem Ergebnis gekommen, die Demokratie bestünde im wesentlichen darin, daß das Volk das Recht hat, in bestimmten Abständen darüber zu entscheiden, welche von konkurrierenden Mannschaften es regieren solle. Sternberger hat die Bürger wesentlich auf die Rolle der Wählerschaft festgelegt.

Wieviel also kann der im Begriff Demokratie enthaltene Anspruch bedeuten? Ist es wirklich angemessen, immer wieder, wie es ja geschieht, auf den ursprünglichen Sinn des Wortes zurückzukommen, oder kann man es inzwischen nur noch im übertragenen Sinne verstehen, als Bezeichnung etwa für »Verfassungsstaat«? Kann das Wort in unserer Verfassungswirklichkeit überhaupt noch etwas Wesentliches begreifen?

Man kann freilich finden, daß im ursprünglichen Wortsinn immerhin ein Anspruch stecke, auf den schlecht zu verzichten ist: ein Anspruch an das Volk, aber auch einer, auf den man sich vom Volk her oder: indem man sich auf das Volk stützt, berufen kann.

Umgekehrt könnten damit aber auch die Erwartungen an die Verfassung zu hoch gesteckt werden, so daß sich eher Enttäuschungen mit all den möglichen ungünstigen Konsequenzen, die daraus erwachsen mögen, einstellen.

Ist es vielleicht nur historisch zu verstehen, daß der ursprünglich für eine Ordnung kleiner griechischer Gemeinwesen geprägte Begriff Demokratie noch heute, und zwar für die Verfassungen unserer Nationalstaaten im Gebrauch ist? Kann es sein, daß die antike Terminologie das westliche politische Denken genarrt hat? Wenn die Bundesrepublik Deutschland, laut Artikel 20,1 ihres Grundgesetzes, »ein demokratischer und sozialer Bundesstaat« ist, Demokratie also neben dem Sozialen und dem Föderalen eines ihrer Charakteristika als Staat darstellen soll, so muß damit etwas Wesentliches an ihr bezeichnet werden. Aber was? Und warum?

Oder soll man die immer wieder an die Oberfläche treibenden Zweifel am Demokratischen der modernen großen Demokratien nur einfach als mehr oder weniger übliche Begleiterscheinung einer demokratischen Verfassung ansehen? Müssen nicht geradezu Zweifel ab und an in einer gewissen Häufung aus den Enttäuschungen hervorsprießen, welche mit den Illusionen einer Herrschaft des Volkes gegeben sind? Jener immer wieder so leicht paradox anmutenden Herrschaft derer, die stets zugleich und/oder im Wechsel zwangsläufig die Beherrschten sind? Wenn auch vielleicht das Ausmaß, in dem geherrscht wird, und die Intensität, in der es geschieht, unterschiedlich sein mag.

Selbstverständlich ist der Begriff »Demokratie« von den Griechen auf uns gekommen. Doch haben wir ihn in Wirklichkeit mehr übernommen, als daß er uns geradezu tradiert worden wäre. Denn diese Erbschaft ist die längste Zeit über, wenn nicht versteckt, so doch übersehen oder geringgeschätzt, jedenfalls kaum beansprucht worden.

Wie sollte sich die Demokratie auch empfehlen? In der Antike war die Kritik an jener ungebildeten, der »rechten Ordnung« unkundigen Menge, die da zu herrschen schien, so alt wie deren Herrschaft selbst. Leicht zu erregen sei sie, wie ein Sturzbach könne sie sich unaufhaltsam hierhin oder dorthin ergießen, alles in ihre Strudel reißen. Wankelmütig sei sie, von Leidenschaften gepeitscht und bei anderer Gelegenheit über Gebühr niedergeschlagen: wenig Chancen für Vernunft. Wie sollte sie eine Stadt regieren können?

Bei genauerem Zusehen stellt sich das sehr anders dar, denn die antike Demokratie, speziell die athenische, von der vor allem die Rede ist, hat sehr wohl funktioniert. Doch hat das sehr viele nicht nur kritische, sondern auch borniertе Angehörige der Oberschicht nicht überzeugt. So kommen Zweifel dieser Art in der Überlieferung weit kräftiger zu Wort als das Lob der Demokratie. Die Philosophen, allen voran Platon und Aristoteles, standen dieser Ordnung und den in ihr so mächtigen niederen Schichten eher skeptisch gegenüber. Die Römer pflegten sich beim Gedanken daran zu schütteln. Das Mittelalter, das dieses Urteil zumeist übernahm, wandte zusätzlich ein, daß in den politischen Einheiten der eigenen Gegenwart Demokratien wegen deren Größe auch gar nicht möglich seien; abgesehen von sich selbst regierenden Städten. Man konnte sich diese Verfassung anders denn als direkte Volks-Herrschaft ja überhaupt nicht vorstellen.

Wenn sich aus der Antike, aus dem Aristoteles nämlich, eine ideale Verfassung entnehmen ließ, so war es die gemischte, in der keine Gewalt, vor allem die monarchische nicht, übermächtig sein sollte. Aristoteles hatte die Mischung aus Demokratie und Oligarchie »Politeia«, also gleichsam Verfassung schlechthin genannt. Diesen Begriff gab man mit dem lateinischen Wort für Gemeinwesen wieder, res publica,

Republik. Was nicht zuletzt deswegen als besonders sinnvoll erscheinen mußte, da auch Rom eine gemischte, übrigens außerordentlich stabile, insofern dem aristotelischen Ideal sehr nahekommende Verfassung gehabt hatte, mit ausgeprägten Freiheitsrechten für die römischen Bürger.

Damit war für lange Zeit das Ideal gesetzt. Es wurde mit der Zeit, im 18. und weit bis in die Mitte des 19. Jahrhunderts hinein, das Ideal von Gesellschaften, in deren Öffentlichkeit neben den Adligen begüterte, gebildete Bürger den Ton angaben und bald auch mitsprechen wollten in der Politik, ohne dies aber auch den unteren Schichten zugestehen zu wollen. Diese Kreise hatten, in Europa, zumeist nichts gegen die Monarchien, wenn diese nur, ihnen gegenüber, ihre Willkür einschränkten. Schließlich sahen sie auf Ordnung, hatten in Militär und Polizei Mittel, diese zu schützen; und an vielen Stellen gab es auch liberale Beamte.

Nach Kant stellte die Monarchie die beste Möglichkeit dar, »anders als durch gewaltsame Revolution« zur Republik, »dieser einzig vollkommenen rechtlichen Verfassung zu gelangen«. Eine Aristokratie vermöge das schon weniger, eine Demokratie gar nicht. Demokratie rangierte für ihn im Gegenteil unter den Despotien. Die Unterschiede zwischen verschiedenen Verfassungen traten für ihn zurück hinter den Gegensatz von Republikanismus und Despotismus.

Dem Mißtrauen und der Abneigung gegen die Demokratie hätte der Boden entzogen werden können, sobald man darauf kam, das Wort von der Vorstellung der unmittelbaren Volks-Herrschaft nach antikem Muster (sowie nach dem der italienischen Städte in Mittelalter und Renaissance) abzukoppeln. Schon in der ersten Hälfte des 18. Jahrhunderts hatte der Marquis d'Argenson theoretisch erwogen, daß es neben der »falschen« Demokratie eine »wahre« gebe, in der man durch Deputierte, die durch Wahl autorisiert seien, handle. Damit war das, was Alexander Hamilton bald darauf wohl als erster eine »repräsentative Demokratie« nennen sollte, konzipiert. Praktisch verwirklicht wurde sie zunächst in den Vereinigten Staaten von Amerika.

Doch überwog auch dort zunächst das Bewußtsein, eine Republik zu gründen. Die Federalists, die die gerade entworfene amerikanische Verfassung 1787/88 so eindrucksvoll begründeten und verfochten, legten großen Wert darauf, daß »das großartige Prinzip der Volksvertretung« (im Parlament) zwar in Europa entdeckt worden sei, daß es

25

aber erst in Amerika gelungen sei, vermittels des Prinzips der Repräsentation, ein »popular government« einzurichten. So sei in der Union der amerikanischen Staaten eine »ungemischte«, also ganz auf dem Volk basierende Ordnung in den Ausmaßen eines großen Territorialstaats geschaffen worden. Sie wollten weder eine erbliche Monarchie noch einen Adel, wie er im englischen Parlament vorherrschte. Doch zögerten sie, die neue Verfassung Demokratie zu nennen. Auch wenn sie eine scharfe Abgrenzung zwischen Demokratie und »reiner Demokratie« vornahmen, sprachen sie lieber von Republik. Und sie standen mit ihren Auffassungen nicht allein.

Sie ersannen vieles, um zu verhindern, daß sich die Leidenschaften des Volkes unvermittelt in den Wahlen niederschlügen. Allein das Repräsentantenhaus sollte direkt gewählt werden. Die Senatoren wurden, bis 1911, durch die gesetzgebenden Körperschaften der einzelnen Staaten bestellt, der Präsident durch Wahlmänner, denen man offenbar ein besseres Urteil – und zusätzlich die Möglichkeit der Beratung über den besten Kandidaten – zutraute. (Die Senatoren sollten, um die im Amt gesammelte Sachkenntnis auch fruchtbar machen zu können, sechs Jahre im Senat sein. Damit sie nicht zu unabhängig vom Wählerwillen würden, wurde freilich bestimmt, daß das Haus alle zwei Jahre zu einem Drittel neu zu wählen sei.) Und alle diese Organe sollten sich gegenseitig in Balance halten – wie bei einer gemischten Verfassung.

Entsprechend nannte sich Jeffersons Partei zunächst republikanisch, um erst im 19. Jahrhundert zur Bezeichnung »Demokraten« überzuwechseln. Das gehörte schon zu den Umwälzungen unter Präsident Jackson, der 1829, gestützt auf die Siedler aus dem Mittleren Westen, über die Honoratioren der alten Grundbesitzer- und Kaufmannsaristokratie siegte (und übrigens das *spoil system*, die Besetzung des gesamten Staatsapparats mit seinen Anhängern, einführte). Am Ende des 18. Jahrhunderts hatten sich nur einige Clubs demokratisch genannt.

Daß andererseits Demokratie in Europa während der Französischen Revolution, zumal unter der Herrschaft der Jakobiner, verwirklicht worden war – übrigens nur mit einer Kammer, also ohne »jedes mäßigende Element im Vorgang der Gesetzgebung« (Jellinek) – konnte auch keine Empfehlung sein. Und so hatte es der Begriff bis tief ins erste Drittel des 19. Jahrhunderts schwer, sich aus dem Bann der alten Einwände und Bedenken frei zu machen und in nennenswertem Umfang zur Bezeichnung einer positiven, bejahten Verfassung tauglich zu werden.

Auf verschiedene Weise wurde im 19. Jahrhundert über ein »demokratisches Prinzip« nachgedacht, auch darüber, wieweit »Demokratie« bereits in den Monarchien verwirklicht worden sei. Die in vielen Hinsichten bedeutsame, gleichsam ureuropäische Anschauung, nach der das Ganze eines Staates oder auch eines Volkes in den Herrschern »repräsentiert« sei, bot sich für vielerlei Besetzungen an. Die französische Verfassung von 1791 sah etwa nebeneinander die Legislative und den König als Repräsentanten der Nation an. Zugleich wurde manches für demokratisch ausgegeben, was bei Lichte besehen wenig mit Demokratie zu tun hatte. Und allemal blieben weithin die Einwände verbreitet, die schon die griechische Oberschicht und die griechische Theorie gegen die Demokratie erhoben hatten: Die Angehörigen der breiten Menge seien intellektuell und moralisch nicht in der Lage zu herrschen; man brauche dazu eine Elite, eine Art von Aristokratie, Bildung und Erfahrung.

Als eine solche Elite verstanden sich viele liberale Bürger. Sie konnten zudem, an alte Auffassungen anknüpfend, als weiteren Titel für politische Ansprüche ihr Eigentum vorweisen. Eines der wichtigsten Rechte der Parlamente war das der Bewilligung des Haushalts. Und da wog es schwer, daß sie die Steuern zahlten, aus denen die Tätigkeit des Staates weitgehend finanziert wurde. Entsprechend fanden sie nicht, daß andere, solche, die nichts dazu beitrugen, die über wenig Einkommen verfügten, mitsprechen, überhaupt das Wahlrecht haben sollten. Daher tendierten sie auf eine Einschränkung der politischen Rechte nach Maßgabe des Zensus. In Amerika gab man zunächst nur den Grundbesitzern das Wahlrecht (und suchte zudem vermittels Wahlmännern eine zusätzliche Konzentration der Repräsentanten auf die Elite zu erreichen).

In Deutschland gab es die Tendenz, das Stimmrecht auf die »Selbständigen« zu beschränken. Nach Kant mußte ein Bürger sein eigener Herr (sui iuris) sein, mithin irgendein »Eigentum« haben, von dem er leben könne; sei es Grundeigentum, sei eine Kunst, ein Handwerk oder auch eine Wissenschaft. Nicht hingegen dürfe er genötigt sein, andern zu erlauben, von seinen Kräften Gebrauch zu machen, sich also in Abhängigkeit von ihnen zu begeben. Weshalb »der Hausbediente, der Ladendiener, der Taglöhner, selbst der Friseur (übrigens im Unterschied zum Perückenmacher. C. M.) ... nicht Staatsglieder, mithin auch nicht Bürger zu sein qualifiziert« seien. »Schutzgenossen« könne man die nennen, auch »passive Bürger« im Unterschied zu den aktiven. Sie genössen als Menschen Freiheit, müßten vor dem Gesetz allen andern gleich sein, müßten auch Chancen zum Aufstieg eingeräumt bekommen, aber eben kein Stimmrecht.

Aufgrund solcher Anschauungen konnte man auch der wachsenden Zahl von Arbeitern zunächst die politischen Rechte versagen. 1848 sollten sie anläßlich der Bildung der »Bürgerwehr« in Berlin sogar von der »allgemeinen Volksbewaffnung« ausgeschlossen werden, da sie sich nicht selbständig ausrüsten könnten. Und so geschah es, gegen den Widerstand von Studenten und Arbeitern. Man meinte offenkundig, nicht alle Kräfte zur Verteidigung der Revolution gebrauchen zu können.

Im Sinne der Liberalen lag politisch die Herstellung von Verfassungen, entsprechend dem normativen Begriff einer Ordnung, welche Menschen- und Bürgerrechte, Vereins- und Versammlungsfreiheit etc. sowie Gewaltenteilung garantierte; unabhängige Gerichte also, Gesetzgebung durch Parlamente, die zugleich das Budgetrecht besitzen sollten.

Doch war es schon eine Frage, wieweit das Parlament, etwa vermittels des Budgetrechts, in die Politik eingreifen sollte. Zumeist war man, und sei es nolens volens, bereit, der dem Monarchen unterstehenden Exekutive relativ viel Spielraum zuzugestehen. Man verließ sich ja auch gern auf den Schutz durch den Monarchen und seine Streitmacht. Es lag einem viel an der dadurch gesicherten Ordnung. Deswegen tendierte man eher zur Rolle einer Opposition. Was darüber hinausging, eine wirkliche Mitsprache, hätte vermutlich demokratischen Schwung gefordert, wohl auch die Einbeziehung breiterer Schichten und das allgemeine Wahlrecht.

Wie immer man es also ausdrücken mochte, aufs Ganze gesehen bewegte sich das liberale Bürgertum eher auf den Bahnen einer gemischten Verfassung. So war es auch mehr oder weniger in seinem Sinne, daß neben den, auf regelmäßigen Wahlen beruhenden, Parlamenten andere, »erste« Kammern bestanden, zum Teil in Fortsetzung der Stände als Versammlungen des hohen Adels, zum Teil, wo es sich um Föderationen handelte, als »Staatenhaus«, wie es in der Frankfurter Reichsverfassung von 1849 neben dem direkt von allen gewählten »Volkshaus« vorgesehen war. Zum Teil wurden solche Kammern künstlich neu geschaffen. Eine besondere Variante wurde am 6. Dezember 1848 in Preußen eingeführt (freilich sehr bald wieder abgeschafft): Neben der durch allgemeine gleiche Wahlen bestellten zweiten Kammer sollte eine erste zu stehen kommen, die von all denen zu wählen war, die ein bestimmtes Mindestvermögen besaßen.

Vom liberalen Bürgertum respektive seinem Gros aus gesehen ist es eher erstaunlich, daß der Begriff Demokratie schließlich Karriere machen konnte. Freilich ist die Begriffsgeschichte nicht eindeutig. Immer wieder wird auch mit dem Begriff der Demokratie gearbeitet; vielfach allerdings, indem man ihn für etwas in Anspruch nimmt, was mit »Volks-Herrschaft« nichts zu tun hat.

Wenn 1848 in Frankreich, nach dem Urteil Guizots, *démocratie* zum *mot souverain* wird, so spielt damals in Deutschland die »Konstitution« die beherrschende Rolle. Die »Demokraten«, welche es mit dem Begriff durchaus ernst meinten, blieben in der Minderheit.

Trotzdem gab es einigen Anlaß dafür, daß – keineswegs der Griechen wegen, sondern eben aus den gesellschaftlichen und dann auch politischen Umständen und Zielsetzungen der Zeit heraus – »Demokratie« auch weiterhin verfochten und schließlich zum Siege geführt wurde.

Daß die vom Bürgertum erworbenen politischen Rechte Vorrechte der einigermaßen Vermögenden, Gebildeten und »Selbständigen« bleiben sollten, ließ sich in einem Zeitalter lebhafter Diskussion und intellektueller Bewegung so leicht nicht halten. Die Forderung nach Gleichheit, die auch die Liberalen erhoben, konnte gegen die Ansprüche von weiter unten nicht einfach abgeschirmt werden.

Es gab, nicht zuletzt unter Intellektuellen, Unzufriedene genug, die sich auf die zunehmend wachsenden, weithin in großer Not lebenden, potentiell – vor allem der Befürchtung nach – aufrührerischen Schichten zu stützen suchten. Schon 1848 wurde hier und da die Forderung nach einer »sozialen Republik« laut. Und es dauerte nicht lange, bis die nach »sozialer Demokratie« folgte.

Es waren also durchaus und in gar nicht so geringem Ausmaß Kräfte da, die auch in Deutschland Demokratie verfochten, also gleiche politische Rechte für alle, wenn damit auch zunächst nur die Männer gemeint waren; und so sehr der eine oder andere Verbindungen zwischen Monarchie und Demokratie guthieß, lief es in der Konsequenz auf die Republik im engeren Sinne, den Freistaat also, hinaus. Nur hatten diese Kräfte es schwer zu siegen.

Während in Frankreich schon die Konstitution von 1791 feststellte, alle Staatsgewalt gehe vom Volke aus (*La Nation, de qui seule émanent tous les pouvoirs*), war in Deutschland noch lange das »monarchische Prinzip« an der Tagesordnung. Es war erst die Weimarer Verfassung von 1919, die festlegte: »Das Deutsche Reich ist eine Republik. Die Staatsgewalt geht vom Volke aus« (Artikel 1). Doch sollte es dieser Demokratie in Deutschland ja auch danach noch allzusehr an Demokraten fehlen.

So daß es bis nach 1945 dauerte, bis der Begriff der Demokratie und des Demokraten in Deutschland frei von irgend nennenswerten negativen Implikationen wurde – bei allem, von den Erinnerungen an Weimar und die NS-Zeit abgeleiteten, Argwohn gegen »das Volk«, das in das Grundgesetz einging; zumal in Deutschland ja alles mögliche als möglich erscheint und unwiderstehlich nach Vorbeugung ruft. Es hat dann freilich bald eine Identifizierung mit der Demokratie Platz gegriffen, die Dolf Sternberger schon 1979 als Verfassungspatriotismus charakterisieren konnte.

Offenkundig hat der Zweite Weltkrieg, das Scheitern des nationalsozialistischen Deutschland und seiner Verbündeten, hat der Sieg nicht zuletzt der Vereinigten Staaten von Amerika wesentlich dazu beigetragen, daß es zur Demokratie im Westen auch gedanklich keine praktikable Alternative mehr zu geben scheint. Selbst im Ostblock konnte man sich dieser Tendenz nicht verschließen, wenn man sich auch auf das Wort beschränkte, das man in der eigentümlichen Form der »Volksdemokratie« modifizierte.

Seitdem läßt sich, von Ausnahmen abgesehen, Herrschaft offenbar nicht mehr ohne das Volk legitimieren. Wozu es Wahlen braucht und Parteien. Wie »frei« die Wahlen selbst dann, wenn sie ohne Druck verlaufen, sind, ist eine andere Frage. Wie sehr »das Volk« meint, im Rahmen dessen, was als seine Herrschaft ausgegeben wird, mitsprechen zu können, auch. Doch braucht man es jedenfalls, um sich, von verschiedenen Seiten, darauf zu berufen.

Nachdem sich in Europa einmal die Frage nach dem Souverän gestellt hat, ist die Volkssouveränität offenbar nach dem Zusammenbruch der Monarchie unentbehrlich. Daher genügt es nicht einfach, »Verfassungsstaat« zu sein, dieser Staat scheint ein Subjekt nötig zu haben.

Und so verschieden die Stelle dieses Subjekts besetzt werden kann, so wenig oft auszumachen ist, was »das Volk« will, so sehr scheint es doch zumindest als Korrektiv notwendig zu sein, daß man sich auf das Volk beziehen und berufen kann.

Mit der Einführung des allgemeinen, gleichen Wahlrechts war die Entstehung von Parteien innerhalb der breiten Bürgerschaft notwendig verbunden. Man brauchte zuverlässige Anhängerschaften. Der neuen »Demokratie« der allgemeinen Wählerschaften entsprechen seitdem die neuen »Oligarchien« der politischen Parteien. Zugleich mit der Tendenz zur Oligarchie aber entstand wiederum eine andere zur Demokratisierung. Denn die politischen Frontlinien verlängerten sich vom Parlament bis tief in die Bürgerschaft hinein; zahlreiche Bürger wurden entlang dieser Linien stärker in die Politik engagiert, das Parlament somit tiefer in die Bürgerschaft eingebettet. Nicht an jeder Frage, welche aufkommt, sind ja die Bürger interessiert, nicht zu jeder haben sie eine Auffassung. Wenn sie aber der einen oder andern Partei stark verbunden sind, sind ihnen verschiedene Gegenstände der Politik schon deshalb wichtig, weil sie in deren Anschauung oder Progamm – und in Folge davon im Kampf zwischen ihnen – eine Rolle spielen. So daß sie tiefer in die Politik hineingezogen werden.

Umgekehrt kann es, wenn die Anhängerschaft der Parteiungen in der breiten Bürgerschaft schrumpft, sich auf kleinere Kreise der in der Politik Aktiven konzentriert (vielleicht gar manch ein Mitglied die eigene Partei nicht mehr wählt), dazu kommen, daß die Partei-Oligarchien stärker unter sich bleiben und der breiten Bürgerschaft vornehmlich als »die da oben« erscheinen. Wie es damit steht, hängt ganz von den Parteiungen insgesamt und nicht zuletzt von der politischen Thematik ab.

Unter Umständen können sich freilich in solchen Fällen außerparlamentarische Oppositionen und jene von Sternberger als »zweite Demokratie« bezeichneten massiven Einwirkungsversuche durch Demonstrationen einstellen.

Insgesamt wird man die Begriffsgeschichte als Indiz dafür nehmen können, daß die Aufwertung von »Demokratie«, ihre Eignung als Schlagwort und Zielbegriff, ihre emotionale Aufladung zur Vorstellung der einzig rechten – wenn auch vielleicht immer weiter zu reformierenden – Verfassung einer kräftigen Tendenz innerhalb der europäischen Gesellschaften entsprang; letztlich jener Strömung, welche nach und neben dem liberalen Bürgertum breiteste Schichten zu politisch vollberechtigten Bürgern machte. Daraus zumal resultierte die

Stoßkraft des Begriffs. Man sollte sie nicht unterschätzen. Auch wenn mancher sich aus ganz eigennützigen Motiven auf das Volk berief und beruft, um sich politisch durchzusetzen, so wäre das nicht sinnvoll, wenn nicht letztlich eine Kraft dahintersteckte; ja man kann annehmen, daß diese Kraft dadurch gestärkt wird – aus den Nebenwirkungen vielfältiger Berufungen auf sie.

In Wirklichkeit liegt hinter einer unendlichen Halde von Phrasen, falschen Behauptungen, von Mißbräuchen, die mit dem Begriff Demokratie getrieben worden sind, von unendlich vielen Enttäuschungen und Befürchtungen – ein außerordentliches politisches Potential, noch heute. Es wird nicht dementiert durch das verbreitete Achselzucken, mit dem so viele reagieren, wenn darauf die Rede kommt. Aber es steht in einer bemerkenswerten Spannung dazu.

Nach Churchills berühmtem Diktum ist Demokratie eine äußerst mangelhafte Verfassung; nur ist sie immer noch besser als alle andern. Aus historischer Perspektive muß man wohl hinzufügen, daß für Demokratien bestimmte Voraussetzungen gegeben sein müssen. Allein, wo das der Fall ist – und die Arbeit von Demokratien kann vermutlich sogar dazu beitragen –, dürfte diese Feststellung nach allen Erfahrungen richtig sein.

Unzufriedenheit, Kritik und Zweifel daran beziehen sich zum einen darauf, daß »das Volk« in der Demokratie nicht genügend oder gar nicht zur Geltung komme. Zum andern gründen sie, wie immer sie formuliert sind, letztlich in der Vermutung, daß die Demokratie nicht oder doch nur unzulänglich leistungsfähig oder, wie es gerne heißt, effizient sei; angesichts der Aufgaben, die sich einem Staat nun einmal stellten.

Der dritte große Einwand, der in der Tradition eine so nachhaltige Rolle gespielt hat, schon von der Antike her, dann aber auch aus den Erfahrungen und Befürchtungen angesichts von Revolution und Klassenkampf, kann heute vernachlässigt werden. Das ist der Vorwurf, in der Demokratie würden zugunsten der Masse (die schließlich die Mehrheit darstellt), des Proletariats oder gar des Pöbels die Minderheiten unterdrückt und hätten sich großer Ungerechtigkeit zu versehen.

Dem ist, soweit es drohte, durch die Verfassungen eine Grenze gesetzt worden. Und dafür, daß diese Verfassungen einigermaßen halten, spricht, wenn nicht die Integration, so doch die relative Schwäche und Uneinigkeit der unteren Schichten; spricht der Pluralismus der Interessen, die sich eher gegenseitig blockieren, als daß sie sich zu tieferen Gegensätzen massieren ließen. Zudem ist der Staat kaum mehr so mächtig, daß eine Mehrheit zuungunsten der Minderheit tiefere, schmerzliche Eingriffe in die gesellschaftliche und wirtschaftliche Ordnung vorzunehmen vermöchte. Das wird auch durch die weitgehende Internationalität der Märkte behindert, zumal bei stark exportabhängigen Nationen. Was indes alle möglichen Störungen nicht ausschließt.

Ängste der besitzenden Schichten gibt es immer in der Weltgeschichte. Heute aber ist es mehr die Schwäche als die Stärke der zentralen staatlichen Instanzen, von der politisch etwas zu befürchten ist, so daß die Reste der alten Kritik an der Macht der Mehrheit mit der an der mangelnden Leistungsfähigkeit des demokratischen Staats zusammenfallen können.

Die Erwartungen an die Leistungsfähigkeit der Demokratie aber haben, zumal hierzulande, wo man sich so gern auf Revolution von oben verläßt, einen relativ hohen Pegelstand. Das ergibt sich historisch aus den Versprechungen des mächtigen, anspruchsvollen, legitimationsbedürftigen Staates, den sie übernahm, aus dem Glauben an ihn, aus den daran anknüpfenden Verheißungen der vor allem auf Leistung (und nicht so sehr auf Kontrolle) eingestellten Parteien, zugleich aber und wachsend aus der unerhörten Kompliziertheit der modernen Gesellschaft, aus ihrer Spezialisierung, ihrer Differenzierung, das heißt ihrer Schutz- und Ordnungsbedürftigkeit, ihrem Angewiesensein auf eine verläßliche, vielfältig sich verzweigende Infrastruktur – bis hin zur Bereitstellung von ganz elementaren Gütern des alltäglichen Lebensbedarfs. All dies, und vielerlei anderes dazu, von der sozialen Kranken- bis zur Alters- und Pflegeversicherung, hat der europäische Staat weitgehend auf Dauer in den eigenen Betrieb genommen, teils hat er es usurpiert, teils ist es ihm zugeschoben worden. Man kann manches, wie es neuerdings versucht wird, reprivatisieren; für vieles kann der Markt aufkommen.

Aber daß damit die Erwartung, der Staat sei letztlich bereit einzuspringen, schon erledigt sei, ist eher unwahrscheinlich. Schließlich ist die Ausdehnung des Bereichs staatlicher Leistung komplementär zur Abdrängung der Gesellschaft ins Unpolitische erfolgt, in den Status von Leistungsempfängern und Leistungsforderern *gegenüber* dem Staat. So gut privatim und durch den Markt für vieles zu sorgen sein mag: Werden die Gesellschaften meinen, sich darauf auch nur einigermaßen verlassen zu können? Zumal sie die Mechanismen kaum durchschauen, nach denen das erfolgt. Zumal vor allem nicht deutlich ist, was all das Neue zur Folge haben und wieweit man noch rechtzeitig eingreifen kann, um unerwünschte Folgen sich nicht ausbreiten zu lassen. Außerdem scheint der Bedarf an staatlichen Regelungen, etwa durch Gesetzgebung, auch weiterhin erstaunlich groß zu sein. Vielleicht stellen sich die Aufgaben der Gestaltung, der Anpassung an Veränderungen, der Korrektur künftig gar stärker noch als in letzter Zeit.

Leicht also kann der Staat und das heißt heute: der demokratische Staat als Dienstleistungsbetrieb hinter den Erwartungen, die die Bürger aus ihren wirtschaftlichen, kulturellen, ökologischen und Versorgungsinteressen an ihn richten, zurückbleiben. Viele Einzelne sind immer unzufrieden. Wenn sich die empfundenen Mängel und von daher die Unzufriedenheiten aber kumulieren, kann sich unschwer der Eindruck ausbreiten, daß »die Demokratie« ungeeignet sei zur Lösung der anstehenden, und vielleicht nicht nur der unmittelbar anstehenden, Probleme. Denn das nicht genügende Funktionieren muß ja keineswegs nur der Verwaltung, der Bürokratie also angekreidet werden, sondern kann durchaus auch die Regierung und das Parlament treffen. Und Kritik kann sich an den zum Teil umständlichen Verfahren der Demokratie, dem Streit der Parteien, auch an ihren ständigen Rücksichtnahmen festmachen – und anschließend die Verfassung im ganzen tangieren. Was es bedeutet, daß die Verwaltung in der Demokratie an Recht und Gesetz gebunden – und weithin bürgerfreundlich – ist, wird ja leicht unterschätzt; schon aus Gewöhnung.

Äußerstenfalls kann sich dann der Ruf nach dem starken Mann erheben, eventuell gar dem Diktator, der es etwa bewirken soll, daß die Züge wieder pünktlich fahren (was Mussolini so bereitwillig zugute gehalten wurde), obwohl dieser Ruf eher erhoben wird, wenn sich obere Schichten durch untere bedroht fühlen. Wieweit freilich autoritäre Regime in solchen Situationen helfen können – außer im Fall des Bürgerkriegs, wo ihre Hilfe auch nicht ausschließlich heilsam ist –, ist eine andere Frage. In unseren Tagen ist dieser Ausweg glücklicherweise unaktuell geworden; aufgrund nachhallender sehr schlechter Erfahrungen, aber auch deswegen, weil man nicht recht sieht, wo solche Regime überhaupt ansetzen könnten, in gewissem Sinne also weil man weithin die Möglichkeiten staatlicher Macht jenseits ihrer Routine nicht mehr hoch einschätzt; und das weniger aus Erkenntnis als aus jenem mehr oder weniger unbewußten Gespür von Machtverhältnissen heraus, das auch breitere Kreise der Gesellschaft durchaus besitzen. Wir suchen die Auswege folglich innerhalb der Demokratie. Was aber nichts daran ändert, daß wir zuweilen an ihr verzweifeln.

Es gehört zur Unzulänglichkeit der Demokratie, daß sie buchstäblich zu wünschen übrig läßt. Sie unterhält nämlich große Ressourcen der Erwartung. Und die Tatsache, daß sie immer noch die beste aller Verfassungen ist, gründet nicht zuletzt darin, daß sie es mit ihren Unzulänglichkeiten schließlich besser aufzunehmen vermag als andere. Nicht gleichbleibend, sondern in Prozessen des Auf und Ab; in der Dynamik möglicher immer neuer Anpassungen an die Herausforderungen durch die Zeitläufte. Immerhin gesellen sich zu weitreichender, sich kumulierender Unzufriedenheit mit staatlicher Leistungsfähigkeit zumeist Verschiebungen auch in der gesellschaftlichen Struktur, in den Machtverhältnissen wie im Wissen, und dann ist jede Politik leicht überfordert.

Machiavelli hat das »gute Glück der Republik« im Vergleich zur Monarchie darin gesehen, daß sie, auf die Vielzahl ihrer Bürger gegründet, anpassungsfähiger ist als ein Fürst. »Ein Mann, der gewohnt ist, auf eine und dieselbe Art zu handeln, ändert sich niemals. So muß er naturnotwendig scheitern, wenn die Zeit in ihrem Wechselspiel seine Art zu handeln nicht mehr aufzunehmen vermag.« Doch nicht nur einzelne Männer, sondern ganze politische Richtungen, ja die politischen Orientierungen ganzer Gesellschaften können derart überholt werden. Auch dem kann in einer Demokratie besser begegnet werden als in einer anderen Verfassung, wenn auch unter Umständen spät und mühsam genug.

Wie gut eine Verfassung funktioniert, was ein Staat dank ihrer zu leisten vermag, das hängt oft sehr stark von den Problemen ab, mit denen er es zu tun hat, sowie von der Gruppierung der verschiedenen Kräfte, die dabei eine Rolle spielen. Monarchische oder autokratische Regime können sich dabei genauso als handlungsunfähig erweisen wie Demokratien. Das wird nur in der jeweiligen Gegenwart nicht so offenkundig, weil sich die Entscheidungsprozesse bei ihnen eher im Verborgenen abspielen; weil auch der Einfluß stärker bei Personen liegt, die vielfach unbekannt sind und im Geheimen wirken, als bei massiveren Kräften, die man – wenigstens zumeist – kennt; schließlich weil sich die Korruption dort nicht so leicht aufdecken läßt. Überblickt man die Geschichte, so sind es eher Ausnahmefälle und Wunschbilder, die dafür sprechen, daß andere Verfassungen leistungsfähiger sind als die Demokratien; unterstellt freilich, daß die Voraussetzungen für diese gegeben sind.

Das ändert nichts daran, daß der Gesichtspunkt der Leistungsfähigkeit in einer Gesellschaft, die so außerordentlich stark vom »Dienstleistungsunternehmen Staat« abhängig ist, das Urteil über Demokratien sehr stark bestimmen muß. Aber vielleicht muß man, wenn es sehr negativ ausfällt, gar nicht die Demokratie ersetzen, sondern das Leben in ihr verändern?

Vor allem hat neben dem Gesichtspunkt der Leistungsfähigkeit der andere, daß in der Demokratie »das Volk« herrschen soll, seine eigene Bedeutung. Dem einen hat das Parlament – wenn man das zuspitzend so trennen darf – durch seine Arbeit zu genügen, dem anderen durch Kontrolle und öffentliche Auseinandersetzung, und die reichen von nachhaltiger, vielleicht gar störrischer Opposition, dem Aufdecken von Mißständen, der wirkungsvollen In-Frage-Stellung einer ganzen Politik bis zu großen Debatten, in die die verschiedenen Wünsche, Befürchtungen, Anschauungen, Interessen der Bürgerschaft eingehen, in denen sich die Kämpfe konzentrieren, in denen Entscheidungen, wie sie letztlich von der Parlamentsmehrheit zu treffen sind, wenigstens plausibel werden können; an denen die Bürger aber auch nach Möglichkeit, wie auch immer, beteiligt sind. Der eine Gesichtspunkt antwortet eher auf »unpolitische« Erwartungen an das »Gegenüber« Staat, er hat es mit all dem zu tun, was wir etwa als Steuerzahler, Wirtschaftsbürger, Verkehrsteilnehmer, Mieter, Interessenten an Bildung und Kultur oder als Beanspruucher von Versicherungsleistungen verlangen. Der andere nimmt uns eher als politische Bürger, als Mitbestimmende in das Zustandekommen von Entscheidungen mit hinein; was freilich voraussetzt, daß etwas zur Debatte steht, was breiterhin Leidenschaft erweckt.

Beide Gesichtspunkte hängen eng zusammen. Wenn die Unzufriedenheit mit den Leistungen des Staates steigt, kann sich zugleich die Forderung nach Mitsprache, und das heißt zumeist: die Kritik angesichts ihrer Frustration beleben. Aber sie stehen auch in Spannung zueinander. Der Ruf nach sachlicher Leistungsfähigkeit pflegt auf Eile und möglichst auf Reibungslosigkeit des Verfahrens zu drängen, da soll nicht viel gefackelt werden. Wobei dann »demokratische« Wünsche, die Sache sorgfältiger zu debattieren, mehr Interessen zur Geltung zu bringen etc., sich querstellen können. Gesichtspunkte der notwendigen Debatte können Parlament und Bürgerschaft enger zueinander führen, solche der Leistungsfähigkeit geben vor allem der Exekutive Vorrang. Das Parlament kann dabei stark in Gegensätze zerfallen, was aber der Erfahrung von Demokratie zugute kommen mag.

Andernfalls kann es leicht zur Resignation kommen. Womit sich eine andere Gefahr – neben der durch Gegner, die sie abschaffen wollen – auftut: die Tendenz zur Aushöhlung der Demokratie.

Indes darf zweierlei nicht übersehen werden. Zunächst wäre es falsch, aus der Überforderung, der die Demokratie etwa heute ausgesetzt zu sein scheint, einen Einwand gegen sie zu machen. Wenn eine ganze Gesellschaft in Grundannahmen ihrer Politik, in ihrer politischen Organisation, in den gewohnten Arbeits- und Wirtschaftsweisen und in vielen ihrer Zielsetzungen und Erwartungen in Frage gestellt ist, muß sich das in der Politik nicht weniger als auf andern Feldern in einem Zurückbleiben hinter vielen Anforderungen, in Ratlosigkeit und Ungenügen niederschlagen. So gehört es zu der Situation tiefgreifenden Umbruchs, in der wir uns befinden. Folglich liegt hier kein Argument gegen, vielleicht aber ein, übrigens starkes, Argument für die Demokratie.

Denn, und das ist das zweite, was nicht übersehen werden sollte, Krisen sind auch und nicht zuletzt Chancen der Demokratie. Für die Erledigung größerer Mißstände braucht es einigen Schwung; denn sie bestehen nicht zuletzt darin, daß manche Institutionen und Organisationen, die das Räderwerk der Demokratie ausmachen, erheblich verkrusten. Dies aber muß erst ein gewisses Ausmaß erreichen, bevor die Verärgerung darüber stark genug ist und wirklich mit Macht Wege sucht, um die politische Tagesordnung zu bestimmen. Schließlich sind es mächtige Interessen, die Widerstand leisten, die durch die Kraft der Trägheit stark sind, die man nur mit Mühen aufspalten kann.

Nach Friedrich Schlegel kann Demokratie höchstens ein Zielpunkt sein, der nur »durch eine ins Unendliche fortschreitende Annäherung wirklich gemacht werden kann«. Jedenfalls aber muß Demokratie insgesamt als ein Prozeß betrachtet werden, der nicht aufgrund von Momentaufnahmen, sondern nur über längere Strecken Zeit hin beurteilt werden kann. In gewissem Sinne gilt für sie, mutatis mutandis, der Spruch, der für Monarchien geprägt worden ist: Die Demokratie ist tot, es lebe die Demokratie.

Aber man sollte auch die Möglichkeiten demokratischer Willensteilhabe nicht unterschätzen.

Die Möglichkeiten der Artikulation und des Zur-Geltung-Kommens des »Willens des Volkes« werden im allgemeinen sowohl in ihrer Wichtigkeit wie in ihrem tatsächlichen Ausmaß unterschätzt. Die meisten Betrachtungen sind zu sehr auf die Verfahren ausgerichtet, welche gemäß Verfassung, Geschäftsordnung und üblicher Praxis, unter Einwirkung von Verbänden etwa, mehr oder weniger sichtbar zu Beschlüssen führen. Dabei wird vielerlei vernachlässigt, was schwer dingfest zu machen ist, was aber durchaus seine Folgen haben kann, auch zwischen den Wahlen; allgemeine Meinungsbildungsprozesse etwa, Empörungen, Ängste, aber auch längerfristige Strömungen, auf die die Politik in vielen Weisen reagiert.

Wir sind vermutlich zu sehr durch die Traditionen des Staates sowie durch sachliche Notwendigkeiten bestimmt, zu sehr als Konsumenten staatlicher Leistungen darauf aus, daß alles möglichst reibungslos »klappt«, zu sehr auch »Privatleute«, um nicht den Sinn, die Vorzüge und die Wirksamkeit der Volks-Herrschaft allzu leicht geringzuschätzen. Um nicht, was nur die Kehrseite davon ist, zugleich zu hohe Anforderungen an sie zu stellen. Und das heißt drittens: um nicht stets von neuem weiter hinter dem zurückzubleiben, was wir erreichen könnten.

Natürlich ist der »Wille des Volkes« eine Fiktion. Unendlich viele von uns haben politisch in vieler Hinsicht gar nichts, was man als ihren Willen bezeichnen könnte. Und unendlich viele andere haben am ehesten in Hinsicht nur auf einzelnes ihre eigenen Ansichten und Wünsche. Sofern sich daraus größere Willenseinheiten organisieren, etwa über Interessen, Gruppen oder Parteien, weisen sie in verschiedenste Richtungen. Und was am Ende als »Wille des Volkes« firmiert, pflegt der einer Mehrheit zu sein. Wobei ihr Zustandekommen das Ergebnis von Kompromissen sein kann; was bedeutet, daß keine der beteiligten Kräfte es so, wie es dann schließlich herauskommt, wirklich gewollt hat.

Wertet man nun die Politik vornehmlich in Hinblick auf das, was sie an Ergebnissen, etwa Gesetzen und Anordnungen hervorbringt, was also Regierung und Parlamentsmehrheit als Beweis ihrer Leistungsfähigkeit vorzuweisen pflegen, so kann vieles für die Minderheit schmerzlich sein, was die Mehrheit verfügt. Gelegentlich ist es ja auch unsinnig. Freilich kann man dazu außer auf die Legitimität von Mehrheitsbeschlüssen auf die Chance des Wechsels verweisen, das heißt die Arbeit im Sinne der Opposition, die im Falle eines Wahlsiegs die Möglichkeit eröffnet, die Beschlüsse der vorangegangenen Regierung aufzuheben – vorausgesetzt freilich, daß sie rückgängig zu machen sind, was mitunter schwierig, wenn nicht unmöglich ist.

Doch geht es in der Demokratie nicht nur um die Ergebnisse, sondern zugleich um die politischen Prozesse, die ihnen vorausgehen, ja deren Teil sie sein können. In solchen Prozessen, zumal der langfristigen Meinungs- und Willensbildung, läßt sich durchaus die Erfahrung machen, daß die Interessen und Meinungen der Minderheit nicht nur nicht einfach übergangen, sondern zum Teil berücksichtigt werden; oder daß es eine offene, faire Auseinandersetzung war, in der die Minderheit unterlag. Die Griechen hatten für die Einführung der Demokratie die schöne Wendung: den Bürgern die Dinge (die Entscheidung) in die Mitte legen; und etwas davon könnte durchaus auch in heutigen Auseinandersetzungen spürbar sein. Immerhin gehört zur Demokratie, daß die Auseinandersetzungen – mindestens auf längere Strecken – öffentlich erfolgen (oder an die Öffentlichkeit gebracht werden können); daß sie eben damit Einwirkungen von den verschiedensten Seiten her offenstehen. Ginge es nur darum, sie möglichst schnell zu Ende zu bringen, so hieße das, falls nicht außerordentlicher Handlungsbedarf vorliegt, die Gegenwart möglichst schnell hinter sich zu bringen. Man sollte sie aber nutzen, als Lebenszeit, und das gilt auch für das Bürger-Sein; was freilich Zusammenhang in einer Gesellschaft voraussetzt.

Demokratie bietet – und sie erfährt sich darin – eine relativ große Chance für das Beibringen und die Berücksichtigung von Argumenten, die Vervielfältigung der Gesichtspunkte, die Einbeziehung anderer Meinungen in die Willensbildung. Allerdings wird sie oft nicht wahrgenommen; was Ausdruck eines schlechten Stils der maßgebenden Politiker sein kann, die mehr auf Macht als auf Argumente setzen, Ausdruck aber auch mangelnder Aufmerksamkeit der Bürgerschaft, speziell der Organe öffentlicher Meinungsbildung, die ihnen das durchgehen lassen. Doch kann es auch dadurch bedingt sein, daß die Materien und insbesondere ihre Bedeutung nicht recht klarwerden. Und das passiert besonders in Situationen des Umbruchs, in denen Grundlagen des überkommenen Wissens erschüttert werden, da vielfach möglich zu werden scheint, was für unmöglich gehalten wurde; in denen viele irritiert, also unsicher werden, sich vielleicht gar überholt vorkommen, so daß zahlreiche Maßstäbe nicht mehr verbindlich, jedenfalls nicht mehr überwiegend gemeinsam zu sein scheinen. Folglich können sie auch nicht mehr eingeschärft werden. Doch muß es dabei ja nicht bleiben.

Überlegungen dieser Art mögen für viele einen schwachen Trost bedeuten, wenn die Ergebnisse der Gesetzgebung ihnen unbequem oder abträglich sind, ja wenn die ganze Richtung der Politik ihnen nicht behagt oder gar gefährlich erscheint. Doch der Vorteil gegenüber anderen Verfassungen ist trotzdem offenkundig, zumindest für alle diejenigen, die nicht zu deren sicheren Nutznießern gehören oder die, solange es geht, Unangenehmes lieber gar nicht erst bemerken.

Ernst-Wolfgang Böckenförde hat es als ein Erfordernis der inhaltlichen Repräsentation, der Repräsentation des Volkswillens also angesehen, »daß das Handeln der Leitungsorgane so beschaffen ist, daß die Einzelnen und die Bürger insgesamt (das Volk) in diesem Handeln sich wiederfinden können«, und zwar in ihren unterschiedlichen Auffassungen ebenso wie in dem, was sie gemeinsam für richtig halten. Die Bürger müssen »alle gemeinsam angehenden Fragen des Zusammenlebens durch die Repräsentanten verhandelt und ausgetragen sehen«. Böckenförde sieht darin eine Mitte eingehalten zwischen der Freiheit der Repräsentanten, die ihnen von der Verfassung garantiert ist, und ihrer irgendwie doch auch zu erwartenden Bindung an den Willen derer, die ihnen ihr Mandat verliehen. Die Parlamentarier seien zu einer gewissen »Responsivität« verpflichtet, was im Kern doch wohl dasselbe ist wie »Verantwortlichkeit«, also ein zu Antworten sich verpflichtet fühlendes Zuhören, die Rücksichtnahme auf das, was im Volk gewollt wird. Wilhelm Hennis hat immer wieder auf den Amtscharakter des Abgeordnetenmandats hingewiesen.

Wahrscheinlich muß man die Sache noch elementarer fassen, zumal es oft als frommer Wunsch erscheint, daß Parlamentarier die verschiedenen Willensrichtungen, die sich im Volk herauskristallisieren, verfechten. Die öffentliche Auseinandersetzung müßte, damit man sich in ihr wiederfinden kann, zunächst einmal zum Ergebnis haben, daß man die Dinge, um die es geht, samt ihrer Bedeutung verstehen lernt. Daß man überhaupt weiß, was gespielt wird. Daß man nicht nur vor der Wahl steht, sich entweder mit Scheuklappen gegen das Politische abzuschirmen oder im Dunkeln zu tappen. Das wäre, gerade heute, nicht wenig. Denn wir sollten doch sehen, zumindest in der allgemeinen Sphäre des Politischen auf dem Stand der Zeit zu sein, uns also eine gewisse intellektuelle Souveränität zu sichern. Nicht nur Freiheit und Gleichheit, sondern eben auch diese Souveränität, dieser Anspruch ist die Frucht und das Ziel der Demokratie. Wie die Dinge heute stehen, wird bewußt, wie sehr Menschenwürde gerade auch darin besteht, daß man mit dem Geschehen »mitkommt«.

Dabei kommt es, nebenbei gesagt, nicht nur darauf an, zu begreifen, was gerade politisch zur Debatte steht, sondern es ist auch dringend nötig, zu wissen, was überhaupt vor sich geht; was sich verändert in unserer Welt und an und mit uns selbst, und sich ein Urteil darüber zu bilden. Denn von dem, was vor sich geht, pflegt ja immer weniger in die Debatte einzufließen (oder eingelassen zu werden); wobei Absicht genauso im Spiel sein kann wie Unbedachtsamkeit und – Unwissen, gerade auch der Politiker. Weit mehr, als es sein müßte, müssen wir uns überraschen lassen; oft, wenn es zu spät ist, um noch etwas zu tun. Zumal in einer Zeit, in der sich die verschiedensten Momente des Wandels besonders stark kumulieren, ist das mißlich. Denn es untergräbt die Sicherheit, auf der jenes Vertrauen aufruhen kann, das uns in die Lage versetzt, politisch und außerpolitisch wirksam zu arbeiten, auch zusammenzuarbeiten.

In den Auseinandersetzungen, die ihren Ernst daraus beziehen, daß am Ende die Entscheidung stehen muß, erfährt sich zugleich das Staatsvolk, wenn es gutgeht, als politische Einheit. Und es kann das entwickeln, was man nicht ohne Grund »Verfassungspatriotismus« genannt hat. Das Wort ist eine typisch deutsche Erfindung, aber die Sache ist verbreiteter; nur daß der Patriotismus sonst umfassender ist. Schon im alten Athen und nicht weniger etwa im neuzeitlichen England konnte und kann man sich das eigene Gemeinwesen anders denn als demokratisch nicht vorstellen. Und dazu gehörten und gehören zugleich Toleranz, vielfältige Kooperation und Verläßlichkeit.

Überhaupt gehen die vielen Zweifel an der Demokratie nicht nur von einem wenig differenzierten Begriff von Volks-Herrschaft aus, sondern zugleich von einer Unterschätzung der Möglichkeiten »des Volkes« in der Politik.

Es ist, genau besehen, keineswegs der Fall, daß »das Volk« nur bei den Wahlen politisch tätig wird. In jenem merkwürdigen, so schwer zu fassenden und doch offenkundig immer wieder zur Realität sich verdichtenden Wesen, das man die »öffentliche Meinung« nennt, haben die Bürger auch in der Zwischenzeit eine Chance zur Äußerung, und nicht nur das. Vielmehr lassen sich die politischen Eliten in vielem auch davon leiten, was die Bürger meinen. Und diese können Druck auf jene ausüben, auf die Abgeordneten etwa oder auf das Parlament. Es gibt durchaus ein, möglicherweise lebhaftes, Wechselspiel zwischen Führenden und Geführten. Die Ergebnisse der demoskopischen Umfragen werden oft eher zu viel als zu wenig berücksichtigt. Allzu leicht lähmen sie übrigens auch die prognostische Kompetenz, aufgrund derer Politiker setzen können, was sie für richtig halten – in der Annahme, daß das, zumindest auf die Dauer, einleuchten wird; ungeachtet des Hin und Her der Meinungen. Doch macht der Blick auf die Befunde auch langfristige Führung schwieriger, zumal in Zeiten, wo nicht so sehr Zugewinn verteilt als Mängel verwaltet oder besser: wo ein Vorankommen der Gesellschaft, der Wirtschaft unter Umständen schmerzliche Verzichte notwendig macht.

Gewiß sind es wenige, die sich in Presse, Rundfunk, Fernsehen zu Wort melden können. Aber gibt es nicht immer ein gewisses System der kommunizierenden Röhren, Kreisläufe der Meinungsbildung, die neben denen, die sich äußern, auch die, die nur nicken oder den Kopf schütteln, miteinbeziehen in das, was dann als öffentliche Meinung, schwierig genug und keineswegs immer einmütig, sich zu äußern scheint? Wie mächtig das sein kann, wurde im Sommer 1997 bei dem Versuch des Bundesfinanzministers, sich die Goldreserven der Bundesbank zunutze zu machen, sichtbar; freilich zugunsten einer Institution, die als neutral galt und gilt und höchstes Ansehen genießt. Aber wären die berühmten Reden zum Fenster des Parlaments hinaus nicht sinnlos, wenn man nicht die Bürger auch zwischen den Wahlen für wichtig hielte? Oder sollte es nur darum gehen, daß sich einige Gesichter besser einprägen? Sternberger hat die öffentliche Meinung »wohl das stärkste Mittel, das demokratische mit dem repräsentativen Regierungs-Element zu versöhnen, ja zu verschmelzen«, genannt. Man könnte auch auf die alte Auffassung hinweisen, Demokratie sei *government by public opinion.*

So wenig aber wie die Bürger zwischen den Wahlen machtlos sein müssen, so wenig müssen sie sich bei den Wahlen selbst in dem Ausmaß von »den Parteien« die Kandidaten vorschreiben lassen, wie es immer wieder beklagt wird. Zwar stellen die Parteien die Listen auf. Und gerade bei den Landeslisten sind die Einflüsse der führenden Oligarchien notwendig stark. Allein die Bestellung der Wahlkreiskandidaten ist zumindest für breitere Kreise der Mitglieder zugänglich. Das Wahlsystem muß nicht notwendig die Einwirkung der Wähler auf die Bestimmung der Abgeordneten so eng begrenzen, wie das bei der Bundestagswahl der Fall ist, wo man nur zwischen den Listen, nicht innerhalb ihrer eine Wahl hat.

Die Bildung und vor allem der Erfolg neuer Parteien muß nicht so schwierig sein, wie es vielen erscheint. Bestes Beispiel dafür ist das Aufkommen der Grünen, die insoweit auch Forsthoffs These widerlegt haben, sehr allgemeine, verbreitete Interessen hätten wenig Chancen, sich in der Demokratie durchzusetzen. Auch würde die Demokratie nicht darunter leiden, wenn man statt der Fünf-Prozent-Hürde etwa, wie in Österreich und Schweden, eine Vier-Prozent-Hürde vor dem Parlament aufbaute; was die Beweglichkeit ohne nennenswerte Schäden erweitern könnte. Gewiß mag es etablierte Parteien beunruhigen, mag es radikalen Minderheiten mehr Zugang zur Politik ermöglichen, vielleicht auch die Regierungsbildung erschweren – aber der Demokratie könnte das zugute kommen. Es erleichtert politische Innovationen, wirkt der Verkrustung des Parteiensystems entgegen, hilft außerparlamentarische Opposition zu erübrigen – und das Um-sich-Greifen von Resignation. Radikale Parteien würden sich im Zweifel, so lange sie klein sind, im Parlament eher mäßigen. Es bliebe dann die Frage, ob die Erleichterung der Bildung hinreichend großer Koalitionen oder die Einbeziehung auch kleinerer Gruppen den größeren Wert darstellt.

Carl Joachim Friedrichs Theorie der vorweggenommenen Reaktionen – wer wiedergewählt werden will, wird bei seiner Entscheidung beeinflußt durch die erwartete Reaktion seiner Wähler – spricht ja nicht nur dafür, daß sich die gewählten Politiker derart verhalten. Es könnten ja auch die nominierenden Gremien tun.

Entsprechendes gilt von Volksbegehren. Der Einwand, es müßten sich kleine Gruppen von Interessierten, also Minderheiten mit den entsprechenden Mitteln, finden, damit sie beantragt und zum Erfolg geführt werden, sticht nicht unbedingt. Zum einen bieten partikulare Themen, wie sie kleinere Gruppen interessieren, außer im lokalen Bereich, wenig Aussicht auf Erfolg. Ohne Mehrheiten geht es schließlich auch nicht. Zum andern könnte man vielleicht doch damit rechnen, daß, wenn die Möglichkeit dazu besteht, Bürger sich finden, die sich allgemeinerer Ärgernisse annehmen; zumal dann, wenn die Atmosphäre dafür geeignet ist. So wäre jedenfalls in manchen Fällen für den nötigen Anschub gesorgt. Schließlich stellt auch die verschiedentlich beobachtete »antizipierende Reaktion« der Parteien auf ein aussichtsreiches Volksbegehren einen Erfolg dar; wenn sie nämlich wesentliche (gegen sie vorgebrachte) Einwände in eigenen Anträgen berücksichtigen. Und allemal ist ein Volksbegehren ein Instrument, um Dinge wirklich bekannt zu machen und in Bewegung zu setzen; was dem Leben einer Demokratie zugute kommen kann.

In Gesellschaften wie der unseren drängt gewiß vieles dazu, in Politik und also auch in der Verfassung etwas Instrumentelles zu sehen, Mittel, um besser für die eigenen »privaten« Ansprüche sorgen zu können. Aber vielleicht hat es daneben doch seinen Sinn, auch eine bestimmte Form des politischen Zusammenlebens, eben um des bürgerlichen Lebens willen anzustreben; es muß ja nicht so strapaziös sein, daß es geradezu den Wunsch nach Politikverschonung provoziert, wie etwa in den siebziger Jahren.

Schließlich fragt sich, ob nicht das institutionelle Eigengewicht des Parlaments auch in unserer Demokratie erhöht werden könnte; in dem Sinne, daß sich »das Volk« stärker darin vertreten sähe; daß vielleicht neben und in der Arbeit, die notwendig ist, auch etwas vom Störrischen zum Ausdruck kommt, das einer demokratischen Bürgerschaft und ihrer Vertretung gegenüber der Exekutive gelegentlich ansteht. Denn bei aller Verbundenheit und Gleichgerichtetheit zwischen Parlamentsmehrheit und Regierung ist ein gewisses Widerspiel zwischen

Exekutive und Legislative (einschließlich ihrer Mehrheit) doch nicht schon sinnlos, im Gegenteil. Gerade angesichts der Beanspruchungen unserer Tage sowie im Blick auf eine vielleicht doch fällige Neubelebung demokratischer Ansätze könnte das aktuell werden.

Selbstredend muß sich eine demokratische Regierung, in aller Regel jedenfalls, auf die Parlamentsmehrheit stützen. Der damit gegebenen Gefahr, daß das Parlament nur mehr als der verlängerte Arm der Regierung erscheint – Hildegard Hamm-Brücher karikiert diese Position gar als die einer »nachgeordneten Dienststelle von Parteizentralen und Regierungen« –, könnte jedoch durch die Stärkung eines parlamentarischen Rollenbewußtseins ein gutes Stück weit begegnet werden.

Die hinwiederum müßte sich auf ziemlich bestimmte Erwartungen der Bürgerschaft stützen können, indem dort neben den »vertikalen Solidaritäten«, die die Bürger etwa an ihre Parteien binden, »horizontale« bewußt gemacht und getragen werden. Die Einmütigkeit der Erwartungen, die in mancher Hinsicht schon gegeben ist, wo es etwa um die Einhaltung von Regeln durch alle geht – könnte die sich nicht auch auf die offene und bewußte Wahrnehmung der Rolle des Parlaments auch gegen die Regierung, und zwar nicht nur seitens der Opposition, richten? Es muß ja gar kein reiner Vorteil sein, auch nicht für Regierung und Mehrheitsfraktionen, wenn sie reibungs- und, soweit möglich, geräuschlos zusammenarbeiten.

Wenn Platon gemeint hat, Gemeinwesen seien wie diejenigen, die ihnen vorstünden, so könnte man heute vielleicht eher umgekehrt sagen: Die, die uns vorstehen, sind so, wie wir sie erwarten. Jedenfalls ist der Frage, wo zwischen Volk und Regierung das Parlament steht, noch einige Aufmerksamkeit zu widmen, da Regierungen, selbst wenn sie demokratisch sind, immerhin Regierungen bleiben.

Um es zusammenzufassen: Demokratie kann auch heute, wenn auch nicht im antiken Wortsinn, dergestalt praktiziert werden, daß die Bürgerschaft nicht nur, und gar unter gleichsam fremdbestimmten Kandidaten, alle vier Jahre eine Auswahl unter Parteien trifft, sondern daß sie auf vielen Wegen die Politik beeinflußt. Man darf die Demokratie auch heute nicht unterschätzen; schon deswegen nicht, um sie so gut wie möglich »leben« zu können. Nur müßte man vielleicht, um das besser zu erreichen, dies und jenes an ihr ändern. Das hieße aber zugleich, daß die Gesellschaft sich auch ihrer Funktion als Bürgerschaft stärker bewußt würde.

Seit 1989 unterliegt die Demokratie, mangels eines starken Gegners wie des kommunistischen Ostblocks, der Mißlichkeit, daß sie nur mehr an ihren eigenen Idealen gemessen werden kann. Solange man vom Westen her die eigene Welt gegen die östliche als demokratisch hatte absetzen können, war die Demokratie gegen Zweifel und Fragen relativ gut geschützt (auch wenn Wünschen nach ihrer Verbesserung keine Grenzen gesetzt waren). Jetzt dagegen verliert sie an Stoßrichtung, an aggressivem Potential; die Kraft der Alternative scheint ihr abhanden zu kommen. Die Demokratie wird zu einer Frage weniger der Forderung als der Interpretation.

Es macht sich vor allem zunehmend bemerkbar, daß verschiedene Voraussetzungen der Demokratie nicht mehr derart gesichert sind wie bisher; angesichts der verschiedenen Dimensionen des so tiefgreifenden Wandels, den wir erleben.

Daß damit ganz ungewöhnliche Anforderungen aufkommen, denen wir in unseren demokratischen Ordnungen zu begegnen haben, vor denen diese versagen, an denen sie sich aber auch bewähren können, mag zunächst beiseite bleiben. Zumindest ist zur Zeit offensichtlich, daß es der demokratische Staat mit den drängenden wirtschaftlichen Sorgen seiner Bevölkerung – im Unterschied zur jüngsten Vergangenheit, dem zeitlichen Erfahrungsbereich der jetzt lebenden Generationen also – nicht mehr recht aufzunehmen vermag. Manches ist unnötig, da das der Markt besorgt. Anderes bleibt offen.

Herkömmlich setzt die Demokratie einen Staat voraus, der zum einen – aber das gehört in die Vergangenheit – den Rahmen bietet, in dem sie sich entfalten kann, zum andern die Einheit darstellt, die demokratisch organisiert und regiert wird; in der die Selbstbestimmung der Bürgerschaft (im Rahmen ihrer Verfassung) erfolgen kann. Die Handlungsfähigkeit des Staates nach außen hängt notwendigerweise von den Konstellationen der Staatenwelt ab. Nach innen aber war er herkömmlich frei, eben sich selbst zu bestimmen, wenn auch unter Respektierung vorgegebener Tatbestände. Diese Freiheit ist in der europäischen Union nicht mehr durchweg gegeben. Da müssen wir uns in vielem einer Organisation fügen, der wir zwar angehören, in der wir auch mitreden, die aber, nach dem berühmten Bonmot, wenn sie ein Staat wäre, ihrer eigenen undemokratischen Verfaßtheit wegen keine Aussicht hätte, ihrerseits in die Europäische Union aufgenommen zu werden.

Zudem hat der Staat aufgrund zunehmender Freiheit der Märkte an wirtschaftspolitischer Kompetenz verloren. Wenn aber die Freiheit, über die eigenen Angelegenheiten bestimmen zu können, nur mehr bedingt gegeben ist, könnte die demokratische Identifizierung mit dem Staat nachlassen. Die Bereitschaft zum Mitdenken und Sich-Engagieren ist wenig enttäuschungsresistent. Das Argument, wonach alles doch keinen Sinn hat, liegt stets griffbereit. Und es ist nur allzu verführerisch (ohne daß damit das Regieren schon leichter würde; denn es könnten gleichzeitig die Eingriffsmöglichkeiten für *pressure groups* wachsen). So ist es nicht unwichtig, daß wenigstens innerstaatlich im Rahmen des Möglichen verwirklicht werden kann, worauf die demokratische Willensbildung tendiert.

Eine andere Voraussetzung der Demokratie ist die Nation, das heißt: das Bewußtsein einer besonderen Zusammengehörigkeit, einer besonderen Einheit, aber auch einer gewissen – eben nationalen – Homogenität. Mit der Zusammengehörigkeit ist in irgendeinem Ausmaß Verantwortung verknüpft, und damit auch in Zeiten, in denen man glücklicherweise sein Leben nicht mehr fürs Vaterland aufs Spiel setzen muß, eine emotionale Basis dafür gegeben, daß man mitdenkt, weil man eben, und zwar nicht nur passiv, sondern aus einem gewissen Beteiligtsein, einer Verantwortung heraus, mitbetroffen ist.

Worin die Homogenität gründet, ist sehr unterschiedlich. Gemeinsam durchlebte Geschichte respektive ein, wie immer belebtes, Bewußtsein davon, so etwas wie Schicksalsgemeinschaft und, darauf aufbauend, ein »Wir-Gefühl« – das jedenfalls spielt eine große Rolle; auch Sprache und Kultur sowie der Wunsch, in einer bestimmten politischen Ordnung zu leben, der »Verfassungspatriotismus« kann sich damit durchaus sinnvoll verknüpfen. Daß manche gemeinsame Eigenarten, durch die diese Homogenität bestimmt wird, eher behauptet werden als wirklich vorhanden sind, versteht sich von selbst; auch wenn ihre Behauptung ein Stück weit zu ihrer forcierten Ausbildung beitragen mag. Entscheidend sind jedenfalls nicht so sehr die Faktoren der Homogenität wie der politische Wille, eine Nation zu sein.

Ein solches Homogenitätsbewußtsein ist eine wichtige Grundlage dafür, daß Minderheiten die Entscheidungen von Mehrheiten hinnehmen können, ohne daß der Zusammenhalt der Bürgerschaft darunter litte. Man muß sich in Grundsatzfragen politischer Ordnung »gleich‹ und einig sein«, wie Böckenförde es formuliert hat, darf sich nicht existentiell von andern bedroht fühlen. Böckenförde und andere sprechen auch von einer »vor-rechtlichen Gleichartigkeit« als Substrat der politischen Gleichheit.

Mit dieser nationalen Homogenität ist das heute so gern und begründet beschworene Weltbürgertum sehr gut vereinbar. Wenn jedenfalls zu jedem anspruchsvollen Bürgerbegriff Demokratie gehört und diese nicht in einer demokratischen Welt, sondern nur in einer Welt von Demokratien zu haben ist. Auch die Aufnahme von Nicht-Bürgern ist dadurch keineswegs ausgeschlossen. Offenheit für andere kann geradezu als Teil einer stark empfundenen nationalen Homogenität gelten, wie in Frankreich seit 1789. Probleme können sich allerdings auch heute ergeben, wenn – anders als in Frankreich – die Assimilationskraft der Gesellschaft gering ist oder – wie möglicherweise gegenwärtig selbst in Frankreich – überfordert wird, was etwa der Fall sein könnte, wenn Bürgerrechtsverleihungen an sehr breite Gruppen von Fremden in sehr kurzer Zeit vorgenommen werden. Gleichgültig, wie man deren Wünschbarkeit oder Notwendigkeit beurteilt, für das Funktionieren der Demokratie könnten daraus Probleme erwachsen; falls etwa die Neubürger mittels spezieller Parteien oder *pressure groups* zwischen oder in den bisherigen Parteien das Zünglein an der Waage bilden könnten. Weitere Probleme könnten bei uns durch die Schwierigkeiten der Integration zwischen West- und Ostdeutschen in diesem Zusammenhang auftauchen.

Schließlich können die Klüfte, die sich neuerdings in der Gesellschaft aufgetan haben, kaum ohne Einfluß auf den nationalen Zusammenhalt bleiben: zum einen die Tatsache, daß die Eliten sich nicht nur zunehmend auf internationalem Parkett bewegen, sondern sich auch der Politik des eigenen Staates weitgehend entziehen können. Zum andern die nicht zuletzt durch den Wegfall vieler Formen von Arbeit sowie durch die strukturelle Arbeitslosigkeit bedingte Trennlinie, die die sogenannte Zwei-Drittel-Gesellschaft von den übrigen scheidet. Man darf nicht übersehen, welche Rolle die Arbeit auch als Faktum der Solidarisierung sowie der Egalisierung in der Geschichte der Nationen bisher gespielt hat und jetzt zu spielen aufhört.

Als drittes könnte das Vorhandensein einer gemeinsamen Öffentlichkeit genannt werden. Hier geht es sowohl um den freien Zugang zu wichtigen Informationen als auch um eine Vielfalt der Verbindungen zwischen den verschiedenen Teilen der Bürgerschaft, die den Austausch von Kenntnissen und Vorschlägen wie den von Meinungen, die Bildung kollektiver Urteile wie die Herausschälung unterschiedlicher Positionen ermöglicht. Im einzelnen wären hier die Ausbildung, Sicherheit und Freiheit von Post und Fernsprecher wie die Multiplikationsmöglichkeiten und die Freiheit von Presse, Radio und Fernsehen anzuführen. Herkömmlich befürchtet man in diesem Zusammenhang formelle oder informelle Zensur, Medienmacht des Staates oder auch privater Oligopole. Neuerdings ist jedoch zugleich und wohl mehr noch danach zu fragen, wieweit die Vielfalt der verschiedenen medialen Öffentlichkeiten die für die Demokratie notwendige »Gemeinsamkeit« der Öffentlichkeit ausdünnt oder stört; zumal angesichts der potentiell hohen Absorption von Aufmerksamkeit durch das bunte Gemisch der Möglichkeiten des Entertainments. Aber es kann auch die Überfülle an Informationen zum Problem werden. Denn sie kann die Urteilsbildung erschweren oder teilweise gar unmöglich machen.

Vielleicht sollte man schon an dieser Stelle ein Problem einbeziehen, von dem noch die Rede sein muß: daß nämlich vielerlei Informationen und Meinungsäußerungen zwar noch gehört, aber kaum mehr wahrgenommen, das heißt in ihrer Bedeutung eingeschätzt werden können, weil die Wirklichkeit heute in hohem Maße fließend geworden ist.

Eine vierte Voraussetzung bestünde darin, daß ein gewisses Ausmaß an Bildung in der gesamten Bürgerschaft verbreitet ist, bestimmte Kenntnisse der politischen, der wirtschaftlichen und gesellschaftlichen und der kulturellen Problematik, etwa Kenntnisse auch, die zu deren Beurteilung nötig sind. Die Manipulierbarkeit der Meinungen wächst, je mehr solche Kenntnisse nur mehr ad hoc beigeschafft werden. Zumal angesichts der Schnelligkeit, mit der sich alles in der Welt und damit potentiell auch die Materien der Politik verändern, angesichts von deren erheblich verstärkter Unvorhersehbarkeit gerade auch in Hinsicht auf Strukturfragen, machen politische Gründe eine besonders gute, eine besonders stark auch über die jeweilige Augenblicks-Aktualität (die vielleicht schon beim Verlassen der Schule überholt ist) hinausreichende Bildung zu einer ganz wesentlichen Vorbedingung demokratischen Lebens. Dabei ist speziell auf die Ausbildung eines Möglichkeitsbewußtseins, aber auch auf die Anschlußfähigkeit der in der Schule vermittelten Bildung für die im weiteren Leben notwendige Fortbildung zu achten. Jedenfalls sollte der Maßstab nicht gleichsam in der

Menge der Bildung (oder gar der Vorbereitung auf bestimmte berufliche Fertigkeiten, die später oft gar nicht mehr verlangt werden), sondern in ihrer Angemessenheit an die Erfordernisse von Gegenwart und Zukunft bestehen. Hier tut sich wahrscheinlich ein großer Bedarf auf, inklusive eines beachtlichen Nachholbedarfs. Und manches davon wird man so leicht gar nicht befriedigen können.

An fünfter Stelle unter den Voraussetzungen der Demokratie sei auf etwas verwiesen, das man gern mit dem Ausdruck »Gesittung« belegt. Das ist vor allem die Bereitschaft, zur Durchsetzung der eigenen Ziele respektive zur Verteidigung der eigenen Interessen keine Gewalt anzuwenden, sondern sich auf politische Formen der Auseinandersetzung zu beschränken. Daß dabei die Grenzen, etwa bei Demonstrationen, nicht immer scharf zu ziehen sind, kann in diesem Zusammenhang wohl vernachlässigt werden. Wichtiger schon könnte sein, daß jene »Gesittung« nur zum Teil wirklich »Gesittung«, also ein moralischer Tatbestand ist. Denn sie ergibt sich zum andern daraus, daß es sich nicht lohnt, auf Gewalt zurückzugreifen. Vielleicht aus eigener Einsicht, im übrigen weil man weiß, daß man damit auf allgemeine Mißbilligung stößt, aber auch weil die eigenen Interessen entweder nicht wirklich in stärkerem Ausmaß bedroht sind oder die eigenen Ziele sich auch auf anderm Wege mit einiger Aussicht anstreben lassen (wofür die Beschränkung der SPD-Mehrheit auf Reform statt Revolution seit Ende des 19. Jahrhunderts ein besonders gutes Beispiel darstellt). Das aber versteht sich nicht von selbst. Die Themen dürfen über ein bestimmtes Maß an Sprengkraft nicht hinausgehen. Gravierender noch könnte sein, daß es in Zukunft Ersatz für gewalttätige Durchsetzung durch neue Formen raffinierter (nur am Rande gewaltsamer) Einflußnahme geben könnte, die ihrerseits nicht nur wider die guten Sitten verstoßen, sondern auch der Demokratie schädlich sein können.

Neben diesen Voraussetzungen, die gleichsam zum klassischen Inventar der Lehre von der Demokratie gehören, scheinen neuerdings zwei weitere in den Blick zu kommen, die in der bisherigen Geschichte neuzeitlicher Demokratien kaum als problematisch erscheinen konnten.

Das wäre zunächst, sechstens, die »Politisierbarkeit« der in der Gesellschaft als drängend empfundenen Probleme. Sie war bisher weitgehend gegeben, und sie hat den demokratischen Staat, bei allen Mängeln und

Verzögerungen, in die Lage versetzt, alle größeren Beschwerden und Nöte seiner Bürgerschaft, und zwar von Hoch und Niedrig, einigermaßen befriedigend zu erledigen. Etwa das Bedürfnis nach Fortentwicklung der wirtschaftlichen Bedingungen, nach Verbesserung der Situation stark benachteiligter Schichten, nach Arbeitsbeschaffung, Altersversorgung etc.

Wenn sich dies jetzt möglicherweise verändert, so liegt es nicht nur an der sich verändernden Rolle des Staates. »Politisiert« werden Themen, indem sie zum Gegenstand politischen Streits und staatlicher Verfügung respektive Entscheidung gemacht werden. Dem steht rechtlich – in den von der Verfassung gesetzten Grenzen – nichts im Wege. Freilich können die Machtverhältnisse etwa den Versuch, in überkommene Privilegien, »Besitzstände« und Freiräume einzugreifen, hinderlich im Wege stehen. Doch bleibt dann, wenn nur erst der Gedanke etwa an eine Reform aufgekommen ist, die Möglichkeit, diese wenigstens ins politische Programm zu setzen, um sie mit der Zeit zu erreichen. Nie konnte alles politisiert werden. Naturbedingungen setzen zum Beispiel eine Grenze. Doch waren das gleichsam Vorgegebenheiten, denen man vielleicht gar nie hatte zu Leibe rücken können. Jetzt jedoch sind es eher gegenwärtige und zukünftige Veränderungsprozesse, die den Rahmen des Staates und der Volkswirtschaft so weit übersteigen, daß vielerlei Bedürfnisse auf dem Wege politischen Handelns nicht oder jedenfalls nicht ohne größere Risiken befriedigt werden können. Keine Naturbedingungen, sondern von Menschen und teilweise auf dem Gipfel wissenschaftlicher Möglichkeiten erzeugte Wirkungen; etwa die aus der Automatisierung von Produktion und Dienstleistung sowie der Globalisierung der Märkte resultierende strukturelle Arbeitslosigkeit; oder mögliche Klimakatastrophen, Unfälle à la Tschernobyl, außer Kontrolle geratene gentechnologische Prozesse – mit all den direkten und indirekten Folgen, die daraus erwachsen können. Doch können auch aufgrund völlig verwandelter Bedingungen ganz neue Wertschätzungen – nicht nur Verhaltens-, Umgangs-, Körperschmückungsweisen – der Jugend vieles an den Vorbedingungen staatlichen und demokratischen Lebens verändern, die von Staats wegen kaum zu beeinflussen sind. Zu denken wäre etwa an die Desintegration der Gesellschaft aufgrund der immer ungleicher verteilten Chancen, die Probleme von Bildung und Fortbildung in einer rapide sich verändernden Welt.

Die Tatsache, daß die verschiedensten Probleme, die in Folge der grundstürzenden Veränderungen im 19. und in weiten Teilen des 20. Jahrhunderts aufkamen, politisch über kurz oder lang lösbar schienen, war ein starkes Movens auf dem Weg zur Demokratie sowie zur Teilnahme immer breiterer Schichten der Bürgerschaft daran. Wenn jetzt die Steuerungsfähigkeit des Staates – wenn nicht absolut, so doch gemessen am Ausmaß der drängenden Probleme – nachläßt, so könnten diese Antriebe fühlbar erschlaffen.

Wenn die Lage und das Vorankommen der Einzelnen immer sowohl von persönlichen Voraussetzungen, Fähigkeiten und Glück wie von der allgemeinen Situation ihrer Schicht und ihres Staates abhing, so sind diese allgemeinen Situationen, die allein Gegenstand solidarischer Politik sein können, heute relativ wenig politisch zu beeinflussen. Will sagen: Wie die Arbeit verteilt ist, hängt weit weniger von Politik, von Gewerkschaften oder Parteien, also von möglichen politischen Verbesserungen der Verhältnisse, ab als früher. Weit mehr dagegen davon, wie die Einzelnen sich in den Verhältnissen bewegen. Wobei die Politik nur eher punktuell – etwa an diesem oder jenem günstigen oder in günstige Lage versetzten Standort – zu Hilfe kommen kann. Man spricht nicht ohne Grund von einer Fragmentierung der Politik.

Gewiß vermag die Politik in unseren Staaten vieles noch durchaus befriedigend zu erledigen. Und im übrigen werden sich die Politiker nicht damit abfinden, daß sich wesentliche, für viele bedrängende Probleme ihrer Verfügung entziehen. Sie können es gar nicht. Sie werden kurzfristig dies und jenes versuchen, vielleicht auch Pläne auf etwas längere Frist entwerfen. Und sie mögen gewiß, hoffentlich, vieles damit erreichen.

Wenn es gleichwohl sein könnte, daß sich sehr wesentliche Probleme politisch nicht mehr erfolgreich anpacken lassen, so würde die Demokratie für viele dadurch weniger interessant. Resignation würde gefördert, eventuell würde aber auch extremen Parteien Vorschub geleistet, die das relative Zurückbleiben der Demokratie hinter den nach bisherigen Maßstäben berechtigten Erwartungen zum Ausgangspunkt ihrer eigenen, nicht gerade realitätsverbundenen Verheißungen machen könnten. Oder es könnten mafiaähnliche Zusammenschlüsse neue Chancen erhalten. Doch vielleicht muß sich nur demnächst die Struktur unserer Erwartungen ändern?

Schließlich wäre, siebtens, ein Komplex von Voraussetzungen anzuführen, die mit denen der gemeinsamen Öffentlichkeit, der Schulbildung und Gesittung zusammenhängen, darin aber nur zum Teil aufgehen. Sie verstehen sich scheinbar weitgehend von selbst, herkömmlichen Annahmen zufolge. Es sind Voraussetzungen des gesellschaftlichen und politischen Wissens. Ob Politik für die Bürger zugänglich, das heißt verständlich, beurteilbar und zu beeinflussen ist, hängt nicht nur von ihr selber, ihren Gegenständen, Problemen und Parteiungen ab. Vielmehr braucht es dazu ein – vorwiegend, aber nicht ausschließlich intellektuelles – Instrumentarium, ein Koordinatensystem, ja in gewissem Ausmaß auch eine Einbettung der Bürger in die Politik. Und bei allen politischen Gegensätzen muß das politische Wissen samt dem sprachlichen Ausdruck, in dem es sich niederschlägt, den Angehörigen der Gesellschaft gemein sein, um als Basis für deren Verständigung dienen zu können.

Das ist keine Sache fachlicher Kenntnisse, wie sie die Politik heute so stark benötigt. Fachleute sind angesichts der Unberechenbarkeit zahlreicher Auswirkungen des gegenwärtigen Wandels vielfach überfordert, ihre Wissenschaft kommt selten zu einmütigen Ergebnissen, und selbst wenn es der Fall ist, bleibt manches für das politische Urteil, also für Politiker und potentiell auch für die Bürger offen. Fachwissen ist nicht ohne Grund spezialistisch, Politik aber hat auf seine Bewertung, und das heißt zugleich seine Einordnung in weitere, politische Zusammenhänge zu achten.

Das Wissen, von dem hier die Rede ist, wäre also ein allgemeineres Wissen, in dem etwa jene Zusammenhänge mehr oder weniger bewußt enthalten sind, in die wir politische Erfahrungen, Absichten und Ergebnisse einzuordnen pflegen, in denen sie Bedeutung und »Sinn« bekommen respektive einer halbwegs selbstverständlichen Logik sich fügen.

Hier geht es um Auffassungen von dem, was Politik sein soll, was möglich und was unmöglich, was tragbar und was unzumutbar, auch was billig und unbillig, gerecht und ungerecht ist. Insofern enthält dieses Wissen, wie deutlich auch immer, Maßstäbe, die sich, indem sich die Auffassungen davon in der Allgemeinheit gegenseitig verschränken, objektivieren. Aber nicht weniger gegenseitig verschränken können sich auch Maßstäbe und Wertschätzungen, die innerhalb von Parteien oder politischen Lagern gelten, so daß sie partiell ihr eigenes »Wissen« haben.

Im einen wie im andern Fall handelt es sich, um Max Webers Begriff in leicht verwandelter Bedeutung zu gebrauchen, um ein Nomologisches Wissen, soll heißen: ein Wissen im Sinne allgemein geteilter, ungefähr zusammenhängender Annahmen von Gesetz- und zugleich von Rechtmäßigkeiten, wie sie die Wirklichkeit im Sinne von »Normalität«, also in einem Ineinander von Sein und Sollen zu begreifen und zu bestimmen suchen. Damit sind teils ein Bild der Gesellschaft von sich selbst wie von ihrer Welt, teils gemeinsame Perspektiven und Weltbilder verschiedener politischer Lager gegeben. Eric Hobsbawm spricht von intellektuellen Wahrheiten, auf die man sich, vor allem wenn sie einen politischen Bezug haben, allgemein verständigt hat. An anderer Stelle ist von gemeinsamen Werthaltungen und Vorstellungen von Wirklichkeit die Rede, denen eine Integrationsfunktion zuzumessen sei. Was ihnen widerspreche, werde unter Umständen verzerrt aufgenommen, schneller vergessen oder in der Erinnerung umgeformt – damit das Wissen eindeutiger bliebe.

Mit Hilfe dieses Wissens findet man sich in der Wirklichkeit zurecht und zu Recht zugleich (indem man sie nämlich »normal« findet respektive ein Bild von Normalität hat, gegen das man sie halten kann). Zum Nomologischen Wissen soll also gehören, daß von der Wirklichkeit etwas verlangt, das heißt von den Menschen und Institutionen etwas erwartet wird. Resignation und Verbitterung würden eine Beeinträchtigung, eine Schwächung dieses Wissens bedeuten.

In früheren Zeiten verlängerte sich dieses Wissen bis in Annahmen von Gesetzmäßigkeiten in Natur und Kosmos sowie von göttlichen Geboten hinein. In den letzten zwei Jahrhunderten, auslaufend bis in unsere Tage, pflegte zum gesellschaftlichen Wissen zugleich ein Geschichtsbewußtsein zu gehören, eine Verortung der Gegenwart zwischen Vergangenheit und Zukunft und damit eben Vorstellungen auch über die Zukunft, die es ermöglichten, auf eine bestimmte Zukunft hinzuarbeiten. Wobei wiederum Allgemeines und Parteiliches nebeneinander standen.

Selbstverständlich kann ein solches Wissen nicht konstant bleiben. Im Wechsel der Generationen kann es sich wandeln, kann es seine Ansprüche zum Beispiel aus Teilen des Lebens (etwa der Regelung sexueller Beziehungen) zurückziehen; durch neu aufkommende Gegensätze können neue Wertschätzungen zur Geltung gebracht werden, etwa durch Frauen- oder auch Bürgerrechtsbewegungen. Aber das allgemeine Wissen paßt sich auch unmerklich verschiedenen Veränderungen an; selbst wenn die Gesellschaften grundsätzlich auf dem Überkommenen beharren.

Auch wenn dieses Wissen von Staat und Gesellschaft heute nicht mehr so beziehungsreich, so breit und tief in Natur und Gesellschaft abgestützt ist wie früher, ist es in seinem engeren Zuschnitt doch nach wie vor wichtig. Zunächst weil es bestimmte Grundbedingungen der Demokratie gewährleistet. Daß etwa bestimmte Regeln der Fairneß, Zurückhaltung gegenüber den Versuchungen von Korruption und Gekungel, Respekt vor Institutionen eingehalten werden, wird durch möglichst einmütige, eben in der Gemeinsamkeit eines Nomologischen Wissens begründete (oder sich daraus immer neu belebende) Erwartungen gesichert. Gerichte können dabei als Ultima ratio fungieren, aber es wäre schlimm, wenn alles auf sie ankäme. Und so könnten auch bestimmte Erwartungen sich darauf richten, daß Politik und politisches Handeln auch dann, wenn keine naheliegenden Interessen darauf drängen, Aufgaben anpacken, die sich einem Gemeinwesen über kurz oder lang stellen.

Sosehr politische Gegensätze darin zur Geltung kommen können, kann sich die Gesellschaft doch in vielen gemeinsamen Annahmen und Vorstellungen, etwa über die eigene Verfassung und den eigenen Staat einig sein. Es kann sich darin geradezu die Macht gesellschaftlicher Solidarität im Sinne eines »Verfassungspatriotismus« entfalten. Eine Macht, zu der es gehört, daß auf der Basis gemeinsamen Nomologischen Wissens auch jene intellektuelle Autorität sich bilden kann, auf die man unabhängig von der eigenen Parteistellung zumindest hört, die man des Ernstnehmens wert erachtet, ohne daß sie mit einem Amt oder der Macht eines Mediums ausgestattet wäre. Was es früher einmal gab, und was der Politik nicht unbedingt geschadet hat.

Ein solches »Wissen« muß in der Demokratie quer durch die Gesellschaft verbreitet sein. Gewiß gibt es Kreise, in denen es sich besonders konzentriert, vielfach auch mit vielerlei Kenntnissen über Geschichte und Gegenwart verbindet und zugleich analysiert wird. Dazu gehören auch die von der Demoskopie ausfindig gemachten sogenannten Meinungsführer. Es ist bei den einen reflektierter als bei anderen. Politische Auseinandersetzungen, Reden, auch Unterricht machen dies oder jenes davon neu oder in veränderter Form bewußt. Nicht zuletzt sind es Millionen Gespräche, die der gegenseitigen Vergewisserung des Urteils oder auch seiner Korrektur dienen, wobei es in der Regel primär um die Gegenstände, die zur Diskussion stehen, gehen wird. Im Hintergrund jedoch ist immer zugleich die Basis des eigenen Urteilens im Spiel, Anhaltspunkte gleichsam des allgemeinen Wissens, in denen das, was man im Einzelfall vorträgt, seinen Grund finden kann – und die man eventuell korrigieren muß. Bei der Gelegenheit wird diese Basis also teils eingeschärft, zumal wenn sie sich bewährt, teils fortentwickelt.

»Wenn es zutrifft, daß sich jede Regierung auf die Meinung der Regierten von ihr stützt, dann trifft es nicht weniger zu, daß die Überzeugungskraft dieser Meinung in jedem Einzelnen und ihr Einfluß auf sein praktisches Verhalten sehr von der Zahl derer abhängen, von denen er annimmt, daß sie derselben Meinung sind wie er. Die menschliche Vernunft ist – wie der Mensch selbst – ängstlich und vorsichtig, wenn sie allein dasteht, und gewinnt an Festigkeit und Zutrauen im Verhältnis zu der Anzahl Gleichgesinnter, mit denen er sich einig weiß.« So hat James Madison in den Federalist Papers geschrieben. Eben diese Einigkeit in mancher Hinsicht der Gesellschaft im ganzen, in anderen Hinsichten aber auch der gegensätzlichen Gruppen in ihr wurzelt im politischen Wissen, im allgemeinen wie in seinen parteilichen Unterabteilungen. Daß sie auch Nachteile hat, indem angesichts solcher Einigkeiten andere Meinungen, »ängstlich und vorsichtig«, dem opportunen Schweigen respektive der Ignorierung zum Opfer fallen können, ist klar.

Though men be much governed by interest, yet even interest itself, and all human affairs are entirely governed by opinion. Diese »Meinung«, von der David Hume hier spricht, ist, auf die Gesellschaft bezogen, etwa dem Wissen gleichzusetzen, das unser Denken und Handeln durchaus bestimmen und dabei auch unsere Interessen lenken kann. Max Weber spricht von den »›Weltbildern‹, welche durch ›Ideen‹ geschaffen werden« und »sehr oft als Weichensteller die Bahnen« bestimmen, »in denen die Dynamik der Interessen das Handeln fortbewegt«.

In diesem Wissen sind Vorstellungen von dem aufgehoben, was eine Gesellschaft ist, wie ihre Mitglieder dazu beitragen, was sie also leisten und wie man das bewertet. Vorstellungen aber auch von der Zukunft, von den Kindern und Enkeln, potentiell jedenfalls, deren Welt man – weit über die Ausbildung im engeren Sinne des Wortes hinaus – vorbereiten oder jedenfalls nicht verrammeln sollte. Vorstellungen von politischer und gesellschaftlicher Ordnung, die man bewahren oder verbessern will, zu der bestimmte Dinge gehören, von denen man folglich meint, daß man auf sie halten muß. Folglich gehört zum Nomologischen Wissen ein Bewußtsein davon, worauf man aufzupassen hat, aber auch davon, was »vor sich geht« und ob man es hinnehmen und gegebenenfalls ihm wehren oder vorbeugen muß.

Vielleicht kann man zusammenfassend sagen, daß sich im Nomologischen Wissen die Selbstbestimmung einer Gesellschaft vollziehen kann: Bestimmung nämlich dessen, was sie ist und sein will, und das nicht nur theoretisch, sondern mit einem Anspruch auf Praxis.

Das überkommene, der Gesellschaft gemeinsame, aber auch das politischen Gruppen und Lagern eigene Nomologische Wissen wird heute dadurch stark aufgeweicht, daß vielerlei Grundlagen unseres Lebens ins Schwimmen geraten sind. Der rapide Veränderungsprozeß unserer Jahre betrifft nicht nur die Wirtschaft, insbesondere für viele die Frage, ob sie ihre Arbeit behalten oder Arbeit bekommen können, sondern eben damit auch Aufbau und Zusammenhalt der Gesellschaft. Wieweit verbindet sich Arbeitslosigkeit mit dem Gefühl, überflüssig zu sein? Wieweit läßt sich dies Gefühl nur durch bewußte oder unbewußte Abwendung von der Gesellschaft kompensieren? Wieweit leidet darunter die Möglichkeit, sich über diese Gesellschaft zu verständigen, die demokratische Solidarität? Viele Anzeichen deuten darauf hin, daß sich unsere Mentalität rapide verwandelt, ebenso unsere Identität, als Einzelne wie als Kollektiv, daß also nicht nur die Frage, in welchen Formen wir leben wollen, sondern auch die, wer wir künftig sein werden, offen ist.

Der Abstand zwischen den Generationen ist so groß, daß es nicht einmal mehr Konflikte lohnt. Wenn man früher meinen konnte, ungefähr zu wissen, wer die eigenen Kinder sind, um für sie im kleinen wie im großen die besten Bedingungen zu schaffen, ist das heute nicht mehr so leicht zu sehen. Wo man Vorstellungen von der Zukunft früher im Sinne der Fortschreibung, speziell des immer wieder sich durchsetzenden Fortschrittsprozesses hegen konnte, ist heute völlig ungewiß, was morgen sein wird. Wohl weiß man, daß unsere Kinder sehr viel Flexibilität werden gebrauchen können, aber man weiß nicht, was man ihnen gleichsam als Bestand mitzugeben hat.

Und selbst wenn diese Überlegungen übertrieben wären, bleibt doch eines bestehen: Die Gesellschaften werden sich neu bestimmen müssen, ohne daß schon klar wäre wie und woraufhin. Der Zusammenhalt in ihrem Innern wird sich dabei zunächst weiter stark lockern. Je nachdem, welche Wege, welche Einsichten, welche Auffassungen und Überzeugungen sich bilden. Und es wachsen dabei den Demokratien jedenfalls völlig neue Aufgaben zu.

Die starken Veränderungen, denen zusammen mit der ganzen Welt verschiedene, bisher selbstverständliche Voraussetzungen der Demokratie ausgesetzt sind, die Veränderungen von uns selbst, sind ebensosehr Erschwerungen für die Demokratie in ihrer bisherigen Ausrichtung wie Argumente für sie in einer sich verändernden Zukunft.

Wo das Nomologische Wissen zerbröselt, spricht alles dafür, über seine Grundlagen zu diskutieren – genauer gesagt: über das, was künftig unter uns gelten soll, worauf wir halten wollen, und wie sich daraus ein Zusammenhang ergibt.

Die Diskussionen darüber sind nicht unbedingt Sache der Politiker, sie werden sich weitgehend in der breiteren Öffentlichkeit vollziehen, doch werden sie sich immer wieder auch in die Politik erstrecken, werden auf politische Entscheidungen zielen müssen.

Wenn die Demokratie stets – sofern jedenfalls die Gegenstände, über die in ihr verhandelt wird, keine übermäßige Sprengkraft haben – auf Integration auch der Streitenden angelegt ist, so müßte sich das in Zukunft noch verstärken. Denn es gilt eben, gemeinsam zu neuen Orientierungen zu gelangen.

Als man in Athen den Weg einschlug, der schließlich zu den Vorstufen der Demokratie führen sollte, lehrte der Weise Solon seine Mitbürger, daß und warum die Not eines Teils von ihnen – der verschuldeten, zum Teil enteigneten, zum Teil versklavten Bauern – die Not des Gemeinwesens sei. Nicht nur die unmittelbar Betroffenen, sondern alle hätten darunter zu leiden. Und alle hätten die Möglichkeit, diese Not abzuwenden, also eine Verantwortung für die Stadt. Das hatte es in der Weltgeschichte noch nicht gegeben, es markierte einen ersten Anfang der Bürgerpolis.

Während der Kämpfe sodann, aus denen um 460 v. Chr. die erste Demokratie der Weltgeschichte hervorging, spielte die Feststellung, was alle zusammen angehe, müsse von allen gemeinsam entschieden werden, eine vermutlich große Rolle. Die athenischen Aristokraten – und nicht nur sie – hatten beansprucht, daß sie durch ihre Weisheit allen anderen überlegen seien, daß ihnen folglich eine führende Rolle in der Politik zukomme. Doch wurde gegen sie eingewandt, daß sie bestechlich seien. Man wird ihnen auch die Verfolgung eigener Interessen vorgerückt haben. Schließlich fand man, wie schwer es in vielem war, überhaupt eine freie Entscheidung zu treffen; und das Kriterium der »Richtigkeit« von Entscheidungen mußte fragwürdig werden, sobald sie Probleme betrafen, die von verschiedenen Seiten stark umstritten, die vor allem so schwierig waren, daß zunehmend ungewiß wurde, was aus den Entscheidungen folgte. Daher der Anspruch, daß, was alle zusammen angehe, von allen gemeinsam entschieden werden solle. Sie hatten es notfalls auszubaden, sie sollten also mit ihrer Mehrheit darüber bestimmen, was zu tun sei.

Eine Quelle legt es sehr nahe, daß diese Forderung durch die Behauptung untermauert wurde, das Volk sei die Stadt. Nach antiken Maßstäben mag das wie eine Banalität klingen. Doch enthielt es wahrscheinlich eine aufregende Spitze, und die war neu: Die Adligen mochten, fragwürdig genug, behaupten, am besten für die Stadt sorgen zu können, das Volk aber *war* die Stadt. Für jene war die Stadt Objekt (ihrer Fürsorge), die Bürger aber konnten die Stadt zum Subjekt machen; in ihnen konnte sie das sein. Wenn die Demokratie damit begann, daß sich das Volk mit der Stadt in eins setzte, so bedeutete das wirklich, wie es der Begriff dann auch ausdrückte, daß die Herrschaft an das Volk überging. Die Volksversammlung regierte die Stadt, ohne daß die Autorität einer Adelsversammlung dazwischen treten konnte.

Damals konnte der, vom Mißtrauen gegen die führende Elite genährte, Wille zur Selbstbestimmung zur Regel gemacht werden. Heute kann sich das Volk höchstens ausnahmsweise offen gegen seine Führung stellen. Als man 1989 in Leipzig »Wir sind das Volk« skandierte, scheint das zwar ursprünglich eine Schutzformel gewesen zu sein, man paarte sie mit der Aufforderung »Keine Gewalt!«. Wollte nicht mit Agenten des Klassenfeindes, volksfeindlichen Elementen und dergleichen verwechselt werden. Doch schälte sich für einen kurzen historischen Augenblick die andere Bedeutung mit heraus, daß hier der Souverän gegen seine Vertreter und Herren aufstand und in Erscheinung trat.

Hier konnten sich die Demonstranten, indem sie das Volk waren, auf die Souveränität beziehen, die dem Volk zukam: daher »Wir sind *das Volk!*«. In Athen wäre das eine Tautologie gewesen; denn in der Volksversammlung war das Volk längst etabliert. So ging es nur mehr darum, herauszustellen, daß die Bürger die *Polis* waren, sich insofern mit dem – neu begriffenen – Ganzen identifizierten.

Es gibt viele Argumente für die Demokratie, aber letztlich ist die Gleichsetzung des Volkes mit der politischen Einheit die beste Rechtfertigung, sowohl für die direkte wie für die indirekte Demokratie. Alle zusammen, um deren Geschicke es geht, sind dafür zuständig, und zwar alle gleichermaßen, ohne Bevormundung, wenn auch nicht ohne handlungsfähige Organe. Damals konnten sie das direkt, in ständiger breitester Beteiligung, heute geht es nur repräsentativ. Aber zugrunde liegt beide Male die Einheit des Gemeinwesens (die zur gleichen Zeit in Athen neu bewußt wurde).

Gesichtspunkte des Zensus, wonach etwa nur die Vermögenden, die Steuerzahler das Parlament wählen sollen, beschränken die Berechtigung zur Mitsprache unbillig auf das Finanzielle. Gesichtspunkte der Bildung, die angeblich allein zur Teilhabe an den politischen Entscheidungen befähigen soll, sind fragwürdig, sobald klar ist, wie unzureichend und interessengebunden auch »Gebildete« entscheiden können. Es bleibt also als Grundlage politischer Berechtigung nur die Gleichheit der Bürger als der Teile, aus denen sich das Gemeinwesen zusammensetzt.

Richard Thoma, einer der bedeutenden Staatsrechtler der Weimarer Republik, hat von dem »Wagnis der abendländischen Zivilisation« geschrieben, das darin bestand, »die handarbeitenden Klassen trotz oder wegen ihrer gewachsenen, ja vielleicht alle anderen Klassen und Gruppen überwachsenden Zahl zu gleichem Recht in den Staat hineinzunehmen«; er meinte, es sei »der Versuch, die ordnende Herrschaftsgewalt aus einem Herrn und Bändiger über einer interessengespaltenen Gesellschaft zum Geschöpf und Diener einer irgendwie im Grunde doch als interessensolidarisch begriffenen Nation zu machen«. Hans Hattenhauer schreibt: »Ein Staat, in dem Besitzende und Proletarier gemeinsam leben wollten, ohne daß es zur Revolution kommen durfte, mußte alle Bürger am politischen Willen beteiligen, so launenhaft der Vorgang dadurch immer werden mochte.«

Es hat sich gezeigt, daß die Ausdehnung der demokratischen Gleichheit auf die untersten Schichten zu deren Integration in die Gesellschaft erheblich beigetragen hat. Man könnte in diesem Zusammenhang sogar Aristoteles zitieren, nach dem es immer die Unteren sind, die nach Gleichheit und Gerechtigkeit streben. Die Gesellschaft hat davon nämlich auch im ganzen profitiert.

Je mehr sich viele dem Gemeinwesen entziehen können, äußerlich und innerlich, um so weniger können sich freilich alle zusammen von dem betroffen fühlen, was gemeinsam zu entscheiden ist.

Daß trotzdem die Funktionen heute ungleich verteilt sein müssen, daß die »Herrschenden« der Demokratie zugleich und vor allem die Beherrschten oder zumindest Regierten sind und sich so auch immer wieder fühlen müssen, ergibt sich aus Größe, Struktur und Aufgaben moderner Staaten.

Die Spielräume der Politiker sind begrenzt durch die Verfassung, durch die Möglichkeiten, gegen sie – zumal gegen die gerade an der Macht Befindlichen unter ihnen – an das Verfassungsgericht zu appellieren. Doch bleibt genügend offen für die Politik, mit der Mehrheit des Volkes und möglicherweise auch gegen sie.

Daher spielt es solch eine Rolle, daß die Bürgerschaft sich ihrer Demokratie bewußt ist. Daß sie die Fähigkeit dazu hat, sprich die Ausbildung und Verbreitung all der Eigenarten, die dazu gehören, der politischen Ansprüche, der Bereitschaft zu friedlicher Auseinandersetzung, zu Toleranz und – nicht zuletzt – zu politischer Zusammenarbeit. Denn sie muß ja wesentlich auch selber dazu beitragen, daß die Regierung, wenn auch vermittelt, zur »Regierung des Volkes für das Volk« wird. In dem Zusammenspiel zwischen Regierung samt Parlamentsmehrheit und Opposition darf die Bürgerschaft, die öffentliche Meinung samt der Vielfalt ihrer Interessen und Auffassungen nicht fehlen. Der Wille »des Volkes« ist stets organisations-, formulierungs- und gestaltungsbedürftig, dazu braucht er das Parlament. Doch darf die Bürgerschaft es nicht allein lassen. Sie hat durch eigene Parteinahmen nicht nur für die verschiedenen Richtungen der Politik, sondern auch für das Ganze der Demokratie, das gemeinsame Interesse daran zu wirken. Wobei seiner Vertretung, dem Parlament, und nicht nur der Opposition, ebenfalls Funktionen auch gegen die Regierung zukommen. Worin sie bestehen, wird noch zu fragen sein.

Doch ist die Demokratie nie nur ein Mittel gewesen, Herrschaft respektive Regierung zu bändigen, den Staat (vermittelt) in die Hand des Volkes zu bringen und vielerlei Interessen durchzusetzen. Sie ist auch eine Lebensform, Bedingung von Freiheit, von Selbständigkeit. Und damit gewinnt sie heute eine neue Bedeutung.

Das Recht auf Selbstbestimmung nämlich konnte sich früher gegen klar bestimmbare Gewalten wenden, die es, sei es von außen im Falle fremder Herrschaft, sei es im Innern im Falle etwa der Tyrannis, beschränkten oder bedrohten. Falls das nicht der Fall war, bestimmten die Nationen sich selbst. Dafür bürgte die weitgehende Kapazität der Staaten in Hinsicht auf die Entscheidung über die eigene Ordnung sowie über alle allgemein interessierenden Fragen; wozu neben dem Ausgleich zwischen Interessen auch solche des allgemeinen Lebensstandards gehörten.

Jetzt entsteht ein neues Problem aus der Diskrepanz zwischen dem, worüber politische Entscheidung verfügen kann, und dem, worüber sie nach herkömmlichen, inzwischen ziemlich anspruchsvoll gewordenen Vorstellungen verfügen müßte, ohne es zu können. Die Unzahl derer, welche auf der Welt neue Produkte, Arbeitsweisen, Formen der Kommunikation, der Zusammenarbeit, aber auch der Zusammenfügung wirtschaftlicher Möglichkeiten hervorbringen, der freie Verkehr über die ganze Welt hin und die vielfältigen Konstellationen und raschen Veränderungsprozesse, die daraus resultieren, sind auch in ihren Auswirkungen innerhalb einzelner Länder kaum zu kontrollieren.

Da aber die einzelnen Gesellschaften samt unendlich vielen ihrer Mitglieder davon stark betroffen sind, entsteht daraus nach herkömmlichen Maßstäben das Gefühl eines großen staatlichen Entscheidungs- und Handlungsbedarfs. Man kann bei allen Vorzügen des Wettbewerbs ja auch nicht sicher sein, daß sich dieses Geschehen einer prästabilisierten Harmonie fügt. Doch die Möglichkeiten des Eingreifens sind gering.

Wirtschaft, Gesellschaft, wir selbst verändern uns aufs stärkste, ohne daß wir es kontrollieren könnten. Da stellt sich das Recht auf Selbstbestimmung neu, als Frage nämlich danach, wer wir und unsere Kinder und Enkel sind und sein wollen. Immer ist Zukunft ungewiß. Die Phantasielosigkeit, mit der man sie in der Nachkriegszeit in etwa entlang gewissen wirtschaftlichen Parametern berechnen zu können meinte, ist inzwischen gründlich widerlegt. Doch die politischen Ereignisse, die das besorgt haben, werden künftig nur das eine Element der Ungewißheit sein; daneben und vor allem werden es umfassende, und zwar nicht einfach in Form der Extrapolation zu berechnende, sondern recht überraschende und plötzliche Wandlungsprozesse sein, auf die wir gefaßt sein müssen.

Jetzt stellt sich zunächst einmal ganz elementar die Frage, was zu tun ist, damit wir überhaupt nicht nur dahingleiten, -schwimmen oder -rutschen, sondern geistig »mitkommen«. Daß wir verstehen, was vorgeht, und begreifen, was es bedeutet. Und das ist zugleich die Voraussetzung jenes Vertrauens, auf das die Demokratie angewiesen ist. Wo Einzelne, zumal wenn sie jung sind, auf die neuesten Entwicklungen sich einstellen und sie vielleicht mit Bravour nutzen können, muß sich eine Gesellschaft im ganzen damit viel schwerer tun. Die Einzelnen können gleichsam »Macht in den Verhältnissen« entwickeln, die Gesellschaft im ganzen müßte nach »Macht über die Verhältnisse« streben; soweit das möglich ist. Das wäre eine Voraussetzung für die Sicherung von Menschenwürde; wenn denn dazu gehört, daß man sich in seiner Welt nicht nur einigermaßen zurechtfindet, sondern sie im Rahmen des Möglichen auch derart einrichtet, wie es der Menschenwürde entspricht. Da werden bisher wenig bedachte Dimensionen von Menschenrecht aktuell, das Recht nämlich, miteinander die Ordnung des eigenen staatlichen und gesellschaftlichen Lebens zu bestimmen; bei möglichst großen Freiheitsräumen für den Einzelnen.

Unter diesen Umständen steht die Demokratie vor völlig neuen Problemen. Sie muß mit den Enttäuschungen fertig werden, die sich mit der verminderten Leistungsfähigkeit des Staates notwendigerweise regen. Sie muß eine auseinanderstrebende Gesellschaft neu zu integrieren helfen. Sie muß aber auch die Verständigung der Gesellschaft über sich selbst ermöglichen, womit ganz neue Debatten weit über den Kreis der Politiker hinaus herausgefordert werden, bei denen es zunächst einmal, besonders schwierig, darum geht, welche Fragen überhaupt zu stellen sind. Immer war die Demokratie darauf angelegt, daß nicht nur die Politiker über ihre Politik, sondern auch die Gesellschaft sich über sich selbst Rechenschaft ablegte. Man wird das künftig in ganz neuer Weise brauchen. Und es wird dem Parlament dabei vermutlich eine zum Teil neue Rolle zukommen.

II.
Die Herkunft des Parlaments

Dualismus von Herrscher und Ständen – Das Problem der Repräsentation
von Staat und Volk – Die Vorgeschichte der parlamentarischen Regierung
in England – Die Deutschen und ihre Parlamente nach 1815 – Der Reichstag
im Kaiserreich – In der Weimarer Republik – Der Wiederanfang 1949 –
Das Parlament und die Bedingungen der parlamentarischen Demokratie;
die Grundrechte der Abgeordneten – Der Bundesrat

Die Institution des Parlaments hat eine lange Vorgeschichte, die
freilich nur selten, auf herausragende Weise nur im englischen
Fall, in einem zusammenhängenden Prozeß, einer dichten Abfolge
von Veränderungen bis hin zur parlamentarischen, vom Parlament bestellten, dem Parlament verantwortlichen Regierung verlaufen ist. Die
Vorgeschichte verteilte sich praktisch über ganz Europa. Doch brach
sie eben in den meisten Ländern während der Periode der absolutistischen Monarchie im 17. und 18. Jahrhundert ab. Es war viel, wenn ein
bei stark verminderter Bedeutung sich durchhaltendes Ständeparla-
ment schließlich einer insgesamt durch Wahlen bestellten Volksvertretung Platz machte respektive daneben in reformierter Form als erste
Kammer über den Anfang des 19. Jahrhunderts hinaus fortexistierte.
Zumeist brach die Tradition ab, und die Parlamente wurden später, in
ganz anderer Form, neu begründet.

Der Name Parlament begegnet seit der zweiten Hälfte des 12. Jahrhunderts. Er meint zunächst etwa Besprechung oder Beratung, um
sich dann in der Folge mit Gremien zu verbinden, die eben der Besprechung, der Beratung öffentlicher Angelegenheiten, zunächst weitgehend von Rechtsfällen, dienten. Es sind von Fürsten einberufene
Versammlungen zumal von hohen Adligen; von Bischöfen und Präla-
ten, außerdem von Amtsträgern und Juristen; mit der Zeit kommen
Abgesandte von Städten, unter Umständen auch ländlichen Bezirken,

in England von Grafschaften und den kleineren Wahlbezirken der *boroughs* hinzu. Die Zusammensetzung ist vielen Wechseln unterworfen. Die Versammlungen können größer oder kleiner sein. Sie werden einberufen, sobald sich Anlaß dazu bietet, später mit einer gewissen Regelmäßigkeit, und dann verfestigt sich zumeist auch der Kreis der Mitglieder.

Wenn der Monarch ihren »Rat« sucht, so bedeutet das nach mittelalterlichem Verständnis zugleich, daß er ihre Hilfe begehrt. Das Parlament vertritt ihm gegenüber das »Land« oder, wie es häufig heißt, die »Landschaft«. Es bietet dem Monarchen Gelegenheit, sich mit dem Land zu verständigen. Parlamente dienen also dazu, daß der Fürst das Land über manches in Kenntnis setzt, daß er aber auch seinerseits von vielem erfährt, insbesondere Klagen und »Petitionen« entgegennimmt, die im Parlament beraten werden, die das Parlament sich zu eigen machen kann. Wenn sich der Fürst in ungewöhnlichen Situationen des Beistands seines Landes vergewissert, so handelt es sich vielfach darum, daß er sich gewagte, außerordentliche Handlungen, die er vorhat, legitimieren lassen will. Vor allem aber geht es immer wieder um die Bewilligung von Mitteln, das heißt um die Stillung des wachsenden Finanzbedarfs.

Ob sie nun Parlament, Cortes, États Généraux, Reichs- oder Landtag oder auch Sejm heißen, die Könige und Fürsten des 13. und 14. Jahrhunderts scheinen sie gebraucht zu haben. Sie konnten nicht nur befehlen und verfügen, sondern mußten auch mit den mächtigen Männern ihrer Reiche und Länder verhandeln, ihnen entgegenkommen und sich ihres Beistands versichern.

Und das Bemerkenswerte daran war, daß sie das nicht nur in Verhandlungen mit Einzelnen oder kleinen Gruppen taten, sondern daß sie jene Herren auch insgesamt versammelten, eben in »Parlamenten« oder wie die Entsprechungen jeweils hießen. Es bildete sich damit ein Dualismus heraus: Das Land, das Reich war nicht nur Objekt der Herrschaft, und sei es einer Herrschaft, die Rechte und Freiheiten respektierte. Vielmehr hatte es gegenüber dem Herrscher auch eine Stimme, eine Institution, in der es sich als Ganzes zur Geltung bringen konnte; quer zu den hierarchischen Beziehungen von oben nach unten erhob sich hier eine horizontale Gemeinsamkeit, potentiell ein Block, in dem sich Macht gegenüber dem Monarchen zusammenballen konnte. Die Parlamente hatten zumindest ein gewohnheitsmäßiges

Recht der Mitsprache, wenn auch nicht unbedingt regelmäßig und aufgrund eigener Initiative.

Denn die Fürsten behielten zunächst das Heft in der Hand. Es lag bei ihnen, ob und wann sie die Parlamente versammelten und wieder entließen. Sie waren nicht einfach frei in der Auswahl der zu Berufenden, doch hatten sie Spielräume. Auch konnten sie die Materien, über die verhandelt werden durfte, eng begrenzen. Und weiteste Teile der Bevölkerung waren in diesen Versammlungen überhaupt nicht vertreten, denn es waren keineswegs alle Städte oder anderen Teile des Landes, welche Abgesandte dorthin schicken konnten, und bei deren Bestallung hatten ohnehin viele nicht mitzusprechen. Neue Schätzungen rechnen allerdings, zumindest für das England des 17. Jahrhunderts, mit einer Wahlberechtigung von circa vierzig Prozent der Bürger.

Doch wie auch immer: Es bürgerte sich fast überall, quer durch Europa, der Grundsatz ein, daß über die dem Fürsten seit alters zustehenden Einnahmen, etwa aus seinen Domänen, aus Zöllen etc., hinaus keine Abgaben ohne Zustimmung der Betroffenen, eben der Parlamente erhoben werden konnten. Das bedeutete zugleich, daß die Beschwerden, die dort vorgebracht wurden, Gewicht erhielten; daß die Parlamente Einfluß auf die Gesetzgebung gewannen, auch wenn es am Ende die Fürsten waren, die die Gesetze im eigenen Namen verkündeten. Die Bindung der Herrschaft an die Zustimmung der Beherrschten, von der man gern sprach, fand hier eine institutionelle Bewährungsmöglichkeit.

Richterliche Funktionen hatten diese Versammlungen ohnehin, sie standen zunächst sogar im Vordergrund ihrer Tätigkeit. Das englische Parlament fungierte zum Beispiel anfangs wesentlich als High Court of Parliament. In Frankreich blieb das Wort Parlament sogar an den obersten Gerichtshöfen haften, von denen die »Generalstände« zu unterscheiden waren. Die Stände traten bald zurück, verloren schon im 15. Jahrhundert das Recht der Steuerbewilligung, wurden zwischen 1614 und 1788 gar nicht mehr einberufen, während die »Parlamente« weiter existierten. Sie hatten über die Rechtsprechung hinaus das wichtige Recht, die »Ordonnanzen« des Königs zu registrieren, in Paris sowohl wie in den verschiedenen Teilen des Landes. Davon hing deren Gültigkeit ab. Doch waren die Parlamente keineswegs immer willens, dem König zu folgen. Zeitweilig hat er sie gezwungen, in der Regel aber war er nicht stark genug dazu.

Quod omnes similiter tangit, ab omnibus approbari debet: Was alle angeht, muß von allen gebilligt werden, mit diesem Rechtssatz ist das ständische Mitspracherecht immer wieder begründet worden. Aber man konnte in Deutschland auch auf das Reichsweistum von 1231 hinweisen, das den Landesherrn gebot, »neue Konstitutionen und Gesetze« nicht ohne Zustimmung der »Größeren und Besseren des Landes« zu erlassen.

Vielfach schlossen die Herrscher geradezu Verträge mit den Ständen. Darin konnten sie ihnen einräumen, daß sie aus eigener Initiative zusammentreten durften. Aber sie sicherten ihnen auch Freiheiten und Rechte zu; den Herren selbst wie dem Land im ganzen. Als das herkömmliche Recht angesichts vielfältiger Veränderungen nicht mehr genügte, mußte dem Herrscher die Möglichkeit willkommen sein, mit dem Konsens der Stände neues Recht zu setzen.

Die Stände haben keineswegs nur im eigenen Interesse gewirkt, obwohl sie dies natürlich in weitem Umfang taten (und damit bestechlich wurden), und sie haben auch nicht nur diejenigen derer vertreten, die sie ins Parlament entsandt hatten. Vielmehr konnten sie sich auch die des gesamten Landes zu eigen machen, nicht zuletzt dann, wenn dieses Bestandteil eines größeren Fürstentums war. Gelegentlich haben sie auch die Einheit des Landes verteidigt. Denn die konnte durch Erbteilungen bedroht sein. Und sie haben einen wesentlichen Beitrag zur Herausbildung der Staaten geleistet, nicht zuletzt dadurch, daß sie die Herrscher nötigten, ihre Herrschaft besser zu begründen, im Sinne einer Durchdringung mit Römischem Recht, einer Versachlichung, einer – zugleich verpflichtenden – Legitimation.

Dieser in welthistorischer Perspektive doch wohl einzigartige Dualismus zwischen Herrscher und Land hatte gewisse Parallelen in mittelalterlichen Städten, auch im antiken Rom, in dem »das Volk«, genauer: die *plebs* sich eigene Handlungsmöglichkeiten gegenüber dem Adel schuf, nicht jedoch im alten Griechenland. Er hatte Voraussetzungen im Lehenswesen, möglicherweise auch in germanischen Konzepten vom Königtum. Aber entscheidend für seine Ausbildung war die Situation, in der er entstand: Die Könige (zumal im westlichen Europa) oder die Landesherrn (wie zum Beispiel in Deutschland) versuchten, die eigene Macht und Verwaltung weiter auszubauen – im eigenen Interesse wie in dem ihrer Länder, die dessen angesichts zahlreicher, wachsender Probleme dringend bedurften. Dabei stießen sie verschiedentlich auf

Unwillen und Widerstand, der sich am besten dadurch erledigen ließ, daß sie sich mit der Landschaft, also dem Parlament verständigten. Außerdem reichten ihre eigenen Mittel zumeist angesichts der gewachsenen Ansprüche nicht aus, so daß neue bewilligt werden mußten. Nicht zuletzt spielte es immer wieder eine Rolle, daß die Herrscher sich der Hilfe ihrer Stände gegenüber der Kirche versicherten, die sie unter ihre Kontrolle zu bekommen suchten, womit sie zumeist schon vor der Reformation begannen.

Die Stände konnten ihren Einfluß freilich, außer in mittleren und kleineren Staaten, nur bis ins 17. Jahrhundert hinein halten. Abgesehen vor allem von England, Holland, Ungarn und Polen (um von dem ganz anders gelagerten Fall etwa der Schweizer Eidgenossenschaft abzusehen) gewannen die Monarchien mit der Zeit so sehr an Macht, auch an Einnahmen, daß sie auf die Hilfe der Stände verzichten und ihre Mitsprache praktisch ausschließen konnten. Die Stände waren damit zumeist nicht beseitigt, doch wurden sie, abgesehen von räumlich begrenzten administrativen Funktionen, bedeutungslos. In der zweiten Hälfte des 18. Jahrhunderts beobachtet man, daß sie in kleineren Territorien wieder an Macht gewinnen.

Erst als der Staatsbankrott – und der Druck der Parlamente – dem französischen König keinen andern Ausweg mehr ließ, entschloß er sich 1788, die États Généraux wieder einzuberufen. Aber damit war das Ende der absoluten Monarchie schon eingeläutet. Wenige Wochen nach dem Zusammentreten der Generalstände erklärte sich der Dritte Stand, dem große Teile der Geistlichkeit, Teile aber auch des Adels sich zugesellten, zur Assemblée Nationale. Und er machte sich daran, dem Land eine Verfassung zu geben. Diese Verfassung, die 1791 in Kraft gesetzt wurde, sah dann für Frankreich schon ein Parlament im modernen Sinne des Wortes vor. Wenn auch keineswegs alle erwachsenen männlichen Franzosen damals schon das Wahlrecht erhielten. Dazu kam es erst aufgrund der neuen, sehr viel radikaleren Verfassung von 1793.

Wie der Dualismus von Herrscher und Land, von Fürst und Ständen war auch der Staat, der es künftig ermöglichen sollte, daß Demokratien in der Größenordnung europäischer Nationen entstanden und funktionierten, ein welthistorisches Unikum. Die Eigenart dieser politischen Organisation wirkte sich in der Vorgeschichte der Parlamente aufs vielfältigste aus.

In den vor- und außerantiken Hochkulturen pflegte der Aufbau einer Kultur vom Monarchen aus, wenn er gelang, dahin zu führen, daß außer dem Chaos keine Alternative zur Monarchie überhaupt denkbar war. So tief, bis in Mentalität, Gedankenspielräume, Vorstellungen hinein, war dort das Ganze von der Monarchie her geprägt. Wobei die Religion, wie immer die Priesterschaften organisiert waren, aufs engste, zumeist kaum scheidbar mit ihr verknüpft war.

Daß die Griechen in verschiedenen ihrer Städte den Weg zur Demokratie zurücklegen konnten, hatte unter anderm zur Voraussetzung, daß sie starke, bis in Kultur und Religion hinein begründete Monarchien (nach dem gänzlichen Verfall der mykenischen Welt) gar nicht gekannt hatten. Daraus erwuchs die Chance für den politischen Aufstieg breiterer Schichten.

Wenn die Weichen in den Monarchien des Mittelalters und der Neuzeit anders gestellt wurden, so lag dies, um es auf eine grobe Formel zu bringen, daran, daß das Ganze der politischen Einheiten als eigenständige Größe gedacht und ausgebaut werden konnte. Sie wurde zwar vom Monarchen beherrscht, hätte in aller Regel ohne ihn nicht entstehen und für lange Zeit bewahrt werden können, doch war sie potentiell von ihm zu unterscheiden – und schließlich ohne ihn fortzuführen. Diese Unterscheidung war auf bemerkenswerte Weise angelegt in einem Begriff, der eigentlich auf Identifizierung wies: denn der Herrscher sollte jenes Ganze nicht nur beherrschen, sondern auch *repräsentieren*. Im Begriff Repräsentation, der im begrenzten Sinne auch auf die Stände anwendbar war, um anschließend die Versammlungen der demokratisch bestellten Repräsentanten zu bezeichnen, konzentrierte sich ein gut Teil der Vorstellungswelt, in der sich der Aufbau des Staates vollzog und niederschlug und in der schließlich die neuen Parlamente ihren Platz und zuvor schon wichtige Voraussetzungen fanden. Er lebte aus antiken wie christlichen Quellen, die in Mittelalter und früher Neuzeit in ganz neuen Zusammenhängen in Anspruch genommen wurden.

Vielfach diente der Begriff des *corpus* zum Begreifen dieser politischen Einheiten; er wurde aus der Antike übernommen, wo in diesem Bild seit Platon die Einheit der – nach seiner Meinung – auseinanderstrebenden Teile der Stadt begriffen und begründet werden sollte. In der *corpus*-Metaphorik konnte der Monarch als Haupt (*caput*) oder Seele (*anima*) verstanden werden.

Diese Vorstellung wurde weiterentwickelt in der Kirche, für die seit etwa 1150 das Verständnis als *corpus (Christi) mysticum* aufkam. Dieser Ausdruck hinwiederum verband sich in der Folge derart mit der politischen Organisation der Kirche, daß sein theologischer Gehalt verblaßte. Wenn sich bald auch säkulare politische Einheiten seiner für das *corpus politicum* (englisch später: *body politic*) bemächtigten, so hatte das gleichermaßen mit ihrem Wunsch zu tun, an der Heiligkeit der Kirche teilzuhaben, wie es dazu beitrug, die Vorstellung politischer Einheit von ihr zu lösen.

Vor allem aber kam der Begriff des *corpus mysticum* den Juristen gelegen, zunächst denen des kanonischen Rechts, bald aber auch anderen. Sie fanden sich – vielleicht ebensosehr aus Gründen ihrer aus dem Römischen übernommenen Wissenschaft als aus praktischen Erfordernissen – vor dem Problem, die Einheit von Körperschaften zu begreifen. Wie kann eine Summe von Mitgliedern Eines sein? Das Ergebnis ihrer Überlegungen war die »Juristische Person«, die, von ihren Mitgliedern unabhängig, sogar im Wechsel der Generationen eine und dieselbe bleiben konnte. Für diese in der Wirklichkeit vorhandene, aber kaum greifbare, freilich vorzustellende und juristisch zu fingierende Einheit ließ sich der Ausdruck *corpus mysticum* gut gebrauchen – neben *persona mystica*, wie man sie auch nannte. Man sprach auch von *persona non vera, sed ficta* und, besonders interessant, von *persona repraesentata*. Denn dieses *corpus* bedurfte offenkundig der Repräsentation. Damit bahnt sich eine ganz neue Weise an, politische Einheiten vorzustellen, darzustellen und zu verstehen.

Das Wort *repraesentare*, das aus dem klassischen Latein stammt, konnte verschiedenes bedeuten. Vergegenwärtigen, darstellen, vertreten, nachahmen, vorstellen, aber auch: auf der Stelle verwirklichen, beschleunigen, bezahlen. Die Karriere, die dieses Wort während des Mittelalters und der Neuzeit macht, die Möglichkeiten, die es eröffnet, und die Bedürfnisse, die es befriedigt, sind höchst merkwürdig. Vor allem ist es seine Anwendung auf das Verhältnis der Fürsten zum – damals entstehenden – Staat. Wieso ist es nicht genug, daß einer ein Land beherrscht? Warum muß er es gleich auch noch »repräsentieren«, also zur Erscheinung, zur Darstellung bringen?

Denn wenn in diesem Wort auch vielfach, entsprechend dem Gebrauch schon der römischen Juristen, die Bedeutung der »Stellvertretung«, des Handelns für einen anderen, dem dieses Handeln zuzurechnen war, im Vordergrund stand, so waren dadurch weitere, eng damit zusammenhängende Bedeutungen doch nicht ausgefällt, diejenige der Darstellung, der Vergegenwärtigung, des Abbildens und der Gleichsetzung. Sie flossen in die neue Bedeutung des Begriffs mit ein.

Wiederum spielten dabei christliche Vorstellungen eine Rolle. In der Eucharistie wurde der Leib Christi »repräsentiert«. Wo zwei in seinem Namen versammelt waren, war er mitten unter ihnen. Abwesendes wurde als anwesend verstanden. Das fand nun im Säkularen seine Entsprechung, wo sich offenbar bestimmte Bedürfnisse der Abstraktion mit solchen der Konkretisierung verschmolzen. Es waren sehr eigentümliche Bedürfnisse.

Die politische Einheit eines über weite Flächen sich erstreckenden, viele verschiedene Körperschaften und Individuen umfassenden Königtums sollte an einer Stelle versammelt werden. Diese Fürstentümer und Reiche sollten nicht nur gleichsam bloße Objekte von Herrschaft sein. Sie sollten vielmehr Subjekte sein, selber handeln, und dazu mußten sie irgendwo konkret gegenwärtig sein.

Genau dazu bot sich der Monarch an, der das Ganze repräsentieren konnte. Er vor allem, auch wenn das Wort zugleich auf die Stände angewandt werden konnte, die das Land, oder etwa die Kurfürsten, die bei der Königswahl die Fürsten und Völker des Reiches »repräsentierten«. Doch war das Reich untypisch, und die Stände traten eben im Staat zurück. So blieb der Monarch. Und auf merkwürdige Weise ging der Dualismus von Herrscher und Land in die Einheit des vom Herrscher repräsentierten Staates ein, dergestalt nämlich, daß dieser Staat sein eigenes Gewicht, sein eigenes Recht erhielt, möglicherweise ohne die Stände, mit dem Herrscher und potentiell auch gegen ihn.

Noch in einer weiteren Hinsicht kam die begriffliche Hinterlassenschaft des alten Rom zu Hilfe bei der Bewältigung des Problems, die Vielen und das Eine zusammenzudenken. Das Ganze der politischen Einheit konnte nämlich in der Folge als das gedacht werden, was in den Quellen aus dem alten Rom das Ganze bezeichnete: als *populus*. Was ist *res publica* anderes als *res populi*, hatte Augustin gefragt (und der hatte es von Cicero übernommen). *Populus* war – anders als *plebs* oder *multitudo* – das rechtlich zum Gemeinwesen zusammengefaßte ganze Volk; mehr als bloß die Menge der Leute. Es hatte in Rom, in der Volksversammlung konkret in Erscheinung treten können. Was freilich mit der Zeit immer weniger möglich war. Denn je weiter sich im Gefolge der Eroberungen der römische Herrschaftsbereich, das Imperium ausdehnte, um so mehr wuchs auch die römische Bürgerschaft weit über den Bereich der Stadt Rom hinaus.

In den Staaten der frühen Neuzeit jedoch hatte es – wegen der *difficultas conveniendi* (auf die sich schon der römische Jurist Ulpian berufen hatte) – zu solchen Volksversammlungen gar nicht erst kommen können. Hier konnte der *populus* nur symbolisch oder eben: repräsentiert vorhanden sein, in der Person des Herrschers, die seine Einheit verbürgte. Die verschiedenen Theorien, die die Herrschaft auf einen Vertrag mit dem Volk zurückführten, haben diese Vorstellung nur ausgebaut und untermauert. Widerspruch wie die Feststellung Christoph Besolds von 1625, der Fürst sei nur das Haupt des Staates, nicht das Ganze (*caput est non totum corpus*) blieb vereinzelt.

Bei Hobbes heißt es: Das Volk (*populus*) sei im Gegensatz zur Menge der Leute (*multitudo*) gewissermaßen Eines, es habe einen Willen, und ihm könnten einheitliche Handlungen zugerechnet werden. Es herrsche in jedem Staat, auch in Monarchien. Denn das Volk sei es, daß durch den Willen eines Mannes wolle. In den Monarchien seien die Untertanen die Menge, und obwohl das paradox sei, der König sei das Volk (*et in monarchia, subditi sunt multitudo et, quamquam paradoxum sit, rex est populus*).

Eine von heute her gesehen geradezu absurde Feststellung. Was haben die Leute – was haben wir alle – mit dem so verstandenen Volk zu tun? Und wenn wir es nicht haben: Wer sonst ist das Volk? Hobbes' Satz nimmt sich aus, wie wenn der Ausdruck *populus* gleichsam von der Monarchie usurpiert worden sei, um den Untertanen auch noch diesen Namen für ihre Gesamtheit zu nehmen, so daß sie nur noch »die Leute« sind. Gewiß war das eine extreme Position. Sie macht dadurch freilich die Tendenz des Absolutismus nur deutlicher. Die Nation verleiht dem Souverän, heißt es Ende des 18. Jahrhunderts bei Emer de Vattel, »ihren Verstand und Willen« und übertrage ihm alle Rechte und Pflichten für die Ausübung öffentlicher Gewalt.

Damals brach sich der Gedanke der Staatspersönlichkeit Bahn. Dieser Staat war nicht mehr ohne das, fortentwickelte, römische Recht zu denken. So gewann der Herrscher an Legitimität; die Beherrschten übertrugen ihm, wenn man so will, nicht nur seine Macht (ohne freilich gefragt worden zu sein), sondern fanden sich auch, sofern sie Staat, sofern sie Volk im Sinne von *populus* waren, in ihm repräsentiert.

Doch hieß es zugleich, daß der Staat versachlicht und auf geradezu unwahrscheinliche Weise aufgewertet wurde. Der Herrscher als der Repräsentant – darin löste sich das Amt ein Stück weit von der Person. Der König hatte, genau bedacht, zwei Körper, einen sterblichen und einen unsterblichen. Und so waren denn auch die Beamten, sobald man das unterscheiden konnte, der Tendenz nach mehr dem Staat als dem Herrscher verpflichtet. Das alles schloß vielerlei herrscherliche Willkür keineswegs aus, bot aber Ansatzpunkte für ein weiterführendes Denken.

Während die antiken Monarchen völkerrechtlich Verträge im eigenen Namen abschlossen, taten es die der Neuzeit als Repräsentanten, also im Namen ihrer Staaten, und das war kein Zufall.

So gehörte es vermutlich zu dem so anspruchsvollen Staat der Neuzeit – und war dann Voraussetzung dafür, daß der Staat die Monarchie überleben, Republik oder gar Demokratie werden konnte. In gewissem Sinne ließ sich am Ende wiederum anknüpfen an jene antike Begrifflichkeit und jenes antike Denken, die am Anfang schon in die Fundamente des Staates eingegangen waren.

Wenn auch das konkrete Volk im Ganzen dieser Staaten kaum etwas zu vermelden hatte, blieben Gedanken an ein übergeordnetes Recht, das auch der Herrscher zu respektieren hatte, lebendig und ließen sich neu beleben im Prozeß intensiven politischen Denkens, ohne den diese großartigen politischen Konstruktionen nicht sein konnten. Vor allem aber war der *populus* weiter im Ganzen des Staates anwesend; man mußte den Begriff nur neu mit Inhalt füllen.

Indes war das nicht einfach. Die Konzentration der Macht, die Wirkungsmöglichkeit des Staates und seiner »guten Policey«, eine dadurch geprägte Mentalität, die evidente Notwendigkeit einer Einheit, die am besten in einer Person verkörpert war, schufen der Monarchie in vielen Staaten die Überzeugungskraft der Selbstverständlichkeit.

Es ist bezeichnend, daß die Stände ihren Anspruch, das Land zu repräsentieren, eher zaghaft geäußert haben. Wenn es aber geschah, ging es eben um die Repräsentation des Landes vor oder gegenüber dem Herrscher, der seinerseits das Ganze des Staates repräsentierte. So wird den Ständen von Schwarzburg-Rudolstadt 1722 durch Landesvertrag zugesichert, daß sie »das ganze Land repräsentieren, auch vor dasselbe

sich verbindlich machen«. Die Tatsache, daß sie eher eine Vielheit dar-
stellten, vielfach auch nicht einig und geschlossen handeln konnten,
bedingte es, daß sie in der Verkörperung der Einheit des Ganzen weit
hinter dem Monarchen zurückblieben, auch wenn sie im 18. Jahrhundert zum Teil wieder an Boden gewannen.

Damit waren zunächst, in Deutschland noch bis ins 20. Jahrhundert
hinein, die Verhältnisse zwischen dem Monarchen und den Parlamenten präjudiziert. Das Projekt einer »Nationalrepräsentation«, das man
in Preußen Anfang des 19. Jahrhunderts betrieb, fand zwar viele Anhänger, blieb aber ohne Erfolg.

In diesem Wort deutete sich freilich die Wende an, die in Frankreich
1789 schon einmal vollzogen worden war. Als der Dritte Stand in Paris
darüber zu entscheiden hatte, wie er sich statt als Teil der Generalstände
als Ganzes konstituieren wollte, wurden verschiedene Bezeichnungen
vorgeschlagen, sie enthielten mit einer Ausnahme alle das Wort Repräsentanten und unterschieden sich nur dadurch voneinander, daß
Mirabeau von »représentants du peuple français«, die andern von Repräsentanten der Nation sprechen wollten. »Peuple« hätte mehr dazu
tendiert, nur das niedere Volk zu bezeichnen. So kam am Schluß
»assemblée nationale« heraus. Den Ausdruck hatte schon der König
bei seiner Eröffnungsansprache benutzt, dort freilich mit dem unbe-
stimmten Artikel, mit dem er die Generalstände »eine nationale Versammlung« nannte. Jetzt kam der bestimmte Artikel hinzu: Sie repräsentierten die Nation, freilich nicht gleich allein, sondern noch in der
Verfassung von 1791 nur zusammen mit dem König: »Die Nation, von
der allein alle Gewalten ausgehen, kann sie nur durch Delegation ausüben. Die französische Verfassung ist repräsentativ; Repräsentanten
sind die gesetzgebende Körperschaft und der König.«

Angesichts der Tatsache, daß die Assemblée Nationale auf Wahlen
beruhen (und übrigens keine andere Kammer neben sich haben)
sollte, hätte es von heute her gesehen doch wohl am nächsten gelegen,
daß das Ganze des Staates von der gewählten Nationalversammlung und nur von ihr repräsentiert wird. Doch soweit war man noch
nicht. Sonst hätte sich die Monarchie schon erübrigt gehabt. Dazu waren der Staat und seine Repräsentation damals noch zu stark mit der
Monarchie verknüpft. Und selbst als diese gestürzt wurde, blieb von
ihr etwas übrig. Ihr Part wurde – wenn auch zumeist vermindert –
den republikanischen Präsidenten überwiesen.

Trotzdem rückten die Parlamente als Repräsentanten der Nation schließlich an die erste Stelle. Und ihre Abgeordneten mußten entsprechend der alten Auffassung von der Repräsentation der staatlichen Einheit die Nation im ganzen vertreten. »Die Repräsentanten, die von den Départements benannt worden sind, sollen nicht Repräsentanten eines besonderen Départements sein, sondern der gesamten Nation, und es kann ihnen kein Mandat gegeben werden«, heißt es in der französischen Verfassung von 1791.

Daß Abgeordnete nicht an die Aufträge ihrer Entsender gebunden sind, gab es schon im Mittelalter. Ja, die Delegierten mußten durch ihre Auftraggeber sogar ermächtigt sein, diese durch ihre Beschlüsse zu binden. So hatte es Edward I. 1294 ausdrücklich angeordnet. Die Stände hätten sonst kaum viel vermocht, hätten auch den Monarchen die von ihnen erwarteten Dienste nicht erweisen können (obwohl sie sich de facto natürlich immer wieder auch Aufträge geben ließen).

Doch ging es jetzt nicht mehr nur um die Freiheit des Mandats. Die eigenartige Weise, Abwesende als anwesend zu denken, bedingte es, daß die Nation im Parlament versammelt war, und zwar in jedem einzelnen Abgeordneten wie in deren Gesamtheit. Das Parlament war nach Edmund Burke »die *beratende* Versammlung der *ganzen* Nation, mit *einem* Interesse, nämlich dem des *Ganzen*«. »Ihr Repräsentant«, erklärte er seinen Wählern, »schuldet Ihnen nicht nur Fleiß, sondern auch Urteilsvermögen. Und er verrät Sie, anstatt Ihnen zu dienen, wenn er beide Ihrer Meinung unterstellt.« Er sei nach seiner Wahl nicht mehr Mitglied für Bristol, sondern Mitglied des Parlaments. Nur als Repräsentanten dieser Art – nicht nämlich nur einfach vertretungsweise – konnten die Abgeordneten über die Nation bestimmen, konnte unter ihnen die Mehrheit für das Ganze stehen; die Abgeordneten votierten nicht als Einzelne, *ut singuli*, sondern als Gesamtheit, *ut universi*. Es gibt kein Volk außerhalb der Verfassung, schrieb Burke. Das aber hieß, daß seine Einheit im Parlament versammelt war. »Die Abgeordneten des Parlaments sind Repräsentanten und keine Delegierten«, so hat Churchill es 1911 im Unterhaus einmal zugespitzt.

So gehörte es zum Staat, zu den – der europäischen Geschichte spezifischen – umständlichen Verfahren, eine politische Einheit so zu denken, daß die Gesamtheit ihrer Körperschaften und Mitglieder inbegriffen war; was eben bedeutete, daß die, die für die andern wirkten, ob Monarch, Stände oder Parlament, jeder auf seine Weise, immer das

Ganze »repräsentieren« mußten. Dadurch war der Staat weit mehr als Monarchie. Er war imstande, wenn man so will, durch Wechsel der Repräsentanten am Ende Demokratien hervorzubringen.

In England waren die Dinge schon in der frühen Neuzeit anders gelaufen. Dort wirkten die Monarchen vielfach so intensiv mit den beiden Häusern des Parlaments zusammen, daß sie mit diesem zusammen als eine Einheit begriffen werden konnten, welche man – seit Heinrich VIII. – »king in parliament« nannte. Darin war das ganze Königtum enthalten. Folgerichtig konnte, nach Vorläufern im 15., in der Mitte des 16. Jahrhunderts Sir Thomas Smith erklären, was immer die Römer in ihren Volksversammlungen (wo sie zunächst immerhin, wie hinzuzufügen wäre, persönlich anwesend waren!) getan hätten, könne durch das »parliament of England« getan werden, »which represented and hath the power of the whole realm, both the head and the body. Every Englishman is intended to be there present, either in person or by procuration and attorneys, of what preeminence, state, dignity or qualities soever he be, from the prince, be he king or queen, to the lowest person of England. And the consent of the parliament is taken to be every man's consent.«

Wodurch es bedingt war, daß das englische Parlament bei allem Wandel eine so ungewöhnliche Kontinuität bewahren konnte, ist nicht mit Sicherheit zu sagen. Gewiß lassen sich schon für das Mittelalter bestimmte Eigenarten ausmachen, die es auszeichneten, Voraussetzungen auch, die für seine Zukunft wesentlich wurden. Die durch die Normannenkönige früh befestigte relativ starke Zentralgewalt, die frühe Eindämmung des Lehenswesens, die Bewahrung der unmittelbaren Beziehungen zwischen der Krone und den königlichen Amtsbezirken (die durch den Feudalismus nicht zerrissen worden waren), der Aufbau von Selbstverwaltung – dies alles und anderes sollten auf die Dauer wesentlich dazu beitragen, daß sich im Parlament stärkere Ansätze zu Zusammenhalt und Solidarität bildeten. Frühzeitig war der Adel gegen den König zum Vorkämpfer der Bewahrung des Rechts für jedermann geworden, was in der Magna Charta von 1215 seinen Ausdruck fand; und das Parlament hat diese Rolle übernommen und weitergespielt.

Von nicht zu unterschätzender Bedeutung war die Tatsache, daß sich in England der hohe Adel und die Geistlichkeit nicht nebeneinander als verschiedene Stände konstituierten, so daß die andern genötigt gewesen wären, sich (wie es später hieß) zu einem »dritten Stand« zu formieren. Vielmehr teilte sich das Parlament seit dem 14. Jahrhundert in zwei Häuser, das House of Lords (der Ausdruck selbst kommt etwas später auf) und das House of Commons. Die Geistlichkeit hatte im Parlament keine eigene Vertretung (abgesehen von Bischöfen, die im Oberhaus Platz fanden).

Die Commons aber rekrutierten sich mit der Zeit vornehmlich aus jener eigenartigen Schicht der Gentry, welche sowohl Adlige (und jüngere Söhne von Lords) wie wohlhabende Kaufleute umfaßte und innerhalb derer es vielerlei Beziehungen und gesellschaftliche Angleichung gab. Es war entscheidend für die Bedeutung dieses Hauses, daß dort nicht allein Bürger, sondern zugleich Adlige saßen; daß sich Grundbesitz und zunehmend dann auch große Wirtschaftskraft in ihm vereinten.

Zwischen den beiden Kammern des Parlaments gab es wenig Konflikte. Kluge Könige haben sich früh darauf verstanden, mit beiden zusammenzuarbeiten. Natürlich lief das oft alles andere als reibungslos. Immer wieder mußten bestimmte Rechte dem Parlament zugesichert werden, immer wieder wurden sie durchbrochen. Es war möglich, daß der König das Parlament auf lange Zeit gar nicht versammelte, es vertagte, wenn es unliebsame Beschlüsse fassen wollte, daß er an ihm vorbeiregierte, auch indem er Einnahmen beanspruchte, auf die sich das Bewilligungsrecht des Parlaments grundsätzlich nicht erstreckte, deren Einziehung aber dessen Rechte unterlief.

Selbstverständlich blieb das Parlament *king's parliament*. Und immer wieder fügte es sich mit dem König zur Einheit des *king in parliament*, einer gemeinsamen Regierung des Landes zusammen. Dem entsprach der Konsens zwischen König, Lords und Commons, unter welchen Machtverhältnissen er auch jeweils zustande kam. Heinrich VIII. formulierte die Macht, die ihm daraus erwuchs: »Wir sind durch unsere Richter belehrt worden, daß wir zu keiner Zeit so hoch in unserm königlichen Rang stehen wie zur Zeit des Parlaments, in welchem Wir als Haupt und Ihr als Glieder verbunden und zusammengeknüpft sind in einem Body Politic.«

Trotz seines in Mittelalter und früher Neuzeit gewonnenen Ansehens aber ist es nicht gesagt und auch nicht wirklich »festzustellen«, daß dieses Parlament den absolutistischen Bestrebungen der Stuarts während des 17. Jahrhunderts standgehalten hätte – wenn es nicht aus den schweren Auseinandersetzungen mit ihnen dank großer Fehler der Monarchen, dank glänzender, so geschickter wie unbeugsamer Vorkämpfer, dank einer verschiedentlich sich einstellenden Übereinstimmung mit größeren Teilen der Bürgerschaft und schließlich dank einigen Glücks siegreich hervorgegangen wäre.

Man mag es zu den günstigen Voraussetzungen für die Ausgangsposition des Parlaments in diesen Kämpfen zählen, daß Heinrich VIII. bei der Loslösung von Rom und der Begründung der Suprematie über die englische Kirche seinen Beistand suchte (und wohl auch nötig hatte). Wirtschaftliche Bedingungen trugen zum Selbstbewußtsein der Commons bei. Als bedeutsam erwies sich die enge Beziehung zwischen Unterhaus und Gerichtshöfen, die Wahl großer Juristen ins Parlament, insbesondere von Sir Edward Coke, den man den Vater des Rechtsstaats genannt hat. Er hat in harten Kämpfen stets von neuem den »rule of Law« verfochten. Selbst die königliche Prärogative sei nur Teil des herrschenden Rechts. Alle Maßnahmen müßten *by due process of Law* begründbar sein.

Corpsgeist und Selbstbewußtsein waren Voraussetzungen dafür, daß das Parlament, als treibende Kraft vor allem eine starke Gruppe im Unterhaus, den Kampf mit den Stuarts stets von neuem aufnahm. So oft der König das Parlament auflösen mochte, das nächste, das er irgendwann doch wieder einzuberufen genötigt war, schlüpfte in die vom vorangegangenen gespielte Rolle hinein; gerade wie es einer lebendigen Institution ansteht.

Je mehr die Monarchen die Zügel anspannten, nicht zuletzt in kirchlichen und konfessionellen Fragen, um so mehr standen weite Teile des Landes hinter dem Parlament. Je mehr sie unter Umgehung des Parlaments Einnahmequellen zu erschließen suchten, um so größer war der Ärger unter denen, die zu zahlen hatten. Eine mächtige Strömung in der Bevölkerung konzentrierte sich politisch im Parlament, das seine Politik unter ausdrücklicher Berufung auf seinen Charakter als Repräsentation des Landes betrieb.

1641 versuchte Jacob I., mit dem aufsässigen Parlament fertig zu werden, indem er mit Bewaffneten in das Haus eindrang, um einige der für ihn unbequemsten Abgeordneten festzunehmen. Übrigens waren sie gar nicht da, weil man sie gewarnt hatte. Ein Aufstand war die Folge. Damals trat an die Stelle der, wie auch immer konfliktreichen,

Zusammenarbeit der Gegensatz zwischen König und Parlament, und der sollte sich polarisieren bis zum Bürgerkrieg, bis zur Hinrichtung des Königs. Vorangegangen waren Verhaftungen und Verstümmelungen von Parlamentariern im Auftrag des Königs sowie zahlreiche Impeachment-Verfahren gegen seine wichtigsten Ratgeber und Helfer, etwa Lord Strafford und Erzbischof Laud, die beide – zum Teil unter dem Druck der Straße – mit deren Hinrichtung endeten.

Was das Parlament, genauer: der kleine Kreis von Abgeordneten, der am Ende noch bei der Stange geblieben war, im Bürgerkrieg tat und erreichte, hat in der Folgezeit eher abschreckend gewirkt. Da knüpfte man vielmehr an die Zeit davor wieder an. Die Restauration entsprach der im Grunde konservativen, auf Bewahrung des Rechts gerichteten Tendenz, die im Hause vorherrschte – und die es in Konflikt mit den Stuart-Königen gebracht hatte. Aber die zuvor erfochtenen Positionen wurden verteidigt und ausgebaut.

Die nächste Stufe im Aufstieg des Parlaments war dem letzten Stuart-König zu verdanken, der durch seine Religionspolitik selbst die High Church gegen sich aufbrachte. In seiner Absetzung und der Berufung Wilhelms von Oranien erwies sich das Parlament als die entscheidende Instanz. Jetzt verfügte es auch darüber, wer König sein sollte. Gleich darauf wurden seine Rechte und die Freiheiten der Engländer neu bekräftigt und waren nunmehr endgültig gesichert.

War es immer schon Vorkämpfer des Rechts für das ganze Land, waren die Verbindungen zwischen Unterhaus und Grafschaften stets besonders eng gewesen (weil die gleiche Schicht hier wie dort am Ruder war), so verankerte sich das Parlament im 17. Jahrhundert endgültig und so tief im Bewußtsein der Engländer, daß die sich ihr Land ohne das Parlament nicht mehr vorstellen konnten. Das Recht und die Gewähr des Rechts waren untrennbar mit ihm verknüpft. Ein großes Vertrauenskapital hatte sich in ihm angesammelt und mehrte sich weiter aus den kräftigen – und nicht enttäuschten – Erwartungen des Landes. Auch die Neutralisierung der religiösen Gegensätze, die auf dem Kontinent nur den Monarchen und ihren »Politikern« gelingen konnte, war in England wesentlich das Werk des Parlaments. Darauf wie auf die lange Geschichte von Kämpfen und Erfolgen stützte sich seine Würde und sein Stolz, der Respekt, den es genoß und der gleichsam in ihm institutionalisiert wurde, unabhängig wurde von den Erinnerungen. Indem die Stellung des Hauses und seine Regeln so gut befestigt waren, wurde es frei für die Bildung, ja die beherrschende Rolle von Parteien.

Wohl bestand das Recht des Königs, seine Minister zu ernennen und abzuberufen, fort, in seiner Hand lag die Politik. Er konnte gegen Beschlüsse des Parlaments sein Veto einlegen. Ja, er konnte seine Helfer im Falle von Verurteilungen durch das Parlament – das Unterhaus klagte an, das Oberhaus urteilte – begnadigen. Nur hat er dieses Recht bald verloren, und das Veto ist seit 1707 nicht mehr eingelegt worden. An die Stelle der Anklagen traten Mißtrauensvoten. Bei der Bestimmung und gegebenenfalls Abberufung von Ministern begann sich die Waage mehr und mehr zugunsten des Parlaments, besonders des Unterhauses zu neigen.

Es war hilfreich für König und Premierminister, daß sie im 18. Jahrhundert in zahlreichen Wahlkreisen darüber verfügen konnten, wer gewählt wurde. Und sie hatten es in der Hand, weitere Abgeordnete durch vielerlei Begünstigungen von sich abhängig zu machen. Die Schwierigkeit bestand nach einer Äußerung Chesterfields aus dem Jahre 1753 nur darin, genug Weidegrund für die Tiere zu finden, die sie ernähren mußten (to find pasture enough for the biests that they must feed). Doch reichte das nicht, da auf der andern Seite regelmäßig eine ungefähr gleich starke Opposition stand. Somit mußte die Mehrheit unter den etwa zweihundert Abgeordneten zustande kommen, die nicht festgelegt waren. Sie mußte die Regierung tragen. Mit ihr mußte der König und sein Premierminister zusammenarbeiten – das heißt mit Adelsfaktionen, deren Mitglieder ihrerseits über eine ganze Reihe von Parlamentssitzen verfügten.

Das Parlament des 18. Jahrhunderts war es, das auf dem Kontinent so viel bewundert wurde; nicht zuletzt aufgrund der zunehmenden Unzufriedenheit mit den absolutistischen Monarchien – angesichts aber auch der Tatsache, daß dieses auf so ungewöhnliche Weise regierte Land das starke absolutistische Frankreich sogar militärisch hatte besiegen können.

Aus dem Studium der englischen Verfassung, anknüpfend an Gedanken, die dort schon von Harrington ausgefaltet worden waren, entwickelte Montesquieu seine Gewaltenteilungslehre, welche das politische Denken so stark beeinflussen und vor allem für die Ausbildung der amerikanischen Verfassung in vielem maßgeblich werden sollte. Obwohl er manches am englischen System, wenn auch auf höchst fruchtbare Weise, mißverstand. Es war von großer Bedeutung, daß man auf dieses weithin hochgeschätzte Beispiel verweisen konnte. Die englischen Kolonisten in Amerika hatten übrigens Vorstellungen von den wohltätigen Wirkungsmöglichkeiten des Parlaments schon aus der Heimat mitgebracht.

Hier wurde vorgemacht, wie *government by consent* möglich war. Hier ließ sich lernen, wie politische Fragen durch offene Diskussion geklärt und der Entscheidung zugeführt werden konnten, freilich in geschlossenem Kreise und ohne daß über die Verhandlungen nach außen hätte berichtet werden dürfen. Solche Indiskretion galt als *breach of privilege*. Die Regel wurde zwar immer wieder durchbrochen, zum Teil berichtete man durch die Blume. Erst Mitte des 18. Jahrhunderts wurden Journalisten zum Parlament zugelassen. Es war die Zeit, in der sich in Großbritannien eine lebhafte öffentliche Meinung zu politischen Fragen zu artikulieren begann.

Hier waren die Voraussetzungen parlamentarischer Arbeit ausgebildet, die Redefreiheit, die Immunität der Abgeordneten, die Straffreiheit ihrer Äußerungen in der Debatte, auch die Disziplinargewalt des Hauses gegenüber den eigenen Mitgliedern. Und es waren hier die Modalitäten der Geschäftsordnung zu studieren, die starke Autorität des Speakers etwa, der zugleich die Autorität des Hauses zu vertreten hatte, der der Opposition im Wechsel mit der Regierung das Wort zu geben pflegte, die einen gegenüber den andern sitzend, der die Wiederholung bereits vorgebrachter Argumente verbot. Aber auch das, zum ersten Mal schon in der Tudor-Zeit eingeführte, Verfahren der Beratung in Ausschüssen.

Kurz, hier war ein Vorbild für die starke Beteiligung eines Parlaments an der Politik, für den Umgang der Mehrheit mit der Minderheit, für die Rechte (und die, freilich erst mit der Zeit erkannte, Nützlichkeit) der Opposition. Dadurch hat das englische Parlament auch auf dem Kontinent, und zwar in mehreren Schüben, Geschichte gemacht.

»Demokratisch« wurde England dadurch noch lange nicht. Es bedurfte mehrerer Reformen, 1832, 1867, 1884, bis alle Engländer, soweit sie männlichen Geschlechts waren, an den Wahlen teilnehmen konnten; das Frauenwahlrecht folgte erst 1918 für einen engeren Kreis, 1928 für alle. Erst 1872 wurde die geheime Stimmabgabe der Wähler eingeführt, erst 1911 das Vetorecht des Oberhauses gegen Beschlüsse des

Unterhauses derart eingeschränkt, daß es durch zweimaliges Votum der Commons erledigt werden konnte.

Im 19. Jahrhundert wurden die – seit den Kämpfen um die Staatskirche und die Rechte der Krone im letzten Drittel des 17. Jahrhunderts bestehenden – politischen Richtungen der Whigs und Tories zu großen Parteien. Die Entscheidung darüber, wer regieren sollte, gelangte praktisch an die Wählerschaft. Sie bezog sich vor allem auf den Premierminister, denn es bürgerte sich ein, daß der Führer der Unterhausmehrheit mit diesem Amt zu betrauen war. Die Regierung, in die ein nicht geringer Teil der Abgeordneten berufen zu werden pflegt, verfügt seitdem de facto über die Mehrheitsfraktion.

Parlamentarische Regierung in England ist eine auch gegenüber dem Parlament starke Regierung. Indem das Parlament die Regierung stellt, verlagert sich ein gut Teil seiner Macht dorthin, wird es eher von der Regierung (bei der auch die Initiative liegt) kontrolliert als umgekehrt.

Doch bleibt die Regierung im Parlament verwurzelt, hat dort Rede und Antwort zu stehen und begegnet dort einer Opposition, die die Aufgabe hat, Alternativen zu ihr zu entwickeln, um möglichst bei der nächsten Wahl ihrerseits die Mehrheit zu gewinnen. Die Selbstverständlichkeit, mit der der Regierung so große Spielräume konzediert werden, ist bestimmt durch zahlreiche Konventionen des Rechts (die besonders dem Parlament verdankt werden, die ihm gleichsam eingeschrieben sind) und durch die letztlich ihrer selbst sichere Erwartung, daß man sich allgemein daran hält. Die Öffentlichkeit der Sitzungen bietet nicht nur das Forum für viele Auseinandersetzungen, die Herausforderung zu angemessener Begründung der Politik, sondern auch die Gelegenheit zur Selbstvergewisserung. Nicht umsonst veranstaltet das britische Unterhaus in der Regel etwa doppelt so viele Plenarsitzungen wie der Bundestag, und sie dauern im Durchschnitt ungefähr doppelt so lange. Durch all dies zusammen wird es erübrigt, daß einer starken Regierung (wie in Amerika dem vom Volk gewählten Präsidenten) ein starkes Parlament gegenübersteht – oder daß unendlich vieles durch eine Verfassung und ein Verfassungsgericht gesichert wird wie in Deutschland.

Es ergibt sich damit im heutigen Großbritannien ein völlig anderes Verhältnis zwischen Parlament und Exekutive, als irgendwo anders denkbar wäre. Alles kann das Parlament bewirken, heißt es in einem berühmten Ausspruch, außer daß Männer Kinder bekommen. Nicht viel geringer ist die Macht der Regierung. Doch machen beide nur einen sehr bedingten Gebrauch von ihren Möglichkeiten.

Das britische Vorbild (wie es sich im 18. und 19. Jahrhundert darbot) konnte auf dem Kontinent vieles in Bewegung setzen, wirklich übernehmen ließ es sich aber nicht. Denn es war nicht nur historisch gewachsen, sondern die Geschichte, der es entstammte, bedingte auch seine Voraussetzungen und sein Wirken, im großen wie im kleinen.

Wo in Großbritannien Exekutive und Legislative um 1800 längst eng zusammenarbeiteten; wo zudem schon seit einiger Zeit alles darauf angelegt war, viele Abgeordnete an der Regierungsbildung und -politik, an der praktischen Verantwortung also teilhaben zu lassen – erwachte in Deutschland der Dualismus zwischen Fürst und Ständen neu und blieb bis tief ins 19., ja in der verwandelten Form der konstitutionellen Monarchie bis ins 20. Jahrhundert hinein wirksam. Der Fürst stützte sich auf einen mächtigen Beamtenapparat, Polizei, stehendes Heer und eine weitverbreitete Mentalität, in der seine Herrschaft als selbstverständlich verankert war. Nach Kant konnte nur ein starker Staat es sich leisten, im Innern Freiheit zu gewähren.

Der Dualismus wurde neu unterfüttert durch die Unterscheidung zwischen Staat und Gesellschaft. Das Parlament erschien gern als die Vertretung der Gesellschaft gegenüber der Regierung; in irgendeinem Sinne auch gegenüber »dem Staat«. Reste dieser Vorstellungen bestimmen ja noch heute unser Bild vom Parlament; wohl mehr, als angebracht ist. Die Gesellschaft aber war durch die Vielheit der Interessen, der »Sonderinteressen« bestimmt, während der Staat – und die Monarchie – die Einheit des Ganzen zu verkörpern intendierte, und zwar weithin überzeugend. Damit waren die Vorzeichen in einem für die Parlamente ungünstigen Sinn gesetzt.

Die deutschen Staaten waren und blieben bis 1918 – wenn man von den Freien Reichsstädten absieht – von Monarchen repräsentiert. Und das nicht nur im formalen Sinn. Vielmehr blieb der Fürst Souverän, er setzte die Regierungen ein und berief sie ab, wie er es für gut hielt.

Die Verfassungen, die nach 1815 in verschiedenen Staaten eingeführt wurden, entsprachen vielfach den wohlverstandenen Interessen der fürstlichen Regierungen, deren Werk sie zumeist auch waren. Denn es hatte sie ja nicht eine Bürgerschaft ertrotzt. Sie waren zwar in der Regel mit den »getreuen Ständen« beraten worden. Gelegentlich ist sogar von Zustimmung oder Vereinbarung die Rede. Doch wurden sie der Form und der Sache nach von den Monarchen »gegeben«, »erteilt«, »verordnet«, oder wie immer es heißen mochte. Eine Ausnahme bildete Württemberg, wo »durch höchste Entschließung und alleruntertänigste Gegenerklärung« eine »vollkommene beiderseitige Vereinigung«, ein Vertrag zustande kam. Die Fürsten pflegten sich auf die Einhaltung der Verfassung zu verpflichten, der König von Bayern etwa schwor, nach der Verfassung und den Gesetzen zu regieren, sämtliche Prinzen des königlichen Hauses mußten nach erlangter Volljährigkeit ebenfalls einen Eid auf die genaue Beachtung der Verfassung leisten, man wollte sich »fest und unverbrüchlich« daran halten. In aller Regel geschah das sogar auch. Doch konnten die Fürsten die Souveränität, auf der die Verfassungen beruhten, nicht teilen.

Die »Landtage«, die Ständeversammlungen bestanden fast überall aus zwei Kammern. Hier konnte man an das englische Vorbild anknüpfen. In der ersten saßen vielfach geborene oder vom Monarchen ernannte Mitglieder hohen Ranges. Die zweiten Kammern beruhten in der Regel auf Wahlen, diese jedoch erfolgten normalerweise innerhalb der Stände. Bestimmte, in der Verfassung festgelegte Zahlen von Abgeordneten wurden etwa von den Rittergutsbesitzern, den Städten, den Bauern, gelegentlich auch von »Handel und Fabrikwesen« bestellt. Im Königreich Sachsen etwa kamen den vier Ständen nach der Verfassung von 1831 20, 25, 25 respektive 5 Parlamentssitze zu. Das Wahlrecht war damals also nicht mal unter denen, die einen bestimmten Zensus erreichten, gleich. Doch gab es in einigen Ländern schon Wahlen nach Wohnbezirken, die – im Rahmen des Zensus – jedem Bürger die gleiche Stimme gaben, unabhängig von seinem Stand und nicht gemäß der ungleichen Verteilung der Sitze unter den Ständen. Man wählte dann gleichsam als Staatsbürger, nicht als Standesangehöriger. Und der Zensus konntc großzügig bemessen sein. Jedenfalls aber bedurfte, was die zweite Kammer beschloß, in der Regel des Einverständnisses der ersten; nur bei Haushaltsbeschlüssen reichte die absolute Mehrheit der Mitglieder beider Kammern aus.

Die Politik blieb in der Hand der Fürsten, ihrer Ministerien und Beamten. Die Parlamente konnten zwar über die Steuern beraten und beschließen; doch regelmäßig enthielten die Verfassungen die Bestimmung, daß sie die Bewilligung von Mitteln nicht von Bedingungen abhängig machen dürften. Und das ist in größerem Maße auch nicht geschehen. Übrigens waren mit den Beschlüssen über die Steuern nicht unbedingt solche über den Haushalt verknüpft. Steuererhebung galt als »Eingriff in die bürgerliche Freiheit«, da war das Parlament zuständig. Die Verwendung der Steuern dagegen sei »ein für die Rechtssphäre des Einzelnen indifferenter Vorgang«, mit dem das Parlament nichts zu tun haben sollte. Freilich ließ sich das auf die Dauer nicht trennen.

Das andere große Recht der Parlamente, die Gesetzgebung, bot ihnen zwar einigen Einfluß, doch beschränkten sich deren Materien auf begrenzte Bereiche. Zusätzlich waren die Landtage in vieler Hinsicht eingeschnürt. Das galt vor allem für ihre Verbindungen zu den Wählern, mithin die wohl wichtigste Kraftquelle des Parlaments. Durch das Verbot von öffentlichen Versammlungen war es bedingt, daß Abgeordnete ihren Wählern nicht einmal Rechenschaftsberichte geben konnten. Die Zeitungen durften über die Verhandlungen vielfach nur zensurierte Berichte bringen. Äußerungen, die mit einem Ordnungsruf belegt waren, durften gar nicht abgedruckt werden. Das Verhältnis zwischen Regierungen und Landtagen konnte sehr gespannt sein; die Parlamentarier wurden weitestgehend aus der Politik herausgehalten.

Und sie nahmen die ihnen zugedachte Rolle mehr oder weniger bereitwillig an. Die frühen Liberalen waren zumeist der Ansicht, Aufgabe der Abgeordneten sei es zum einen zu »deliberieren«, also zu beraten – in der Hoffnung, daß die verschiedenen Partikularinteressen und -meinungen sich dabei gegenseitig in Harmonie aufhöben, so daß sich im Kampf der Meinungen ein »vernünftiger Gesamtwille« herausstelle. Zum anderen hätten sie die Regierung zu kontrollieren; was voraussetzte, daß sie mit ihr – außer in Einzelpunkten – nicht gemeine Sache machten. Insgesamt strebte man nach einem Gleichgewicht (wenn sich die Waage auch allzu leicht zugunsten der Regierung zu neigen pflegte).

Es gab Gemäßigte, welche fanden, die Abgeordneten müßten mit den – in der Tat nicht wenigen – liberalen, reformfreudigen Beamten zusammenarbeiten, sie stärken, um mit ihrer Hilfe schrittweise voranzukommen; und das ginge nur kontinuierlich, nicht bloß von Fall zu Fall.

Die Staaten mußten sich damals in vielen Hinsichten modernisieren, um leistungsfähig zu bleiben, das hieß, um wirtschaftlich und militärisch mithalten zu können, auch um der eigenen Integration willen. Indem dies ein gewisses Maß an rechtlicher, wirtschaftlicher und gesellschaftlicher Emanzipation voraussetzte, trafen sich wichtige Interessen einer im ganzen aufgeklärten Administration mit denen des liberalen Bürgertums. Karl Theodor Welcker meinte, das Parlament habe eine Doppelfunktion: Neben dem Deliberieren und Kontrollieren könne es sich durchaus mittels seiner verschiedenen Gruppen an der Regierungsgewalt beteiligen.

Doch gegen die Gemäßigten standen die Doktrinäre. Sie befürchteten, das Parlament werde durch Teilnahme an der Politik geschwächt. Der Staat könne dann Abgeordnete zu sich hinüberziehen. Vor allem würde es schwieriger, den Anspruch aufrechtzuerhalten, daß das Parlament das Gesamtinteresse des Volkes gegenüber der monarchischen Staatsräson vertrete. Allzu gern wurde ihm nämlich vorgerückt, es verfechte nur partikulare Interessen, während die Staatsgewalt für das Ganze stehe. Dieser Kritik wollte man nach Möglichkeit keine Nahrung geben. »Der ständische Saal« verwandle sich durch Beteiligung an der Politik »aus einem der gemeinsamen Beratung über das *gemeinschaftliche Beste* gewidmeten Versammlungsplatz in ein *Kampffeld* für zwei sich streitende *Parteien*, und die Seele der repräsentativen Versammlung, die Idee eines durch ein möglichst lauteres Organ sich aussprechenden *Gesamtwillens*, da dieser nie ein *Parteiwille* sein kann, entschwindet«, schrieb der hessische Liberale Friedrich Murhard. Karl von Rotteck meinte, wolle man die »Rechte des Volkes gegenüber der Regierung« ausüben, so dürfe man weder im ganzen noch in Teilen an deren Gewalt partizipieren. Das ganze Parlament müsse Opposition sein.

Immer kommt es, gerade wenn ein Parlament überlegene Macht gewinnt, dazu, daß die Regierung aus einer Mehrheit unter den Abgeordneten hervorgeht, sich zumindest auf eine solche Mehrheit stützt, während sich die Minderheit in Opposition begibt. Die Macht eines Parlaments muß von einem bestimmten Punkt an wesentlich die Macht seiner Mehrheit sein. Umgekehrt pflegen Parlamente, von Ausnahmen abgesehen, Geschlossenheit nur gegen Regierungen zu entwickeln, über die sie nicht bestimmen können oder die keine Mehrheit braucht. Nur dann können sie beanspruchen, »die Gesellschaft« gegen »den Staat« zu vertreten. In der Ablehnung ist man sich viel leichter einig.

Dann aber eben ist man auch unterlegen. Man mag sich fragen, ob die Rolle des Parlamentariers, im potentiellen Einklang mit dem Haus, nicht einfacher, jedenfalls eindrucksvoller zu spielen ist, wenn man Opposition treibt. Und die Überlegenheit des Fürsten mag das damals in den deutschen Staaten zumeist nahegelegt, mag auch Mißtrauen genährt haben gegenüber der eigenen Kraft, sich in der Zusammenarbeit mit der Regierung durchzusetzen. Theorien wie die der Gewaltenteilung mochten einen darin bestärken. Noch war vieles offen; von englischen Verhältnissen war man ohnehin weit entfernt.

Seit den 30er Jahren des 19. Jahrhunderts belebte sich die Politik; die Parlamente entwickelten größeren Ehrgeiz, leisteten mehr Widerstand. Es bildeten sich im Bürgertum verschiedene politische Richtungen heraus, deren Anhänger sich in Vereinen zu organisieren begannen. Aus ihnen gingen mit der Zeit Parteien hervor. Die politische Landschaft belebte sich. Preußen, das lange Zeit durch Sparsamkeit die Bewilligung neuer Steuern hatte umgehen können, geriet schließlich finanziell in eine solche Notlage, daß der König die Provinziallandtage bemühen mußte. Sie weigerten sich, getrennt zusammenzutreten. 1847 wurde deswegen der Vereinigte Landtag einberufen, der in ganz Deutschland auf größtes Interesse stieß.

Das vielbelächelte »Professorenparlament«, das im Jahre darauf, als Errungenschaft der 1848er Revolution gebildet wurde und in der Frankfurter Paulskirche zusammentrat, bewies überraschend gute Fähigkeiten zur parlamentarischen Arbeit. Fraktionen wurden gebildet, von Vorständen dirigiert; Fraktionsdisziplin wurde geübt. Man verstand sich in bemerkenswerter Weise auch darauf, Gegensätze zu überbrücken, Kompromisse zu schließen, in einem Punkt zurückzustecken, um im anderen Wichtigeres zu erreichen. Trotz mancher Rücksichten, zu denen sich das Parlament genötigt sah, war es einen historischen Moment lang mächtig, gleichsam souverän als verfassunggebende Gewalt. Entsprechend wichtig wurden im gleichen Schritt die politischen Gruppierungen in seinem Innern.

Die Verfassung, die das Parlament entwarf, drang freilich nicht zu einem parlamentarischen System vor. Es wurde ein demokratisches, nämlich allgemeines, gleiches und geheimes Wahlrecht beschlossen. Der Reichstag sollte aus zwei Kammern, dem Staaten- und dem Volkshaus, bestehen, dieses direkt gewählt, jenes je zur Hälfte von den Regierungen und den Parlamenten der Bundesstaaten beschickt werden. Gemeinsam sollten sie Gesetze geben, die Regierung kontrollieren können, und sie bekamen das Recht zur Anklage von Ministern – vor Gericht. Von politischen Vertrauens- oder Mißtrauensvoten war dagegen nicht die Rede. Die Minister waren gegenüber dem Parlament nicht verantwortlich. Über das Reichsministerium schwieg sich die Verfassung überhaupt fast völlig aus. Klar war allerdings, daß es durch den Kaiser ernannt werden sollte; offen blieb, wer es abberufen konnte. Immerhin hatten die Kammern das Recht, die Anwesenheit der Reichsminister bei ihren Verhandlungen zu verlangen; diese hatten »Auskunft zu erteilen oder den Grund anzugeben, weshalb dieselbe nicht erteilt werden könne«. So waren wohl wenigstens die Voraussetzungen für eine Parlamentarisierung gegeben. In praxi hätte die Regierung sich vermutlich, zumal sie kaum Rückhalt bei der Monarchie gefunden hätte, weitgehend an das Parlament halten müssen.

Nach 1848 kehrte man zumeist, nachdem von den Monarchen während der Revolution verschiedene weitgehende Zugeständnisse gemacht worden waren, mutatis mutandis zum vorherigen Zustand zurück.

Der Reichstag des Deutschen Reiches seit 1871 sodann war dank des allgemeinen, gleichen und geheimen Wahlrechts der Männer, ohne jede Einschränkung durch Zensus, das Bismarck von der Paulskirche übernahm, nach damaligen Maßstäben wirklich eine Vertretung des ganzen Volkes. Dieses »Wahlrecht der Revolution« gab es in den europäischen Großstaaten damals sonst nicht. Der Reichstag bekam auch das Recht der Selbstorganisation. Selbst die Öffentlichkeit der Verhandlungen war zugestanden, auch Immunität, Straflosigkeit für alle Äußerungen und Abstimmungen im Parlament. Der Kaiser hatte allerdings – übrigens ebenfalls der Paulskirchenverfassung entsprechend – das Recht, den Reichstag aufzulösen. Vorgesehen war aber, daß binnen drei Monaten ein neuer Reichstag zusammentreten müsse. Diäten erhielten die Abgeordneten erst 1906; hier war Bismarck von der Paulskirche abgewichen, er hatte gefunden, daß die Abgeordneten aus eigenen Mitteln leben müßten; aber Freifahrscheine für die Bahn wurden ihnen sogleich zugestanden.

In den ersten Jahren brauchte die Regierung das Parlament besonders dringend, weil eine große Zahl von Materien nur durch Gesetze geregelt werden konnte. Es entspann sich, schon seit Gründung des Norddeutschen Bundes 1867, eine relativ enge, kontinuierliche Zusammenarbeit zwischen Bismarck und den Nationalliberalen. In vielen Punkten ließen sich ihre Interessen gut vereinen. So kam eine lange Reihe von Gesetzen zustande, die bemerkenswerte Reformen auf den Gebieten von Handel, Gewerbe und Industrie, Verkehr, Recht und Gesellschaft bewirkten. Ein einheitliches Aktienrecht, auch die Vereinheitlichung der Gerichtsverfassung wurde beschlossen. Privilegien wurden beseitigt, vielerlei Beengungen durch überkommene staatliche Reglementierungen aufgesprengt, die Bewegungsfreiheit der Bürger wurde erheblich erweitert, unter anderm mit der Folge, daß ein gesamtstaatlicher Arbeitsmarkt entstand. Die Liberalen setzten die Errichtung einer Reichsbank und den forcierten Aufbau einer Währung auf der Basis des Goldes durch. Rechtsgarantien wurden geschaffen, kurz, ein wesentlicher Beitrag zur Modernisierung von Wirtschaft und Gesellschaft geleistet.

In vielen Bereichen, dort, wo ihre wichtigsten, ihre unmittelbaren Interessen lagen, gewann die Bourgeoisie durch den Reichstag also große politische Entfaltungsmöglichkeiten. Sie konnten in gutem Zusammenwirken zwischen Parlament und Bürokratie aufs beste genutzt werden. Durch geschickte Taktik und kraftvolles Auftreten gewann das Parlament an Gewicht. Und es schien sich zu erweisen, daß »der Parlamentarismus ... am Ende doch nicht jenes fünfte Rad am Wagen« ist, »als welches eine wohlfeile Kritik ihn zu verspotten beliebt«. So drückte es einer der führenden und entschiedensten liberalen Parlamentarier, Ludwig Bamberger, aus. Und er nahm sich einiges vor: Man habe die Regierung nicht nur »in ihren freisinnigen Tendenzen« zu stützen, sondern auch »auf den rechten Weg zurückzuweisen, da wo sie von ihm ablenkt«.

Das ging so lange gut, wie Bismarck diese Zusammenarbeit brauchte. Gegen Ende des ersten Jahrzehnts des Reiches aber wandte sich der Kanzler von seinen Verbündeten ab. Die Zeiten hatten sich geändert, nicht zuletzt die wirtschaftlichen Bedingungen. Der Wind wehte den Liberalen ins Gesicht, bei der Neuwahl des Reichstags verloren sie zahlreiche Stimmen. Der Kanzler begann, mit wechselnden Mehrheiten zu regieren.

Indes hat der Reichstag auch in der anschließenden Zeit bis zum Ausbruch des Weltkriegs 1914 zeitweilig, und im ganzen zunehmend, eine bedeutende Rolle gespielt. Man spricht wohl zu Recht von einem Prozeß der »stillen Parlamentarisierung«.

Seine Gesetzesvorlagen waren keineswegs immer erfolgreich. Verschiedentlich scheiterten sie am Bundesrat, der Versammlung der Bevollmächtigten der »Verbündeten Regierungen«, der Bundesstaaten also, die das Reich 1871 gebildet hatten; der Bundesrat hat auch, oft im engen Einverständnis mit der Bürokratie, manch einem Vorhaben die Zähne gezogen. Allein die wachsende Komplexität der wirtschaftlichen und gesellschaftlichen Verhältnisse sowie vor allem auch der zunehmende Anspruch des Staates, in sie zu intervenieren, nicht zuletzt dessen sozialstaatliche Ambitionen brachten eine Fülle von Aufgaben für die Gesetzgebung mit sich. Man brauchte den Reichstag in hohem Maße. Entsprechend betrieben die Interessenverbände die Wahl eigener Vertreter oder suchten Abgeordnete auf ihre Forderungen festzulegen. Sie entwarfen vielfach die Gesetzesanträge und sorgten dafür, daß sie in Ausschüssen und Plenum Erfolg hatten und in den Ministerien und im Bundesrat nicht auf Widerstand stießen. Wie üblich stieg mit der Bedeutung des Parlaments die Zahl der Einwirkungen von außen. Aber die Bedeutung stieg eben auch. Und der Reichstag war auch nicht einfach willfährig. Viermal wurde er vom Kaiser aufgrund eines Bundesratsbeschlusses aus politischen Gründen aufgelöst; zweimal wegen Ablehnung von Heeresvorlagen, einmal, weil er den ersten Entwurf des Sozialistengesetzes nicht annehmen, und einmal, weil er die erwünschten Mittel zur Bekämpfung des Hottentottenaufstands nicht bewilligen wollte.

Doch zu einer parlamentarischen Regierung kam es nicht, obzwar die Reichsleitung sich zunehmend mit bestimmten Mehrheiten enger verbinden mußte. Der Einflußbereich des Reichstags blieb bei all seinen großen Erfolgen und Machtgewinnen eigentümlich begrenzt. Während auf weiten Feldern des wirtschaftlichen, gesellschaftlichen und privaten Lebens seine Gesetze herrschten, blieben zentrale Bereiche der Politik sowic die Verwaltung trotz seines Budgetrechts für ihn fast unerreichbar. Das Militärbudget mußte er zwar beschließen, aber zunächst auf sieben, später auf fünf Jahre im voraus. Und er hat sich dabei trotz zweimaligen Widerstands kaum Spielraum schaffen können. Die Reichsleitung behielt eine relative Autonomie, der Kanzler blieb allein vom Vertrauen des Kaisers abhängig. Das Militär, die Außenpolitik, die Verwaltung unterlagen weiterhin, vom Parlament kaum gestört, der Prärogative des Monarchen und seines Militär- und Zivilkabinetts, die etwa für alle Ernennungen und Beförderungen zuständig waren, sowie dem Reichskanzler. Als 1912 endlich wenigstens die Möglichkeit eines Mißtrauensvotums gegen Minister in der Geschäftsordnung vorgesehen wurde, war dem Reichstag im Grunde nur eine Form des Protests eingeräumt worden, dessen Folgen ganz ungewiß war. Er hat dann auch nur wenig damit ausgerichtet.

Vielleicht kann man es vergröbernd auf die Formel bringen, daß eine deutliche Trennlinie gezogen blieb, die der Scheidung von Staat und Gesellschaft korrespondierte. Der Reichstag blieb eher auf Gesellschaft und Wirtschaft als auf den Staat bezogen, er verharrte im Vorhof der Macht. Die Bildung der Regierung und viele ihrer Geschäfte, ja die Politik des Reiches konnte er kaum beeinflussen. Es entstand eine merkwürdige Scheidung zwischen sehr großer Bedeutung für die Gesetzgebung und relativer Bedeutungslosigkeit im Zentrum des Politischen.

Dahinter aber stand noch etwas anderes. Um es mit Theodor Schieders Worten zu sagen: »Die Kluft zwischen politischer und gesellschaftlicher Verfassung hat bewirkt, daß die Dominante der älteren deutschen Parteigeschichte der Gegensatz von Gouvernementalismus und Antigouvernementalismus geworden ist: Von oben wurde er schon unter Bismarck als der Gegensatz von Reichstreuen und Reichsfeinden bezeichnet. Hier handelte es sich nicht um das legitime Verhältnis von Opposition und Regierungsparteien, die ihre Stellung jederzeit wechseln konnten.«

Der Wechsel von der parlamentarischen zur Ministerkarriere war schon von Verfassungs wegen fast völlig ausgeschlossen. Der Reichstag entbehrte daher die so wichtige Funktion der Auslese und Ausbildung des politischen Führungspersonals. Da sich die Tätigkeit des Parlaments wesentlich im Reden und Beschließen von Gesetzen erschöpfte, war sie für den, der nach politischer, nach Teilhabe an der Regierungsverantwortung strebte, wenig anziehend, vor allem bot sie ihm wenig Herausforderungen. Der von vornherein gegebene starke ideologische Ansatz verschiedener deutscher Parteien konnte unter diesen Umständen nur bedingt relativiert werden. Es entstand ein »Hang zu oberflächlicher Gesinnungspolitik, der es in erster Linie um Beifall der eigenen Klientel zu tun war« (Wolfgang Mommsen). Im Rahmen des fortbestehenden Dualismus konnte man sich das ja auch leisten.

Gleichzeitig schottete sich die Bürokratie, zumal in Preußen, weitgehend gegen das Parlament ab. Die liberalen Beamten verloren am Ende der 70er Jahre des 19. Jahrhunderts wichtige Stellungen. Künftig herrschte ein zwar wohlausgebildeter, tüchtiger, unbestechlicher, aber stark auf konservative Gesinnungen festgelegter Beamtentyp vor. Die Minister kamen zumeist aus der Beamtenschaft, und diese legte großen Wert darauf, diese Möglichkeit des Avancements für sich zu bewahren.

Angesichts des bedeutenden Ansehens »des Staates« in der bürgerlichen Gesellschaft konnte sich auch die Kommunikation zwischen Parlament und Gesellschaft nicht so entfalten wie etwa in England oder Frankreich. Zusätzlich verringerte der tiefe Graben, den nicht nur die regierende Bürokratie, sondern auch die bürgerlichen Parteien zumeist zwischen sich und der Sozialdemokratie ausgehoben hatten, die politischen Chancen des Parlaments. Man war sich zu wenig über die Parteigrenzen hinweg einig. In der SPD mußte der Wille zur parlamentarischen Arbeit erst mühsam heranwachsen. Während in England die Arbeiter lange Zeit von der liberalen Partei mit vertreten wurden, eine Arbeiterpartei erst seit 1900, und zwar zunächst als Juniorpartner der Liberalen, existierte, hatten sich in Deutschland sozialistische Parteien schon in den sechziger Jahren des 19. Jahrhunderts, die SPD selbst im Jahre 1869, gebildet. In England ergab sich ein gleitender Übergang der Arbeiterpartei ins Parlament, in Deutschland dagegen lagen in der SPD diejenigen, die im Parlament mitreden wollten, noch lange im Streit mit denen, denen es eher um die Revolution ging.

Der »Parteienstreit« nahm sich in den Augen der Öffentlichkeit, zum Teil der Parlamentarier selbst, vielfach ungünstig aus, verglichen mit der scheinbar einheitlichen Führung des Staates, und es machte sich bemerkbar, daß die Bourgeoisie nicht hinreichend eingespannt war in den politischen Kampf.

Es hat nicht an Forderungen gefehlt, die Reichsverfassung in parlamentarischem Sinne fortzubilden, insbesondere auch die »Reichsminister« dem Parlament gegenüber verantwortlich zu machen. Gelegentlich ist das Gewicht des Parlaments anspruchsvoll zur Geltung gebracht worden. Aber es ist nicht dazu gekommen, daß führende Parlamentarier unbeugsam mit Ausdauer, Phantasie und Risikobereitschaft – und gestützt auf große Teile des Hauses wie der deutschen Bürgerschaft – den Kampf um die Regierung aufgenommen hätten. Es mangelte weithin schon am Willen dazu, wobei zum einen Ängste vor sozialistischen Umwälzungsplänen im Spiel waren – im Zweifel verließ man sich dagegen doch ganz gerne auf die Staatsmacht –, zum andern haperte es zwar nicht an der Bereitschaft verschiedener Parteien, auch abweichend von den eigenen Überzeugungen der Regierung immer wieder nachzugeben, jedoch an der Fähigkeit zum Kompromiß mit andern Parteien. Schließlich kam es immer wieder vor, daß die Erlangung von Vorteilen zugunsten der eigenen Klientel wichtiger erschien als das gemeinsame parlamentarische Interesse.

Um mit den Worten Max Webers zu sprechen: Statt »reale Macht der Volksvertretung *gegenüber* der Krone« anzustreben, kam es immer wieder dazu, daß man sich mit »persönlichen Bonbons« aus deren Händen zufriedengab. Die Regierung war zwar vom Reichstag des Budgets wegen abhängig, doch den Hebel, den der damit in seine Hand bekam, hat er kaum dazu genutzt, den Zugang zur Politik zu verbreitern. Verschiedentlich, etwa nach Bismarcks Abgang, taten sich politische Vakuen auf, die das Parlament hätte besetzen können. Doch auf eine Kraftprobe wollte man es nicht ankommen lassen. Es wäre auf einen Wechsel der Führungsschicht hinausgelaufen. Offensichtlich traute man es sich nicht einmal zu, aus den eigenen Reihen zusammen mit andern Parteien eine Regierung zu bilden. Man wollte sich wohl auch der Regierungsdisziplin nicht aussetzen. Das heißt, bei allem Ärger und Unwillen war man zu schwach, die wichtigsten politischen Funktionen eines modernen Parlaments in Anspruch zu nehmen und fügte sich in das vorgefundene System der kaiserlichen Regierung.

Max Weber fand bei den Parteien der Kaiserzeit geradezu einen »Willen zur Ohnmacht« am Werk. Das Niveau des Parlaments bestimme sich von daher, ob dort »große Probleme nicht nur beredet, sondern maßgeblich entschieden werden – ob also etwas und wie viel darauf ankommt, was im Parlament geschieht oder ob es nur der widerwillig geduldete Bewilligungsapparat einer herrschenden Bürokratie ist«. Welcher ehrgeizige, nach Macht und Verantwortung strebende Politiker solle sich dorthin begeben, »wenn höchstens die Chance besteht, ein paar Budgetposten so zu ändern, wie es die Interessen ihrer Wähler wünschenswert machen?«. Männer mit Führungsqualitäten würden geradezu niedergehalten.

So blieb das Parlament bei allem Einfluß, bei aller Unentbehrlichkeit beschränkt auf eine »negative Politik« (Max Weber). Man soll die Vorgeschichte des deutschen Parlamentarismus, der dann in der Weimarer

Republik beginnt, nicht geringschätzen. Aber es bleibt bestehen, daß sie im Politischen sehr viel zu wünschen übrig ließ. Der Reichstag war kein wirkliches Kraft-, kein Willenszentrum. Seine Stellung war nicht ertrotzt und sie wurde nicht aus eigener, konfliktbereiter, ehrgeiziger Politik weiter ausgebaut. »Die deutsche Parlamentsgeschichte kennt kein einziges Beispiel einer wirklich kraftvollen Obstruktion«, hat Wilhelm Hennis bemerkt.

Letztlich fehlte es an der Bürgerschaft, die vom Parlament eine entschiedene Verfechtung und Wahrnehmung seiner Rechte als Volksvertretung, auch über das ursprünglich Zugebilligte hinaus, hätte erwarten, die sich auf das Spiel von Mehrheit und Minderheit hätte einlassen, die sich in größerem, weiterem Umfang mit Parteien und ihren Kompromissen hätte identifizieren müssen. Einer Bürgerschaft, die zur Mitsprache nicht nur bereit, sondern willens war, sowohl gemeinsam als auch nach Parteien getrennt. So konnte das Parlament in einer Zeit, da ein Übermaß neuer Kräfte sich bildete, diese nicht wirklich in die Lenkung der Politik hineinzwängen.

So konnte dem Deutschen Reich auch nicht zugute kommen, was Heinrich VIII. durch das Parlament als Stärke erfuhr; was es gerade im Ersten Weltkrieg dringend hätte brauchen können.

Ins Zentrum der Politik rückte der Reichstag erst, als der Erste Weltkrieg verloren war; und als er die ganze Last des ungünstigen Friedensschlusses übernehmen sollte. Durch die Weimarer Verfassung erhielt er die Rechte, die ein demokratisches Parlament haben muß. Freilich machte die Verfassung zugleich den Reichspräsidenten stark, als »Ersatzkaiser«. Er wurde direkt vom Volk gewählt, konnte sich also auf eine eigene demokratische Legitimation stützen. Bei ihm lag der Oberbefehl über die Armee, die er im Notfall auch innenpolitisch einsetzen konnte.

Er hatte das Recht, den Reichskanzler und die Reichsminister zu ernennen und zu entlassen. Nur waren diese jetzt vom Vertrauen des Reichstags abhängig. Damit legte es sich nahe, daß der Reichspräsident vor der Ernennung bei den Fraktionen Sondierungen unternahm; daß er darauf sah, daß sein Kandidat auch eine Mehrheit bekam. Doch grundsätzlich lag, der Verfassung nach, die Initiative bei ihm, es war keine Wahl des Kanzlers durch das Parlament vorgesehen. Die Parteien brauchten also nicht von sich aus Koalitionen zu bilden, um einen Kandidaten zu präsentieren und zu wählen. Womit zumindest eine Herausforderung zu einer der bedeutendsten parlamentarischen Aktivitäten entfiel. Das Parlament konnte verhindern, daß jemand regierte, aber nicht bestimmen, wer regieren sollte. Außerdem hatte der Präsident das Recht, den Reichstag aufzulösen. Schließlich konnte er, wenn es ihm gut schien, vom Parlament verabschiedete Gesetze dem Volk zur Abstimmung vorlegen (übrigens konnten Gesetze auch von andern beim Volk beantragt werden).

Insofern war es ein »gezügelter Parlamentarismus« (Weber), zu dem man sich in Weimar entschloß. Man hatte Angst vor einem »Parlamentsabsolutismus«. Irgendwo scheinen noch alte Vorstellungen vom neutralen Staat herumgespukt zu haben, ein gewisses Mißtrauen gegen das Parlament und vor allem gegen die in ihm wirksamen Parteien. Gustav Radbruch sprach von einer »Prüderie« gegenüber den Parteien.

Daß die Weimarer Republik es so schwer hatte, lag gewiß auch an den außerordentlich großen Problemen, denen das Reich nach dem verlorenen Krieg, aufgrund von Reparationen, Inflation und Wirtschaftskrise, aufgrund auch von tiefer innerer Verunsicherung konfrontiert war. Wenn sie es aber so unendlich schwer hatte, es angemessen damit aufzunehmen, so war dies vornehmlich durch die Parteienkonstellation bedingt. Die Parteien waren nicht in ausreichendem Maße koalitionsfähig, schließlich waren die verfassungsfeindlichen Parteien so stark – erhielten 1932 zusammen gar die absolute Mehrheit –, daß die Bildung regierungsfähiger Mehrheiten so gut wie unmöglich wurde. Das Parlament wurde nahezu handlungsunfähig; und die Chancen, daran etwas zu ändern, waren am Schluß verspielt.

Was es ausmachte, daß die parlamentarische Tradition von der Kaiserzeit her nicht sehr stark war; daß das Parlament – ganz anders als das englische, auch als das französische – in den Erwartungen des Volkes nicht wirklich verankert war; daß dahinter nicht eine lange Geschichte sei es des parlamentarischen Kampfes um Recht und Regierung, sei es der Revolution, kein Sieg des Parlaments stand; daß schließlich die Verfassung dem Reichstag die Verantwortung für den Staat vorenthielt? Das ist schwer zu sagen. Auch wie die lange Tradition der überlegenen Staatsmacht und – korrespondierend dazu des Anhängens an Vorstellungen von Dualismus und Gleichgewicht – die Arbeit des Weimarer Reichstags erschwerte, muß offenbleiben. Vielleicht hätten sich die Parteien in einem »politischen« Parlament besser zusammenraufen können, hätten nicht soviel Macht der Straße überlassen müssen.

Die Kluft zwischen den Parteien war jedenfalls so tief, die Heftigkeit, mit der verschiedene von ihnen ihren Ideologien anhingen, so bestimmend, daß große Teile des Volkes sich im Reichstag insgesamt nicht wirklich repräsentiert sehen konnten. Denn »der repräsentative Charakter einer frei gewählten Körperschaft besteht nur so lange, wie das allgemeine Bewußtsein den Willen der Parlamentsmehrheit als identisch mit dem Gesamtwillen des Parlaments und diesen als identisch mit dem Gesamtwillen der Nation anzuerkennen bereit ist« (Ernst Rudolf Huber). »Das Mehrheitsprinzip kann als friedliche Konfliktlösung im Einklang mit dem ihm immanenten Gleichheitsprinzip, das auch für die Minderheit gilt, nur so lange funktionieren, wie es auf einer Ordnung aufbaut, die ihrerseits auf Konsens gründet« (Wolfgang Jäger).

Der Neuanfang nach dem Zweiten Weltkrieg war durch die bitteren, schlimmen Erfahrungen von Weimar stark begünstigt; mehr noch durch den Zusammenbruch des Staates, der nun – im Westen des Landes – von einer parlamentarischen Regierung neu aufgebaut werden mußte; durch die Erkenntnis einer demokratischen und parlamentarischen Gemeinsamkeit über alle Gegensätze hinweg, die nicht zuletzt aus dem gemeinsamen Leiden vieler Demokraten unter dem nationalsozialistischen Regime erwuchs. So stellte sich nicht mehr die Frage, ob, sondern nur mehr diejenige, wie das Volk durch das Parlament repräsentiert ist, wie sich etwa eine möglichst adäquate Vertretung im Parlament durch das Wahlrecht bewirken läßt. Das Grundgesetz sorgte dafür, daß die parlamentarische Demokratie in einer Konsequenz verwirklicht wurde, die selten ist; es hat die Spielräume seiner Entscheidungen zugleich begrenzt – und ein Bundesverfassungsgericht als »verfassungsrechtliche Versicherung gegen überhöhte Risiken des politischen Prozesses« (Isensee) eingerichtet und stark gemacht. Ob damit die Traditionen des alten Reichstags schon ganz aufgehoben sind, ist eine ganz andere Frage. Die starke Konzentration des Bundestags auf Gesetzgebung, sein enormer Fleiß, sein Arbeitseifer zum Beispiel könnten ja nicht nur durch Eigenarten unseres nach Isensee »rührend legalitätsbedürftigen Volkes« bedingt sein.

Geschichte und Gegenwart bieten genügend Beispiele für das institutionelle Potential des Parlaments. Was im Mittelalter angelegt wurde und sich unter den so besonderen Umständen der britischen Geschichte zu voller Blüte entfaltete, ließ sich in die verschiedensten Länder und Kulturen verpflanzen.

Doch muß man unterscheiden. Mit der bloßen Einrichtung eines solchen Hauses ist nicht viel getan; sie mag gar über vieles hinwegtäuschen, was alles andere als demokratisch ist. Der Reichstag des NS-Regimes und die Volkskammer der DDR zeigen, ganz abgesehen von der fehlenden Wahlfreiheit, wie gut auch totalitäre Regime sich mit Parlamenten schmücken können.

Doch auch die Freiheit der Wahlen und die Gewährung der Rechte, die ein Parlament für eine ungestörte Arbeit braucht, machen zunächst nur das Parlament arbeitsfähig. Der Reichstag des Bismarckreichs hatte durchaus das notwendige Recht der Selbstorganisation. Seine Verhandlungen waren öffentlich, und die Verfassung garantierte: »Wahrheitsgetreue Berichte über Verhandlungen in den öffentlichen Sitzungen des Reichstages bleiben von jeder Verantwortung frei« (was freilich nicht ausschloß, daß gekürzte Berichte nicht als wahrheitsgetreu, sondern als tendenziös hingestellt wurden).

Die Grundrechte der Abgeordneten, die heute in Artikel 46 des Grundgesetzes garantiert werden, schließen sich im wesentlichen an die Artikel 30 und 31 der Verfassung des Deutschen Reichs von 1871 an: »Ein Abgeordneter darf zu keiner Zeit wegen seiner Abstimmung oder wegen einer Äußerung, die er im Bundestage oder in einem seiner Ausschüsse getan hat, gerichtlich oder dienstlich verfolgt oder sonst außerhalb des Bundestages zur Verantwortung gezogen werden. Dies gilt nicht für verleumderische Beleidigungen. Wegen einer mit Strafe bedrohten Handlung darf ein Abgeordneter nur mit Genehmigung des Bundestages zur Verantwortung gezogen oder verhaftet werden, es sei denn, daß er bei Begehung der Tat oder im Laufe des folgenden Tages festgenommen wird. Die Genehmigung des Bundestages ist ferner bei jeder anderen Beschränkung der persönlichen Freiheit eines Abgeordneten oder zur Einleitung eines Verfahrens gegen einen Abgeordneten gemäß Artikel 18 erforderlich. Jedes Strafverfahren und jedes Verfahren gemäß Artikel 18 gegen einen Abgeordneten, jede Haft und jede sonstige Beschränkung seiner persönlichen Freiheit sind auf Verlangen des Bundestages auszusetzen.« (Artikel 18 betrifft die mögliche Verwirkung von Grundrechten).

Schon damals also war die Freiheit und Sicherheit parlamentarischer Arbeit gegeben, und der Rechtsstaat bot die Garantie dafür, daß die Unabhängigkeit des Abgeordneten auch nicht dadurch unterlaufen wurde, daß, wer davon einen herausragenden Gebrauch machte, etwa einem ganz zufällig eintretenden Verkehrsunfall oder einem Mordanschlag, mit dem die Staatsmacht rein gar nichts zu tun hat, anheimfiele. Der Reichstag war in der bürgerlichen Gesellschaft durchaus respektiert – ganz im Gegensatz zur Weimarer Republik, wo man ihn gerne als »Quatschbude« oder ähnlich herabwürdigte.

Nur eben – damit das Parlament wirklich ins Zentrum der Politik einrückt, reicht das nicht. Und dazu muß nicht nur Budgetrecht und Gesetzgebung ihm zugestanden werden, sondern er muß auch die Politik, direkt oder indirekt, bestimmen. Wie das Beispiel der Weimarer Republik aber zeigt, ist selbst dies nicht genug, um eine funktionierende Demokratie zu gewährleisten.

Es geht also nicht nur um das Verfassungsrecht, sondern auch um die Verfassungswirklichkeit. Damit die den Regeln einer parlamentarischen Demokratie genügt, muß das Parlament sich auf die Bürgerschaft, aus der es hervorgeht, stützen können. Eine Bürgerschaft, die dieses parlamentarische Regime nicht nur will, sondern auch tragen kann, aufgrund sowohl gemeinsamer politischer Überzeugungen als auch gegensätzlicher politischer Willensrichtungen, die sie zu tolerieren und zu kultivieren und dem Spiel von Mehrheit und Minderheit, von Sieg und Niederlage anheimzugeben bereit ist. Eine Bürgerschaft, die nicht an der »Wasserscheu des deutschen Spießbürgertums vor dem Eintauchen in die spezifisch moderne Problemlage« leidet, nicht an der »Feigheit vor der Demokratie« (Max Weber). Eine Bürgerschaft, die sich als zusammengehörig empfindet und erfährt – und sich und ihre Verhältnisse, soweit es geht, politisch unter die eigene Kontrolle bringen will.

Es gehört zur deutschen Tradition, daß, sofern und sobald ein gesamtdeutscher Staat entworfen oder geschaffen wird respektive eine Verfassung erhält, neben dem von den Bürgern gewählten Parlament ein »Staatenhaus« (1849), Reichsrat (1919) oder Bundesrat (1871, 1949) steht.

Nur in der Paulskirchenverfassung sollte er je zur Hälfte von den Regierungen und den Parlamenten der Einzelstaaten besetzt werden. Sonst war und ist er immer das Haus der Abgesandten der verschiedenen Regierungen; ein »Gesandtenkongreß« dem Stil nach; es gibt nicht mal ein Ordnungsrecht für die Sitzungen; in manchem aber auch ein Parlament der Oberregierungsräte (Theodor Heuss); so daß sich hier ein Exekutivföderalismus ausgebildet hat. 1971/72 hat man erwogen, die von den Länderregierungen entsandten Bundesratsmitglieder durch Landesparlamentarier oder durch innerhalb der Länder zu wählende Senatoren zu ergänzen, doch ist dies von der entsprechenden Enquetekommission des Bundestages nicht empfohlen worden.

Aufgabe des Bundesrats war stets – und zumal im Bismarckreich, das von den verbündeten deutschen Staaten her gegründet worden ist – die Wahrnehmung der Interessen der Länder und ihrer Fürsten respektive Regierungen. Doch war damit zugleich gegeben, daß auch gemeinsame Interessen aller oder jedenfalls mehrerer Regierungen – genauer gesagt: von solchen, die seine Mehrheit ausmachen konnten – mit Hilfe des Bundesrats verfochten werden konnten. Der Bundesrat von 1871 war wesentlich ein Instrument der preußischen Regierung, die über 17 von 58 Stimmen verfügte. Der Reichsrat der Weimarer Republik hatte in vieler Hinsicht ähnliche Rechte wie der heutige Bundesrat; falls er Einspruch gegen ein vom Reichstag beschlossenes Gesetz einlegte, konnte der Reichspräsident dagegen einen Volksentscheid anordnen (oder, falls der Reichstag mit Zweidrittelmehrheit abstimmte, das Gesetz trotzdem verkünden).

»Die Gliederung des Bundes in Länder« und »die grundsätzliche Mitwirkung der Länder bei der Gesetzgebung« werden im Grundgesetz als auf keine Weise zu verändernde Grundlagen der Republik festgelegt.

Im Bundesrat pflegen Länder- und Parteiinteressen zu konkurrieren. Wo die Länder insgesamt gegen den Bund stehen oder wo einzelne Länder von der Gesetzgebung besonders betroffen sind, spielen die Parteiinteressen keine oder jedenfalls keine große Rolle. Sie sind jedoch gravierend, wenn in der Mehrheit der Länder Parteien an der Regierung sind, die auf Bundesebene die Opposition bilden.

Die Phasen, in denen die Mehrheiten in Bundestag und Bundesrat von den gleichen Parteien gestellt werden, machen ein knappes Drittel der Geschichte der Bundesrepublik aus, und etwa gleich lang sind diejenigen, in denen die Bundestagsopposition im Bundesrat über die Mehrheit verfügte. In den anderen Fällen geben neben solchen Regierungen, deren Mehrheit der Mehrheit in der Opposition oder im Bund zuneigt, jene Regierungen den Ausschlag, welche von Parteien gebildet werden, die auf Bundesebene sowohl der Regierungskoalition wie der Opposition angehören.

Schon Hermann Ehlers hat 1953 darüber geklagt, daß der Bundesrat nicht nur als Repräsentanz und Vertretung der Interessen der Länder, sondern sich als eine Art Oberhaus verstehe. Er meinte, wenn man in Deutschland – nach amerikanischem Vorbild – einen Senat wünsche, so solle man ihn einrichten; er dürfe dann aber nicht aus Delegierten der Länderkabinette mit gebundener Marschroute bestehen. Doch ist die Macht der Landesregierungen offensichtlich vom Grundgesetz gewollt, auch wenn man sich bei dessen Beratung nicht unbedingt darüber im klaren gewesen sein muß, wie sehr durch diese Kammer die Bundesregierung samt der Bundestagsmehrheit in verschiedenen Hinsichten blockiert werden können. Denn anders als das englische Oberhaus, das seit 1911 gegen Gesetze nur mehr ein zweimaliges aufschiebendes Veto besitzt, kann der Bundesrat Gesetze auch verhindern – wenn man sich nicht mit ihm zu Kompromißlösungen zusammenfindet.

Im Effekt wird jedenfalls der Spielraum des Bundestags durch den Bundesrat potentiell verengt, auch wenn die Zahl der Gesetze, die dadurch gescheitert sind, relativ beschränkt ist. Sie beläuft sich zwischen 0,3 und 3,1 Prozent der vom Bundestag verabschiedeten Gesetze, worunter sich sowohl Steuer- und Haushaltsgesetze wie solche über die Jugendzahnpflege oder den Schutz vor Verkehrslärm von Straßen- und Schienenwegen finden können.

Größer ist die Zahl jener Gesetze, die ganz oder in einzelnen Bestimmungen vom Bundesverfassungsgericht für nichtig oder nicht vereinbar mit dem Grundgesetz erachtet werden. Und auch hier sind wiederum wichtige Gesetze betroffen, wie zum Beispiel immer wieder das Einkommensteuergesetz, Gesetze über das Brief-, Post- und Fernmeldegeheimnis, über Wahlrecht und Parlamentsrecht – wie das Gesetz zur Änderung und Ergänzung kleingartenrechtlicher Vorschriften, oder dasjenige über den Verkehr mit Milch, Milcherzeugnissen und Fetten, das Eisenbahnkreuzungsgesetz und das Gesetz zum Schutze der Berufsbezeichnung »Ingenieur«.

III.

Wahlen, Abgeordnete, Parteien

Bestimmungen über das Wahlrecht im Grundgesetz – Verhältnis- oder Mehrheitswahlrecht. »Mit der Personenwahl verbundene Verhältniswahl«. Wahlrechtsänderungen und die Zahl der Abgeordneten – Kombination lokaler und überregionaler Interessen. Die Wahl von Personen, vor allem aber von Parteien und Koalitionen – Wie wird das Volk repräsentiert? – Möglichkeit zur Auflösung des Parlaments – Der nur seinem Gewissen unterworfene Abgeordnete – Das Problem der Parteien – Staat und Partei – Deutsche Parteien in Kaiserreich und Weimarer Republik – In der Bundesrepublik – Fragen nach der Eigenständigkeit des Parlaments

Es gehört zur demokratischen Form und Funktion des Parlaments, daß seine Abgeordneten vom Volk gewählt werden. Begründete Aussicht auf einen Parlamentssitz haben heute in aller Regel nur mehr Kandidaten, die von Parteien aufgestellt werden. Die Parteien legen im Wahlkampf Programme oder zumindest gewisse Absichten dar, damit den Wählern ein mehr oder weniger deutlicher Eindruck davon vermittelt wird, was sie erwartet, wenn sie – allein oder zusammen mit andern – die Wahl gewinnen. Sodann wird die Politik in Parlament und Regierung weitgehend von den Mehrheitsparteien bestimmt.

Die Abgeordneten der einzelnen Parteien bilden die Fraktionen des Bundestags. Diese aber müssen sehen, entweder die Politik der Regierung (als Mehrheit) zu unterstützen oder Opposition zu treiben. Sie erwarten in der Regel von ihren Mitgliedern, daß sie bei Abstimmungen geschlossen votieren; dahin zielt die sogenannte Fraktionsdisziplin. Daß Fraktionen die Abstimmung freistellen – wie etwa beim Beschluß über die Frage, ob Berlin künftig Hauptstadt sein solle, oder bei dem über die Abtreibung –, ist die Ausnahme. Dabei heißt es in Artikel 38 Absatz 1 Satz 2 des Grundgesetzes von den Abgeordneten des Bundestags: »Sie sind Vertreter des ganzen Volkes, an Aufträge und Weisungen nicht gebunden und nur ihrem Gewissen unterworfen.« Was zumindest für Außenstehende die Frage nahelegt, wieweit der »Fraktionszwang«, wovon man dann gerne spricht, damit vereinbar ist. Viele verschiedene Antworten sind darauf schon gegeben worden.

Das Problem ist jedenfalls für das Verständnis parlamentarischer Arbeit zentral. Nicht weniger gilt das für die Frage, wieweit der Bundestag vor allem ein Gefäß ist, das verschiedene Parteien so weit besetzen, daß sie, je nach Wahlergebnis, ihre Politik, zumal in der Form des Haushalts und der Gesetzgebung, nach vorangegangener Diskussion ratifizieren lassen können. Wobei es vor allem von den personellen Konstellationen abhängt, ob und wie etwa die Abgeordneten die Regierung beeinflussen und wie sich die Macht zwischen Fraktion und Partei verteilt.

Oder kann der Bundestag auch als solcher, als »Volksvertretung«, ein eigenes Gewicht geltend machen, um nicht nur von Parteien benutzt zu werden, sondern ihr Wirken auch selbst mit Beschlag zu belegen? Dann müßte in ihm und durch ihn eine bestimmte institutionelle Rolle gespielt werden, die Rolle eben des Parlaments. Geht »das Volk«, das in ihm vertreten ist, in den Interessen der verschiedenen Parteien auf und besteht seine Gemeinsamkeit nur dort, wo die Parteien sich einig sind? Oder muß das Parlament seine Sache nicht auch wahrnehmen, wo es als Summe der Regierten durch die Regierung betroffen ist? Neben dem politischen Gegeneinander von Regierung und Opposition steht das institutionelle Gegenüber von Parlament und Regierung: Sollte dem nicht auch eine eigene Rolle entsprechen?

»Die Abgeordneten des Deutschen Bundestages werden in allgemeiner, unmittelbarer, freier, gleicher und geheimer Wahl gewählt.« So deutlich, so genau in fünf verschiedene Hinsichten spezifiziert bestimmt das Grundgesetz in Artikel 38 Absatz 1 Satz 1 den Charakter der Wahl. Offenbar ist das nötig, und historisch gesehen verstehen sich diese Festlegungen nicht von selbst. Es finden darin vielerlei Erfahrungen und langwierige Bestrebungen ihren Niederschlag. Anderes dagegen, etwa die Entscheidung zwischen Mehrheits- und Verhältniswahlrecht, bleibt ebenso offen wie zahlreiche Einzelheiten, die nur durch das Bundeswahlgesetz geregelt werden.

Daß die Wahlen geheim sein sollen, ist noch im Paulskirchenparlament nicht einmütig anerkannt worden. Eine Reihe von Liberalen meinten damals, nur die öffentliche Wahl zwinge den Wähler, von seinen bloß privaten Interessen abzusehen und sich zu Überzeugungen in Hinsicht auf das Ganze zu bekennen. Das sei ein Ausdruck der Freiheit der Stimmabgabe. Die »Linken« freilich, auch unter den Liberalen, haben dagegengehalten und sich schließlich durchgesetzt. In der Tat hätte die mündliche Stimmabgabe, »im Durchgang« vor Augen und Ohren der Wahlkommission, oder die Eintragung in Listen im Interesse derer gelegen, die größere Teile der Wählerschaft in Abhängigkeit halten wollten.

Wie im Reichswahlgesetz von 1849 ist die geheime Wahl später auch in der Kaiserzeit und der Weimarer Republik zwingend gewesen. Sie hatte schriftlich zu erfolgen, und zwar durch »Stimmzettel ohne Unterschrift«, wie es 1849 ausdrücklich hieß. Auch die DDR-Verfassung räumte den Bürgern geheime Wahlen ein, doch wurde erwartet, daß sie keinen Gebrauch davon machten. Womit dieses Recht für alle wertlos wurde; denn wer sich darauf berief, machte sich schon verdächtig. Die Bundeswahlordnung dagegen sieht sehr genau darauf, daß jeder seine Stimme geheim abgibt. »Der Wahlvorstand hat einen Wähler zurückzuweisen, der [...] seinen Stimmzettel außerhalb der Wahlzelle gekennzeichnet oder in den Wahlumschlag gelegt hat« (§ 56 Absatz 6. Nr. 4). In England ist die geheime Wahl erst 1872 eingeführt worden.

Daß die Wahlen frei seien, wurde in früheren Verfassungen nicht immer verfügt. Es war 1949 besonders aktuell aufgrund der Erfahrung der Manipulation von Wahlen. Damit ist verfassungsmäßig festgelegt, daß jeder und jede Partei kandidieren kann, der oder die die gesetzlichen Voraussetzungen dafür erfüllt, daß sie frei werben können, daß keiner beim Zugang zu den Wahllokalen behindert wird.

Während man sich bei diesen beiden Sicherungen auch heute noch in einigen Ländern vorstellen kann, daß sie nicht eingehalten werden, scheint die Notwendigkeit, die Allgemeinheit, Gleichheit und Unmittelbarkeit der Wahlen zu postulieren, der Geschichte anzugehören.

Die Vermittlung durch »Wahlmänner« oder, wie es auch hieß, »Elektoren« sollte im 19. Jahrhundert wie ein Sieb dafür sorgen, daß nicht unüberlegte Meinungen und Leidenschaften der »Urwähler« sich direkt in der Zusammensetzung der Parlamente niederschlugen. Man glaubte, daß jene, eventuell nach vorheriger Beratung, besser in der Lage seien als die »Urwähler«, die rechten Kandidaten zu bestellen.

Gemeint war offenbar, daß angesehene Männer diese Vermittlungsfunktion wahrnahmen (wobei übrigens die württembergische Verfassung von 1819 Vorkehrungen für den Fall vorsah, daß sie nicht schreiben könnten). Beim amerikanischen Senat erreichte man den gleichen Effekt, indem man dessen Mitglieder (bis 1911) von den Legislativen der einzelnen Staaten wählen ließ (während das Repräsentantenhaus aus unmittelbaren Wahlen hervorging); der Präsident wird noch heute durch Wahlmänner gewählt. Auch die französische Verfassung von 1791 sah indirekte Wahlen vor. In England hat das Institut nie eine Rolle gespielt, offenbar weil die Parlamentswahlen, die ursprünglich auf einen recht kleinen Kreis von Wählern beschränkt waren, von vornherein unmittelbar waren und daran in der Folge auch nichts mehr geändert werden konnte.

»Wahlmänner« haben einen Sinn bestenfalls in einer Zeit, in der die Politik in der Hand von Honoratioren liegt. Sie brauchen ein freies Mandat. Sobald im wesentlichen Parteien zur Wahl stehen, sind sie sinnlos; daß die Wahl des amerikanischen Präsidenten eine Wahl von Elektoren ist, wird heute normalerweise in den Berichten darüber selten auch nur erwähnt; denn die Wahlmänner sind durch imperatives Mandat je auf einen Kandidaten festgelegt. Überdies wäre das Mißtrauen gegenüber den Urwählern in heutigen Demokratien deplaciert.

Unter der Allgemeinheit der Wahl wird verstanden, daß die Gesamtheit der Bürger sich daran beteiligen kann, keiner also durch geringes Einkommen, unselbständige Beschäftigung und dergleichen an der Teilhabe gehindert wird. Einschränkungen sind nur möglich in Hinsicht auf das Mindestalter, den Besitz der bürgerlichen Ehrenrechte, die volle Handlungsfähigkeit etc.

Die Allgemeinheit des Wahlrechts der Männer ist zuerst in der Paulskirche beschlossen worden. Bismarck hat sie (wie andere Prinzipien des Reichswahlgesetzes von 1849) für den Reichstag des Norddeutschen Bundes und entsprechend, 1871, des Reiches, übernommen. Er rechnete mit einer Stärkung konservativer Parteien. Schon Louis Napoleon hatte 1851 gute Erfahrungen mit dem allgemeinen Wahlrecht gemacht. Die Liberalen waren nicht umsonst dagegen. Doch ging Bismarcks Rechnung auf die Dauer nicht auf.

Die Frauen bekamen das Wahlrecht in Deutschland 1918. Wenn so die Beteiligung aller Bürger an den Wahlen ermöglicht wurde, war damit über die Gleichheit des Wahlrechts aber noch nicht entschieden.

Denn diese setzt voraus, daß die Stimme jedes Wählers gleich viel gilt, und das wiederum erfordert entweder ein Verhältniswahlrecht oder, wenn bei der Wahl pro Wahlkreis ein Kandidat mit Mehrheit bestellt wird, die ungefähr gleiche Größe der Wahlkreise. Sie war im Bismarckreich – bei Mehrheitswahl – ursprünglich gegeben, ein Abgeordneter kam auf ungefähr hunderttausend Bürger; dann jedoch wuchsen die Städte, vor allem wo Industrien in großem Stil Arbeiter anzogen, und Landkreise im Osten verloren an Bevölkerung. Doch die Wahlkreiseinteilung blieb die gleiche (obwohl das Gesetz Anpassungen an Fluktuationen vorsah). Das wirkte sich zumal auf die Wahlaussichten der SPD sehr ungünstig aus. 1912 verhielt sich das Gewicht der einzelnen Wählerstimmen im kleinsten zu dem im größten Wahlkreis wie 1 zu 25. Übrigens konnten sich andere Benachteiligungen der SPD auch aus der Festlegung des Wahltermins ergeben. Daher ihre Forderung im Erfurter Programm von 1891, daß Wahlen und Abstimmungen an einem »gesetzlichen Ruhetage« stattfinden müßten.

Auch das englische Wahlrecht kannte bis zu den Reformen von 1832 geradezu grotesk anmutende Unterschiede zwischen den Wahlkreisen, in diesem Fall aufgrund sehr alten Herkommens (in das freilich immer wieder auch Manipulation eingegriffen hatte). In zahlreichen Wahlbezirken hatten weniger als zwanzig Wähler Stimmrecht, in anderen ging deren Zahl in die Hunderte oder in die Tausende. Es gab Städte, die keinen Abgeordneten entsandten. In sehr vielen fand die Wahl überhaupt nicht statt, da der König oder große aristokratische Familien den Abgeordneten einfach bestimmten; zum Teil wurden die Sitze regelrecht verkauft. Nebenbei gesagt, war gerade das 18. Jahrhundert eine der Glanzzeiten des House of Commons; viele jüngere Talente, vielfach Advokaten, unter anderen die Pitts, aber auch Edmund Burke erlangten mühelos ihre Sitze zumeist in den *rotten boroughs*, in denen die Abgeordneten durch führende Adlige mehr oder weniger ernannt wurden. Karl Löwenstein schreibt, diese Parlamente hätten (wie die des 19. Jahrhunderts) den Vergleich mit dem Senat der klassischen römischen Republik nicht scheuen müssen. Übrigens war William Pitt der Jüngere vierundzwanzig Jahre alt, als er das Amt des Premierministers übernahm; und er behielt es so lange wie kaum ein zweiter, nämlich achtzehn Jahre lang.

Einen besonders eklatanten Fall stellte das Dreiklassenwahlrecht dar, das für das Preußische Abgeordnetenhaus von 1849 bis 1918 in Kraft war. Danach wurden die Urwähler in den Urwahlbezirken »nach Maßgabe der von ihnen zu entrichtenden Steuern [...] in drei Abteilungen geteilt, und zwar in der Art, daß auf jede Abteilung ein Drittel der Gesamtsumme der Steuerbeträge aller Urwähler fällt«. »Die erste Abteilung besteht aus denjenigen, auf welche die höchsten Steuerbeträge bis zum Belaufe eines Drittels der Gesamtsteuer [...] fallen«, die zweite wiederum bis zum »Belaufe« eines zweiten Drittels, zur dritten gehörten auch die, die gar keine Steuer zahlten. Jede Abteilung wählte dann ein Drittel der zu wählenden Wahlmänner. Die Differenzen im Stimmgewicht konnten sich wie 1 zu 26 verhalten. Bismarck hat später, 1867, erklärt, ein »widersinnigeres, elenderes Wahlgesetz« als das Preußische Dreiklassenwahlrecht sei nirgends auf der Welt anzutreffen. Was nicht ganz stimmte, denn es gab Vergleichbares im Gemeinderecht der Rheinlande.

Das für die Teilnahme an der Wahl notwendige Mindestalter ist ebenfalls in Artikel 38 des Grundgesetzes festgelegt, es betrug zunächst einundzwanzig und ist 1972 auf achtzehn Jahre herabgesetzt worden.

Die Verfassung bestimmt ferner, daß der Bundestag auf vier Jahre gewählt wird (Artikel 39), jeweils in einem Akt. Die in Amerika noch heute beachtete Regel, wonach der Senat alle zwei Jahre je zu einem Drittel neu gewählt wird, hat in Europa im 19. Jahrhundert vielerlei Entsprechungen gefunden, etwa in Verfassungen verschiedener deutscher Staaten, Baden zum Beispiel und Sachsen. Die Paulskirche hat vorgesehen, daß das Staatenhaus alle drei Jahre zur Hälfte erneuert wird; die Mitglieder wurden auf sechs Jahre gewählt. Inzwischen denkt hierzulande wohl keiner mehr an solche Modelle. Für die amerikanische Kombination zwischen Kontinuität und häufigem Wechsel kann auf die schöne Begründung von John Jay in den *Federalist Papers* verwiesen werden: »Nicht weniger Klugheit hat die Versammlung auch dadurch offenbart, daß sie für häufig erfolgende Senatorenwahlen in einer Weise gesorgt hat, welche die Schwierigkeit vermeidet, diese bedeutenden Angelegenheiten (von denen vorher die Rede war. C.M.) immer wieder gänzlich neuen Leuten zu übertragen. Indem sie nämlich einen beträchtlichen Rest der alten Senatoren im Amt beläßt, werden Einheitlichkeit und Ordnung ebenso gewahrt bleiben wie die Kontinuität offizieller Informationen.«

Daß die Wahl landesweit an ein und demselben Tag stattfindet, ist in den kontinentalen Verfassungen oder Wahlgesetzen schon lange vorgesehen. Es gilt als selbstverständlich. In Großbritannien aber hat sich der ursprüngliche Brauch lange gehalten, wonach sich die Wahlen über Wochen erstreckten. Die königlichen Boten nämlich, die die Ausschreibung der Neuwahl überbrachten, hatten zu den einzelnen Bezirken unterschiedlich lange Wege zurückzulegen. Sie scheinen gleichzeitig aufgebrochen zu sein, folglich gelangte die Nachricht in die Wahlbezirke zu verschiedenen Zeitpunkten, womit sich unterschiedliche Wahltermine ergaben. Dies wurde besonders interessant, sobald Eisenbahn und Telegraph die Wege verkürzten und die Nachrichten beschleunigten. Im Jahre 1900, als Winston Churchill erstmals ins Parlament gewählt wurde, konnte sich, wer in einem der zuerst wählenden Kreise unterlag, noch in einem andern bewerben. Churchill lobt das Verfahren aber auch aus andern Gründen: »Statt daß sämtliche Wähler blind am gleichen Tage ihre Stimme abgeben, um am nächsten Morgen zu erfahren, was sie angerichtet hatten, wurden die nationalen Fragen, um die es ging, wirklich durchdiskutiert und durchgekämpft.« Erst im *Representation of the People Act* von 1918 ist bestimmt worden, daß die Wahl überall am gleichen Tage stattfinden solle.

Wollte man etwas Entsprechendes heute einrichten, indem man etwa nach dem Zufallsprinzip an drei Sonntagen nacheinander je ein Drittel der Wahlkreise aufriefe, könnte man eventuell – gut demokratisch – eine stärkere Einflußnahme der Wählerschaft auf die Regierungsbildung erreichen. Doch ist das wohl ein ziemlich kühner Gedanke.

Offen läßt das Grundgesetz, wie erwähnt, ob die Wahl nach dem Verhältnis- oder nach dem Mehrheitswahlrecht erfolgen soll. In der Weimarer Republik waren Änderungen am Wahlrecht daran gescheitert, daß die Verhältniswahl, da sie in der Verfassung festgeschrieben war, nur durch Zweidrittelmehrheit hätte abgeschafft werden können. Daher sah der Parlamentarische Rat für die Regelung des Wahlrechts ein einfaches Gesetz vor.

Die Mehrheitswahl, bei der nur Kandidaten in Wahlkreisen – mit Mehrheit – gewählt werden, läßt zwei Möglichkeiten offen: Man kann es grundsätzlich mit dem Erfordernis der relativen Mehrheit, also mit einem Wahlgang genug sein lassen oder die absolute Mehrheit verlangen, welche dann eventuell erst im zweiten Wahlgang durch Stichwahl zwischen den beiden erfolgreichsten Kandidaten erreicht wird.

Dieses Mehrheitswahlrecht gilt heute in Frankreich, jenes in England. Auch im deutschen Kaiserreich entsandten nur die einzelnen Wahlkreise, und zwar mit der absoluten Mehrheit der Wähler, die Abgeordneten ins Parlament.

Wo das Mehrheitswahlrecht gilt, fallen nur die für den siegreichen Kandidaten abgegebenen Stimmen ins Gewicht. Alle andern bedeuten nichts (genausowenig wie es ins Gewicht fällt, wieweit seine Mehrheit über das je Erforderliche hinausreicht). Die relative Mehrheit, könnte es scheinen, ist ausreichend, wo ein Zweiparteiensystem herrscht. Indes können dabei durchaus weit mehr als die Hälfte der abgegebenen Stimmen unberücksichtigt bleiben, zumal vielfach kleinere Parteien – die Liberalen, aber auch lokale Organisationen – mit antreten. Bei den Wahlen von 1951 erhielt die Labour Party für 14 Millionen Stimmen 295 Sitze im Unterhaus, während die Konservativen für nur 13,7 Millionen Stimmen 321 Sitze erlangten. Den Liberalen brachte eine Viertelmillion Stimmen immerhin sechs Abgeordnete; um nur ein Beispiel zu nennen.

Anders beim Verhältniswahlrecht, für das sich die Weimarer Republik entschied. Da werden Parteilisten gewählt, und das Verhältnis zwischen den Stimmen der Wählerschaft spiegelt sich genau in der Verteilung der Parlamentssitze; anders gesagt, das eine verhält sich zum andern wie die Landkarte zur Landschaft. Parteien, die in der Minderheit verblieben sind, sind im Parlament entsprechend ihrer Stärke vertreten.

In der Bundesrepublik war das Wahlrecht zunächst stark umstritten. Das begann schon vor ihrer Gründung, als es galt, Wahlverfahren für die Länderparlamente und anschließend für den ersten Bundestag festzulegen. Die Besatzungsmächte tendierten in verschiedene Richtungen. Die Meinungen unter den Parteien waren geteilt, einige waren schwankend. Die Erfahrungen der Spätphase der Weimarer Republik waren unterschiedlich stark präsent; genauer: sie wurden unterschiedlich stark berücksichtigt.

Die SPD hing traditionell dem Verhältniswahlrecht an. Dafür hatte sie seit dem Erfurter Programm von 1891 gekämpft, nachdem sie bei den Mehrheitswahlen der Kaiserzeit so viele Nachteile erlitten hatte. Übrigens hatte schon Lassalle es gefordert (1862). Doch ging es ihr auch um Gerechtigkeit, um die »Gleichheit des Erfolgswerts« der Wählerstimmen. Das Parlament sollte wirklich ein Abbild des Volkswillens sein.

Die Anhänger des Mehrheitswahlrechts, darunter große Teile der CDU, zeitweilig sogar der FDP und nicht zuletzt ein sehr rühriger Verein, die »Deutsche Wählergesellschaft«, hatten verschiedene Motive. Zunächst war eine Wahl, in der jeder Wahlkreis seinen Kandidaten ins Parlament wählt, eine Personenwahl. Sie begründete eine engere Beziehung zwischen Wählerschaft und Abgeordneten. Im englischen Parlament bezeugt sie sich, nebenbei gesagt, sehr schön in der Sitte, die Abgeordneten im Parlament nicht mit Namen, sondern unter Hinweis auf ihren Wahlkreis anzureden: »Der Abgeordnete von ...« Sodann schien die Mehrheitswahl, wie in England, die Herausbildung eines Zweiparteiensystems zu begünstigen. Und das hätte den Vorteil gehabt, daß jede der großen Parteien genötigt gewesen wäre, ein weites Spektrum politischer Interessen und Überzeugungen zu umfassen. Die Gegensätze zwischen ihnen mußten sich dadurch mildern. Politik sollte, zumal gemessen an den Weimarer Erfahrungen, pragmatischer werden. Damit hing drittens die Überzeugung zusammen, daß Mehrheitswahl die Gewähr dafür biete, daß sich klare Mehrheiten einer einzigen Partei herausbildeten.

In der ausgehenden Weimarer Republik (1930) hatten sich 30 Parteien um die Sitze im Reichstag beworben. Abgeordnete aus 15 Parteien waren damals gewählt worden, 1932 kamen einmal 12 Parteien ins Parlament. (Zum Vergleich: 1949 traten 16 Parteien an, von denen 9 Erfolg hatten, 1953 zogen 6 von 21 ins Parlament ein, seitdem schwankte die Zahl der im Haus vertretenen Parteien nur mehr zwischen 3 und 5). Doch nicht nur die Vielzahl der kleinen, sondern auch die Mehrzahl der mittleren und großen Parteien hatte die Bildung handlungsfähiger Regierungen auf der Basis von Parlamentsmehrheiten erschwert und zeitweise unmöglich gemacht. 1930 war deswegen schon ein Gesetz zur Änderung des Wahlrechts eingebracht worden. In der Bevölkerung fand es starke Unterstützung. Allein, wenn allenfalls Aussicht bestanden hätte, eine einfache Mehrheit dafür zu gewinnen, so wurde die Sache eben dadurch völlig illusorisch, daß zur Änderung der Verfassung eine Zweidrittelmehrheit erforderlich gewesen wäre.

Wieweit die Argumente der Verfechter des Mehrheitswahlrechts richtig sind, ist zu fragen. Wenn sich in Großbritannien Zweiparteiensystem und relatives Mehrheitswahlrecht ergänzen, so könnte das sehr wohl durch andere, historische Faktoren bedingt sein. Wie man inzwischen gesehen hat, können Parlamentsmehrheiten auch dort knapp ausfallen; und da freigewordene Sitze nur durch Nachwahlen zu besetzen sind, kann eine geringe Mehrheit mit der Zeit weiter zusammenschmelzen. Jedenfalls setzt die Herausbildung klarer Mehrheiten voraus, daß die Zahl der Wahlkreise, in denen nicht eine der beiden »Hauptparteien« die stärkste ist, in denen also lokale Parteien, früher die Iren, jetzt etwa Schotten und Waliser, sehr viele Stimmen bekommen, über eine bestimmte Größenordnung nicht hinausragt.

Immerhin, wo eine mächtige Tradition darauf hinwirkt, daß die beiden großen Parteien neue Kräfte und Fragestellungen zu integrieren vermögen, kann die Fortexistenz des Zweiparteiensystems bei einem Mehrheitswahlrecht relativ gut gewährleistet werden. Doch gilt das nicht für Krisenzeiten, wie zum Beispiel die des Streits um die Union mit Irland. Die Schaffung einer irischen Selbstregierung (*Home Rule Bill*), die die Liberalen am Ende des 19. Jahrhunderts forcieren mußten, weil sie auf die Stimmen der irischen Partei angewiesen waren, führte zu so heftigen Auseinandersetzungen, daß die Liberale Partei sich spaltete und das Zweiparteiensystem sich vorübergehend auflöste. Nach den Wahlen von 1910 war die liberale Regierung von kleinen Gruppen im Parlament abhängig. Besonders interessant in diesem Zusammenhang ist der rasche Wechsel von den Liberalen zur Labour Party: In dem Moment, wo diese aus der Rolle des Juniorpartners herauskam, waren jene nach kurzem Übergang dazu verdammt, innerhalb des Parlaments zu einer kleinen Gruppe zu schrumpfen; und die Wiederbelebungsversuche, die die Liberalen zusammen mit Abtrünnigen der Labour Party in den 70er Jahren unternahmen, blieben ohne Erfolg.

Wo jedoch andere Traditionen herrschen, wie in Frankreich, wie im Bismarckreich, pflegt auch das Mehrheitswahlrecht, gerade das absolute, nichts an der Existenz mehrerer größerer und mittelgroßer Parteien zu ändern.

Insgesamt wird man feststellen können, daß bei der Mehrheitswahl, wie sich gerade auch im heutigen Frankreich zeigt, kleine Parteien, auch kleine radikale Parteien, so gut wie keine Chance haben, ins Parlament zu gelangen. Es sei denn, sie seien in einigen Wahlkreisen ungewöhnlich stark. Was zumindest dort, wo es keine akuten Probleme mit lokal konzentrierten großen Minderheiten gibt, wohl unwahrscheinlich ist. Gegen das Aufkommen größerer radikaler Parteien aber nützt auch das Mehrheitswahlrecht nichts. Die Nationalsozialisten und die Kommunisten der Weimarer Republik wären vermutlich trotzdem in großer Stärke in den Reichstag eingezogen. An der weiteren Zunahme der einen von beiden (oder beider) hätte mit dem Wahlrecht nichts geändert werden können. Daher – aber auch wegen der tiefen gesellschaftlichen und politischen Gegensätze, die zugleich das Verhältnis zwischen den Parteien prägten – hätte die Weimarer Republik kaum mit Hilfe eines besseren Wahlrechts gerettet werden können (was nicht heißt, daß sie überhaupt nicht zu retten gewesen wäre).

Doch wie dem auch sei: Die Erfahrungen von Weimar waren nur einer von mehreren Gesichtspunkten, die für das Bundestags-Wahlverfahren maßgebend gewesen sind. Ältere Traditionen und aktuelle Rücksichten auf die eigenen Wahlaussichten spielten mit, außerdem die Politik zwischen den Besatzungsmächten und den Ministerpräsidenten. Denn die hatten am Ende noch einiges zu bestimmen und haben die Gelegenheit wahrgenommen.

Schon 1949 setzte sich die Kombination zwischen Verhältnis- und Mehrheitswahlrecht – die »mit der Personenwahl verbundene Verhältniswahl« – durch, die mit einigen Modifikationen noch heute gültig ist. Sie ist theoretisch schon in der Weimarer Republik entworfen worden, wurde dann in den Ländern der britischen Besatzungszone angewandt und von dort auf die Bundestagswahl übertragen. Danach wurden gut 60% der Abgeordneten durch einfache (also relative) Mehrheitswahl in den 242 Wahlkreisen bestellt, die anderen knapp 40% auf Landeslisten der Parteien, auf die die Sitze nach dem Verhältnis der abgegebenen Stimmen verteilt wurden. Jeder Wähler hatte nur eine Stimme, die derselben Partei im Wahlkeis und auf der Landesliste zugute kam. Bekam eine Partei mehr Direktmandate, als ihr gemäß dem Stimmenverhältnis auf der Landesliste zustanden, so behielt sie sie als »Überhangmandate«. Die Zahl der Abgeordneten betrug 400, durch zwei Überhangmandate wuchs sie auf 402.

Der Gefahr einer Stimmenzersplitterung suchte man durch eine Sperrklausel zu begegnen. Danach wurden Parteien, deren »Gesamtstimmenzahl weniger als fünf v. H. der gültigen Stimmen im Land beträgt ... bei der Errechnung und Zuteilung der Mandate nicht berücksichtigt«. Dies schloß nicht aus, daß die gleiche Partei in einem anderen Land, wo sie über fünf Prozent kam, Mandate erhielt. Die Sperre in den einzelnen Ländern galt nicht, sofern die Partei dort ein Direktmandat bekam.

Vor der zweiten Bundestagswahl, 1953, vergrößerte man die Zahl der Abgeordneten, nicht zuletzt im Hinblick darauf, daß deren Beanspruchung durch neue europäische Verpflichtungen stark angewachsen war. Sie betrug jetzt 484, also das Doppelte der Zahl der Wahlkreise, und folglich konnte man seitdem die Abgeordneten je zur Hälfte aus den Wahlkreisen und aus den Landeslisten wählen lassen. Acht (seit 1953 zweiundzwanzig) Abgeordnete des Landes Berlin kamen jeweils mit beratender Stimme hinzu, die entsprechend den Vorschriften der Alliierten durch das Berliner Abgeordnetenhaus bestellt wurden. Im Gegensatz zu 1949 erhielten die Wähler 1953 je zwei Stimmen, das heißt eine für die Wahl eines Wahlkreiskandidaten und eine für die einer Landesliste.

1953 wurde die Sperrklausel verschärft. Künftig durften nur noch Parteien berücksichtigt werden, die im gesamten Bundesgebiet mindestens fünf Prozent der abgegebenen gültigen Zweitstimmen oder in mindestens einem Wahlkreis einen Sitz errangen. Das letztere wurde 1956 noch einmal verschärft, indem nicht mehr ein, sondern nunmehr drei Wahlkreise nötig waren, um Stimmen unterhalb von fünf Prozent bei der Berechnung der Sitze mitzählen zu lassen. Bei den ersten Hessischen Landtagswahlen hatte man eine 15-Prozent-Sperrklausel gehabt.

Im Wahlgesetz von 1956 wurde ferner eine genauere Verfügung über die Größe respektive die Veränderung der Wahlkreiseinteilung getroffen. Kein Wahlkreis durfte künftig mehr als 33,33 v. H. von der durchschnittlichen Bevölkerungszahl der Wahlkreise nach oben oder unten abweichen. Der Bundespräsident hat eine ständige Wahlkreiskommission einzusetzen, die dem Bundestag Änderungsvorschläge zu unterbreiten hat, sobald dies der Fall ist. 1957 wurde die Zahl der Wahlkreise um fünf (aus dem Saarland) und 1964 – zugleich mit ersten Veränderungen ihres Zuschnitts – auf 248 erhöht. So stieg die der Abgeordneten, die Berliner nicht gerechnet, auf 496.

In der Folge hat das Wahlsystem nur noch geringfügige Veränderungen erfahren; etwa durch Einführung der Briefwahl und durch Bestimmungen über das aktive Wahlrecht von Deutschen, die im Ausland leben, sowie durch Herabsetzung des Wahlalters. 1990 wurde zunächst die Direktwahl der Berliner Abgeordneten eingeführt, sodann aufgrund der Erstreckung des Geltungsbereichs des Bundeswahlrechts auf die Länder der DDR die Zahl der Mitglieder des Bundestags auf 656 erhöht. Verschiedene Anträge der Grünen, zum Beispiel mit dem Ziel, daß die Wähler das Recht erhalten sollten, die Reihenfolge der Kandidaten auf den Landeslisten zu verändern, sind nicht angenommen worden.

Wenn die Kandidaten zum einen, für die Direktwahl, von den lokalen Parteiorganisationen, zum andern, für die Wahl der Listen, von denen in den einzelnen Bundesländern aufgestellt werden, so ist für verschiedene Interessen gesorgt. Es bietet sich Gelegenheit nicht gerade für eine *grass-roots-democracy*, aber doch immerhin für eine leichte Annäherung daran. Lokale Bedürfnisse und Sorgen, Verbindungen sowie Eigenwilligkeiten können so zu ihrem Recht kommen; zumindest unter den Parteimitgliedern. Es ist oft keineswegs einfach, von den überlokalen Parteiführungen her die Festlegung der Kandidaturen zu beeinflussen.

Zugleich ist es normalerweise möglich, auf den Landeslisten auch solche Kandidaten zu placieren, die keine guten Aussichten für eine erfolgversprechende Wahlkreiskandidatur haben, die jedoch für die Arbeit der Fraktion wegen ihrer Kenntnisse, Erfahrungen und Beziehungen dringend gebraucht werden. Doch müssen auch sie wenigstens in einem der Landesverbände über einen guten Rückhalt verfügen; denn auch dort können die Interessen der Bundespartei respektive der Bundestagsfraktion nicht immer durchschlagen.

Seit die Wähler bei der Bundestagswahl zwei Stimmen haben, sind sie grundsätzlich in der Lage, den Direktkandidaten unabhängig von ihrer Parteipräferenz zu wählen. Denn die Zweitstimmen genügen im allgemeinen, um über die Stärke der Parteien im Bundestag zu entscheiden. Ob nämlich im Wahlkreis der eigene Kandidat oder der der Gegenpartei (um von andern abzusehen) gewählt wird, hat auf die Zusammensetzung des Bundestags, was das Zahlenverhältnis zwischen den Parteien angeht, normalerweise keinen Einfluß; es sei denn, es gelänge einer Partei, im betreffenden Bundesland Überhangmandate zu erzielen. Das ist vor 1990 nur in minimalem Umfang geschehen – einmal waren es fünf, sonst eins, zwei, drei oder gar keine –; seither hat es, und zwar fast nur in den neuen Bundesländern, sechs, sechzehn und dreizehn zusätzliche Sitze, erst vor allem für die CDU, 1998 dann für die SPD gegeben. Entscheidend für die Mehrheitsbildung war es bisher nie; immerhin hat es der Regierung im 13. Bundestag (1994/98) manches erleichtert, da es die Koalitionsmehrheit von zwei auf zehn erhöhte. Freilich ist unklar, wieweit solche Kenntnisse und Motive die Wähler bestimmen.

Jedenfalls wäre es in der Regel gut zu verantworten, daß sie im Wahlkreis den Kandidaten bevorzugen, von dem sie meinen, daß er wichtige lokale Interessen am besten kenne und vertrete, unabhängig von der Parteizugehörigkeit, unter Berücksichtigung nur der Frage, welche Erfolgsaussichten er hat. Denkbar wäre sogar, daß sie parteilose Abgeordnete in den Bundestag sendeten. Es braucht ja nicht gleich so weit zu kommen wie in Frankreich zu Anfang des Jahrhunderts, wo lokale Gesichtspunkte und Machthaber so einflußreich wurden, daß man sich genötigt sah, das Mehrheits- durch ein Verhältniswahlrecht zu ersetzen.

Im ersten Bundestag (1949/53) hat es drei Abgeordnete gegeben, die als Unabhängige gewählt worden waren, einer freilich als Kandidat von drei Parteien, die verhindern wollten, daß ein Angehöriger der dänischen Minderheit den Wahlkreis Flensburg gewönne. Die beiden andern verdankten die Wahl offenkundig vor allem ihrer eigenen Bewerbung, ihrem Ansehen respektive ihrem Talent. Einer von ihnen, Richard Freudenberg aus Weinheim, der den (relativ kleinen) Wahlkreis Mannheim-Land gewann, stand der FDP zwar nahe, gehörte ihr aber nicht an und kandidierte ganz aus freien Stücken. Auch wenn die Partei, als er das tat, ihren Kandidaten zurückzog, kann er nicht als ihr Bewerber gelten. Nach 1949 haben Unabhängige nie wieder Erfolg gehabt.

Die Wähler wählen also auch mit ihrer ersten Stimme Parteikandidaten; sei es, weil befähigte und ehrgeizige Bewerber sich schon um der eigenen Aussichten willen Parteien anzuschließen pflegen, sei es, weil Parteivertreter sehr viel bessere Aussichten haben, als Parlamentarier etwas zu bewirken. Oder traut man sich ein Urteil über Personen gar nicht mehr zu? Werden Einzelne gar nicht mehr hinlänglich bekannt? Verläßt man sich lieber auf Organisationen? Übrigens hat man auch im Kaiserreich vornehmlich Parteikandidaten gewählt.

Dabei hatten zunächst auch kleine Parteien bei der Bewerbung in den Wahlkreisen Erfolg. Die FDP konnte im ersten Bundestag noch zwölf, im zweiten vierzehn Direktmandate erringen; in weiteren hat sie den Sieg knapp verfehlt (während sechzehn, elf und – 1957 – noch sechs an andere kleine Parteien gingen). Danach gelang der FDP nur noch je ein Sieg, 1957 im, gerade zurückgekehrten, Saarland und 1990 in Halle. Seit 1961 sind alle Direktwahlkreise an CDU/CSU oder SPD gelangt, wenn nicht – an die PDS.

Ob künftig in Wahlkreisen, in denen sie besonders zahlreich sind, starke Minderheiten von Neueingebürgerten eigene Kandidaten ins Parlament senden können, muß sich herausstellen. Sollten sie eigene Parteien bilden, so hätten sie aber ohnehin Aussicht, dort vertreten zu sein. Denn die Fünf-Prozent-Klausel »findet auf die von Parteien nationaler Minderheiten eingereichten Listen keine Anwendung« (§ 6 Absatz 6 Satz 2 des Bundeswahlgesetzes).

Schon 1952 ist man von dem Gedanken abgegangen, jeder Wahlkreis müsse regelmäßig im Bundestag vertreten sein. Falls nämlich der Abgeordnete eines Wahlkreises aus irgendwelchen Gründen ausschied, wurde bis dahin eine Nachwahl veranstaltet; was nur konsequent war. Insgesamt vierzehnmal kam es vor, in zwei dieser Fälle wechselte der Kreis die Partei. Nur bei den auf Listen Gewählten rückte der nächste noch nicht mit einem Mandat versehene Kandidat auf der Liste nach. Seitdem wird nur noch nachgerückt. Nachwahlen hätten die Politik und die Parteien wohl zu sehr beansprucht, übrigens auch finanziell – so daß man es in Kauf nahm, daß Wahlkreise keinen Abgeordneten mehr hatten. Übrigens werden Wähler, die einem unabhängigen Kandidaten ihre Erststimme geben, gemäß Bundeswahlgesetz § 6 Absatz 1 Satz 2 dafür bestraft; denn ihre Zweitstimmen werden nicht berücksichtigt; schwer zu erklären, aber vielleicht hält man sie ja nicht für ganz zurechnungsfähig.

Die Zahl der für die Kandidaten in den Wahlkreisen abgegebenen Stimmen kann zwar über die der Zweitstimmen, welche ihre Parteien dort erhalten, zum Teil erheblich, um mehrere Prozentpunkte, hinausgehen. Und darin können sich sowohl das persönliche Ansehen und der Einfluß der Kandidaten wie die auf sie sich richtenden Erwartungen niederschlagen. Doch nur in einem Teil dieser Fälle sind es auf den Wahlkreis bezogene Motive, die sich darin ausdrücken.

Insgesamt wird man sagen können, daß für das Gros der Wähler weniger die lokalen Interessen als die an der Bundespolitik den Ausschlag geben – zumeist werden sie freilich aufs gleiche hinauslaufen. Und sosehr die Wähler geneigt sein mögen, besonders herausragende oder besonders rührige Kandidaten mehr als deren Partei mit ihrer Stimme auszuzeichnen (vielleicht gar sie zu wählen, obwohl sie einer anderen Partei zuneigen), so ergeben sich die Differenzen zwischen Erst- und Zweitstimmen vornehmlich doch wohl daraus, daß manch einer seine Zweitstimme gern einer Partei gibt, die zu schwach ist, um einen Direktkandidaten durchzubringen, also etwa der FDP oder den Grünen. Sei es, daß es ihm vor allem darum geht, ihr über die Fünf-Prozent-Hürde zu verhelfen, sei es, daß er ihr ohnehin zuneigt (und die Erststimme etwa dem Kandidaten einer der großen Parteien gibt, um sie nicht zu verschenken). Die Vorzüge des Stimmensplittings bestehen also vor allem darin, daß man eine Koalition statt nur eine Partei begünstigen kann.

Im Jahre 1998 wollten viele Wähler der PDS, wo keine Aussicht auf Erfolg im Wahlkreis bestand, wenigstens den Kandidaten der SPD dort durchbringen helfen. Die PDS bildet zugleich seit 1961 das einzige Beispiel dafür, daß eine Partei durch den Gewinn von mindestens drei Direktmandaten, ohne die Fünf-Prozent-Hürde übersprungen zu haben, in den Bundestag einziehen konnte, bei der Wahl 1994. Hier konnten sich einmal angesichts der Zusammenballung der Anhängerschaft an wenigen Stellen lokale Besonderheiten auf die Zusammensetzung des Parlaments auswirken: Besonderheiten der neuen Bundesländer also, die den einschlägigen Bestimmungen zu einer Wirkung verhalfen, die sie in der alten Bundesrepublik lange nicht mehr hatten entfalten können.

Durch die Möglichkeit des Stimmensplittings wird das Wahlsystem der Parteienkonstellation in der Bundesrepublik gerecht. Da es – außer 1953 und 1957 – nie zur absoluten Mehrheit einer Partei kam, sind Koalitionen notwendig. Aber wie man sieht, läßt das auch die Differenzierung zur Rettung einer bedrohten Partei und gleichzeitigen Stärkung einer erfolgversprechenden anderen zu. Offensichtlich wissen die Wähler ziemlich genau mit ihren Möglichkeiten umzugehen.

Die Fünf-Prozent-Hürde ist verfassungsrechtlich problematisch. Hier wird offensichtlich gegen das im Verhältniswahlrecht implizierte Prinzip verstoßen, daß die Stimme jedes Wählers im Bundestag vertreten sein soll. Verfehlen nur zwei Parteien die Hürde knapp, trifft das – da stets zugleich noch kleinere Parteien antreten – auf mehr als zehn Prozent der Wähler nicht zu.

Das Bundesverfassungsgericht hat die Fünf-Prozent-Klausel trotzdem für zulässig erklärt. Die Stärkung der Arbeitsfähigkeit des Parlaments, der Fähigkeit zur Mehrheitsbildung rechtfertige die Durchbrechung der Gleichheit des Wahlrechts. Was rechtlich derart in Ordnung gebracht ist, kann indes politisch auch Nachteile nach sich ziehen, etwa den der Verkrustung eines Parteiensystems und der Erschwerung politischer Innovationen. Die Frage, die dann bleibt, ist, wo genau die Hürde aufgebaut werden sollte, ob schon bei fünf oder – vielleicht – erst bei vier Prozent, wie es etwa in Österreich und Schweden festgesetzt wurde. Die Chancen für eine gewisse Auflockerung des Parteiengefüges, aber auch die Möglichkeit kleinerer Parteien, die schon im Bundestag sind, mehr Unabhängigkeit zu entfalten, könnten dann wachsen, ohne daß die Risiken unerträglich werden müßten. Doch ist es eine Frage der Abwägung, und die kann nur grundsätzlich geschehen, nicht je von neuem im Hinblick auf bestimmte Parteienkonstellationen.

Gegen den Aufstieg einer radikalen Partei wie derjenigen Le Pens, der circa fünfzehn Prozent der französischen Wählerschaft zuneigen, würde auch die Fünf-Prozent-Klausel nichts ausrichten – während das absolute Mehrheitswahlrecht in Frankreich (solange keine andere Partei mit ihr koaliert) sie aus dem Parlament heraushält.

Insgesamt ist im deutschen Wahlrecht also eine fein ausgewogene Balance hergestellt worden: Es ist die Möglichkeit der Personenwahl in den 328 Wahlkreisen gegeben, maßgebend aber ist im ganzen das Prinzip der Verhältniswahl, das nur eben durch die Personenwahl leicht modifiziert wird, und das wiederum wird zugunsten einer Begrenzung der Zahl der Parteien durch die Fünf-Prozent-Klausel eingeschränkt. Der Wähler hat, indem er zwei Stimmen besitzt, die Möglichkeit, nicht nur eine Partei, sondern auch eine Koalition zu favorisieren.

Das System ist eingebettet und wird in seinem Funktionieren bedingt durch die beherrschende Stellung der Parteien (die so weit geht, daß parteiungebundene Kandidaten auch in den Wahlkreisen keine Chance haben). Artikel 21 Absatz 1 Satz 1 des Grundgesetzes legt zwar nur fest, daß sie »bei der politischen Willensbildung des Volkes« *mit*wirken, allein im Personellen, bei der Wahl der Kandidaten (und, was die erfolgversprechenden unter ihnen angeht, schon bei deren Aufstellung), ist nicht zu sehen, wer da außer den Parteien – und den Gruppierungen, die sie beeinflussen, den Verbänden etwa – noch wirkt; indes ist die politische Willensbildung des Volkes damit ja noch nicht erschöpft.

Den Parteien aber gehören weniger als fünf vom Hundert der wahlberechtigten Bevölkerung an, und die Zahl derer, die sich aktiv an der Aufstellung der Kandidaten beteiligen, bildet nur einen kleinen Teil davon. »Manche Kolleginnen und Kollegen, die Riesenwahlkreise haben, werden von fünfzig Leuten aufgestellt, und dann hat es sich«, hat Hans-Jürgen Wischnewski einmal geklagt.

Die Stände konnten das Volk einst nur in seinen ständischen Gliederungen (wie immer sie definiert sein mochten) repräsentieren; neben den Herren, die aus eigenem Recht dabei waren, und den Vertretern der verschiedenen Körperschaften, die das Land ausmachten (einen Großteil der Einwohner aber nicht mitreden ließen), konnten zu ihnen Vertreter der verschiedenen Besitz- oder Berufsgruppen, der »Berufsstände« gehören.

Die moderne Form, das Volk zu repräsentieren, setzt dagegen bei den Individuen an, die in ihrem Wahlrecht allesamt gleich, und bei den Nationen, zu denen sie zusammengeschlossen sind. Die Wählerschaft bildet ein einheitliches aus Gleichen gebildetes Ganzes, das – zum Teil im Anschluß an das Herkommen – in mehr oder weniger gleiche Wahlkreise unterteilt ist. Da die Wahlkreise keine Körperschaften, sondern nur Unterteilungen dieses Ganzen sind, kann man sie von Fall zu Fall anders zuschneiden; um etwa ihre Gleichheit angesichts von Bevölkerungsverschiebungen wiederherzustellen. Sie stehen grundsätzlich zur Disposition, auch wenn man bestimmte lokale Zusammenhänge möglichst respektieren wird. So können sie durch die vom Bundespräsidenten einberufene Wahlkreiskommission (die aus dem Präsidenten des Statistischen Bundesamtes, einem Richter des Bundesverwaltungsgerichts und fünf weiteren Mitgliedern besteht) immer wieder neu zugeschnitten werden.

Aber sosehr sich die Parlamentarier und die, die es werden wollen, mit einem relativ ungeheuer großen Anteil ihrer Zeit – man rechnet mit mehr als fünfzig Prozent ihrer Arbeit – um ihre Wahlkreise kümmern: indem die Wähler, aufs Ganze gesehen, Parteien wählen, sind es vor allem verschiedene politische Willensrichtungen, deren Stärke in der Volksvertretung widergespiegelt wird. Überzeugungen, Meinungen, Interessen gehen darin ein.

Wenn Gerhard Leibholz meinte, es sei die Leistung des modernen

Parteienstaates, daß grundsätzlich jede wahlberechtigte Stimme im Parlament vertreten ist, so bezieht sich das eben darauf, daß es die Willensrichtungen sind, die repräsentiert werden. Wenn Burke dagegen gemeint hat, es käme bei der Vertretung des Volkes vor allem auf das Urteilsvermögen des Abgeordneten an, so bezog sich das auf die Wahl von Personen und hatte seinen Sinn nur in einer Zeit, in der quer durch die Bevölkerung verlaufende unterschiedliche Interessen in der Politik noch kaum eine Rolle spielten.

Daß wir mehr als zwei Parteien haben, ermöglicht es den Wählern, etwas feiner zu differenzieren. Was im Zweiparteiensystem die Regierungspartei in sich, etwa zwischen ihren Flügeln, auszuhandeln hat, wird in Deutschland zum guten Teil zwischen mindestens zwei Parteien festgelegt, und speziell die kleineren sind grundsätzlich in der Lage, zugespitzte Positionen zu verfechten, was den großen Volksparteien oft, aber keineswegs immer verwehrt bleibt. Indem die Wähler ihnen ihre Stimme geben, können sie stärkere Akzente setzen. Gleichwohl ist nicht zu übersehen, daß jede Partei auch in Deutschland eine Koalition darstellt. Und daß die Wähler auf dem einen Feld mehr der einen zuneigen, während ihnen auf dem andern eher die Politik einer zweiten behagt. Und manches Interesse wird von keiner Partei vertreten.

Die Tätigkeit der Parteien im Bund soll das Ganze des Staates, der Gesellschaft, der Wirtschaft etc. im Auge haben, wobei es sich von selbst versteht, daß sie innerhalb dieses Ganzen die Akzente unterschiedlich setzen. Nicht umsonst sind sie je mit bestimmten Wählerschichten verbunden; sorgen sie für diese, etwa weil sie meinen, daß ihnen innerhalb des Ganzen bestimmte Rechte, aber auch Vorteile zukommen sollen, die sie bis dahin nur unzureichend besitzen. Was zugleich Konsequenzen für die Aufteilung der Pflichten hat. Aber daneben besorgen die Parteien natürlich noch unendlich viele kleinere Interessen, nicht zuletzt in ihrer Ämterpatronage.

Speziellere Landesinteressen, soweit sie im Rahmen des Bundes zur Debatte zu bringen sind, können im Bundesrat verfochten werden; das ist an sich dessen wichtigste Aufgabe, er fungiert aber, wie man weiß, zugleich gern als eine Art Oberhaus, zumal wenn in ihm andere Mehrheiten herrschen als im Bundestag. Interessen kleinerer Gegenden sind auf die üblichen Wege informeller Beziehungen angewiesen. Je mehr aber der Gesamtstaat an Funktionen und Entscheidungskompetenzen verliert, je mehr etwa in Brüssel entschieden wird, um so weniger kann dieses System den Interessen der Wähler unmittelbar dienen. Einstweilen jedoch ist kein anderes in Sicht – höchstens eine Verschiebung der Gewichte zwischen verschiedenen Verfassungsorganen oder die Verlagerung der Verfechtung von Interessen auf ganz andere Organisationsformen, die in Verfassung und politischer Ordnung bisher nicht vorgesehen sind. Es könnte aber auch auf eine Art von »Vernetzung« hinauslaufen, in der viele sich mit größter Artistik bewegen, die aber im ganzen kaum zu überblicken ist und keiner von einem Zentrum aus steuerbaren Ordnung gehorcht.

Schichten und Berufsgruppen mögen mehrheitlich zu dieser oder jener Partei neigen, »widergespiegelt« kann ihre Stärke im Parlament genausowenig werden wie die der verschiedenen Bildungsniveaus und Altersklassen. Nicht einmal das Verhältnis zwischen den Geschlechtern im Parlament entspricht ja dem in der Gesellschaft.

Die Verfolgung der verschiedenen Gruppeninteressen hängt freilich nicht unbedingt von deren verhältnismäßiger Vertretung im Bundestag ab. Sie wird vielmehr vor allem von Verbandsvertretern in den Parteien und zwischen ihnen wahrgenommen; ist eine Sache von Organisation, dank derer kleinere Gruppen einflußreicher sein können als größere. Was freilich nicht ausschließt, daß etwa der Öffentliche Dienst dank Überrepräsentation im Bundestag in seinen Angelegenheiten besonders gute Aussichten auf Erfolg hat.

Ein ganzer nicht geringer Bestandteil des Volkes ist im Parlament überhaupt nicht vertreten: die noch nicht wahlberechtigten Kinder und Jugendlichen. Der Gedanke an sie hat in der Politik stets eine Rolle gespielt; etwa in dem Sinne, daß sie es besser haben sollten, was zumeist hieß, daß man auf eine bessere Zukunft hinarbeiten (deswegen auch Entbehrungen auf sich nehmen) wollte. Oder man meinte, was im Augenblick nicht erreichbar sei, werde dies künftig sein. Da waren die künftigen Generationen gleichsam in den je gegenwärtigen eingeschlossen, und der Streit ging nur darum, wie man ihnen am besten diene.

Heute dagegen wird in ganz neuer Weise bewußt, daß die Gegenwart dabei sein könnte, künftigen Generationen vor allem Ungewißheiten, ja kaum zu tragende Bürden aufzuladen. Es stehen Beschlüsse und Gesetze zur Debatte, deren Auswirkungen weit in die Zukunft reichen und deren Risiken zumindest nicht hinlänglich kalkulierbar sind. Nicht nur über die Schulden, die sie zu bezahlen, die

Renten anderer, die sie zu verdienen, über die Umwelt, in der sie zu leben haben, sondern auch über die Möglichkeiten, sich zu entfalten, »mitzukommen« und das Zeug zu haben, um einst über die Bedingungen ihres Lebens mitzubestimmen. Denn das hängt doch auch davon ab, was die Erwachsenen ihnen vorgeben – oder versagen – und was sie eventuell unwiderruflich festlegen, so daß Kinder und Enkel (und noch Ungeborene), selbst wenn sie dagegen aufbegehren, es letztlich hinzunehmen haben.

Angesichts dieser ungeheuren Problematik können Jugendliche, Kinder, Ungeborene nicht einfach als in die gegenwärtige Generation eingeschlossen gedacht werden. Sie werden nicht in der gleichen oder einer nur leicht verwandelten Welt leben, sondern in einer anderen, die gegenwärtig heraufgeführt wird, willentlich, fahrlässig oder in der Weise unbeeinflußbarer Prozesse. Jetzt wird es folglich zum Problem, wie weit sie gegenwärtig repräsentiert – und repräsentierbar – sind. Schließlich haben sie keine Vertreter.

Der Bundestag hat Abhilfe für die Kinder zu schaffen gesucht, indem er am 6. Mai 1988 die Bildung einer »Kommission zur Wahrung der Belange der Kinder« beschloß, die seitdem tätig ist, ohne daß man freilich von ihr viel hörte.

Der künftigen Generationen gedenkt seit 1994 auch das Grundgesetz in seinem Artikel 20a: »Der Staat schützt auch in Verantwortung für die künftigen Generationen die natürlichen Lebensgrundlagen im Rahmen der verfassungsmäßigen Ordnung durch die Gesetzgebung und nach Maßgabe von Gesetz und Recht durch die vollziehende Gewalt und die Rechtsprechung.« Wie dafür aber praktisch gesorgt werden kann, hängt vor allem von den politischen Willenszentren ab – zugleich freilich von der Bestimmtheit und Entschiedenheit der Erwartungen, die die Bürgerschaft an sie richtet. So jedenfalls ist es dem System angemessen. Freilich könnte es sich auch in diesem Punkt als überfordert erweisen. Das daraus resultierende Verlangen jedoch, weit in die Zukunft hinein sich auswirkende, vor allem »irreversible« Entscheidungen an Einstimmigkeit zu binden, würde die Staatstätigkeit im Zweifelsfalle lähmen. »Wenn Fragen nicht mit Mehrheit entscheidbar sein sollten, bedeutet das in Wahrheit nicht, daß sie nicht entschieden, sondern daß sie indirekt in bestimmter Weise, nämlich im Sinne der Fortdauer des Status Quo oder des Nicht-Handelns in dieser Frage entschieden werden«, und dies nicht aufgrund des Mehrheitswillens, sondern gegebenenfalls, weil eine kleine Minderheit die »Unentscheidbarkeit« geltend macht (Ernst Wolfgang Böckenförde).

Unvermeidlich ist, daß jede Wahl eine Momentaufnahme der Bürgerschaft darstellt, genauer: ihrer Interessen und Auffassungen, soweit diese von den ins Parlament gelangten Parteien vertreten werden. Freilich handelt es sich um einen Moment gesteigerter Aufmerksamkeit, auf den man sich länger vorbereitet hat; und es pflegen sich dabei längerfristige Tendenzen auszuwirken. Demoskopische Umfragen mögen über kurz oder lang ein sehr anderes Bild vermitteln, doch können sie nicht verbindlich sein.

Es zeigt sich bei näherer Betrachtung, wie stark Vorstellungen von Repräsentation der modernen Demokratie zugrunde liegen. Man *muß* annehmen, daß »das Volk« im Parlament repräsentiert wird; als Volk, das heißt die Generationen übergreifend, indem die jeweils lebenden Erwachsenen zugleich für die künftigen mit entscheiden. Das Volk aber ist politisch nur in seinen Willensrichtungen repräsentierbar, in Gemeinsamkeit, Unterschieden und Gegensätzen. Und das bedeutet: Es ist nur – oder fast nur – durch Parteien zu repräsentieren. Vertreter der Interessen von Ständen, Berufen, Wirtschaftsrichtungen, Geschlechtern etc. können die Bürger nur je in besonderen Hinsichten vertreten.

Die Parteien aber bieten, von anderen möglichen Defiziten abgesehen, nicht unbedingt die Gewähr, daß sie die wichtigsten Fragen, die sich einer Bürgerschaft stellen, wirklich in sich und zwischen sich einfangen. Es kann durchaus sein, daß sie für wichtige Interessen keinen Platz haben, daß diese zu groß sind, um sich den Absichten der Parteien zu fügen, und zwar sowohl in der Gegenwart wie im Blick auf die Zukunft. Neben dieser umfassenden Problematik kann eine andere auftauchen: Das Parlament kann sich so weit von der Bürgerschaft – oder umgekehrt die Bürgerschaft vom Parlament – entfernen, daß man sich fragt, wieweit es noch deren Vertretung sein kann.

Es gehörte früher zur Prärogative des Monarchen, daß er das Parlament auflösen konnte (er hatte es ja auch einberufen); und oft auf längere oder unbestimmte Zeit. Vielfach ging es ihm um Taktik, um den Versuch, eine besonders renitente Versammlung loszuwerden; die Hoffnung, daß mit der Nachfolgerin besser umzugehen sei, hat freilich oft getrogen.

In der Weimarer Republik ist dem Reichspräsidenten dieses Recht zugeschrieben worden. »Das Parlament auflösen«, hat damals Robert Redslob geschrieben, »heißt einen Schiedsrichter anrufen. Die streitenden Parteien sind das Ministerium und die Kammern. Der Schiedsrichter ist das zur Wählerschaft organisierte Volk.« Insofern kann die Auflösung durchaus im Sinne des demokratischen Souveräns liegen. In England hat der Premierminister weitgehende Freiheit, den Termin der Auflösung zu bestimmen. Verschiedentlich, aber keineswegs einhellig, wird die Meinung verfochten, er müsse das tun, wenn ein wichtiger Gegenstand zur Entscheidung käme, an den zur Zeit der Wahlen noch nicht gedacht wurde. Nicht aufzulösen sind dagegen verschiedene Parlamente von kürzerer Lebensdauer. So war es etwa der Fall bei der auf zwei Jahre zu wählenden Assemblée Nationale nach der Verfassung von 1791; und so gilt es für das auf die gleiche Dauer bestellte amerikanische Repräsentantenhaus (hier freilich gibt es angesichts der strikten Gewaltenteilung auch keinen, der es auflösen könnte).

Das Grundgesetz schließt die Auflösung des Bundestages so lange aus, wie die absolute Mehrheit der Abgeordneten den Kanzler trägt. Nur wenn er bei einer Vertrauensfrage die Mehrheit nicht erhält, kann der Bundespräsident auf seinen Vorschlag das Haus auflösen – es sei denn, es einige sich mit absoluter Mehrheit auf einen Nachfolger. Eine zweite Möglichkeit dazu entsteht, wenn das Parlament bei der Kanzlerwahl bis einschließlich des dritten Wahlgangs keinen Kandidaten mit absoluter Mehrheit wählt. Dann kann der Bundespräsident entweder den mit relativer Mehrheit Gewählten ernennen oder das Parlament nach Hause schicken. Die Neuwahl muß innerhalb von sechzig Tagen stattfinden.

Auflösungen aufgrund der Ablehnung einer Vertrauensfrage sind 1972 und 1983 erfolgt. Das eine Mal, weil der Koalition unter Willy Brandt durch Fraktionswechsel mehrerer Abgeordneter die Mehrheit abhanden gekommen war; das andere Mal, weil Helmut Kohl nach seiner dank dem Wechsel der FDP-Fraktion erfolgten Kanzlerwahl eine Legitimation durch Neuwahlen anstrebte. Letztlich war das Vorgehen Kohls durch den Wunsch nach einer plebiszitären Bestätigung bestimmt. Genau das hatte das Grundgesetz eigentlich nicht gewollt. Nach dessen Maßstäben hätte 1982/83 überhaupt kein Anlaß für die Auflösung des Parlaments bestanden; die absolute Mehrheit war dem Kanzler sicher, der »Erfolg« seines auf Ablehnung hinauslaufenden

Vertrauensantrags wurde nur möglich, weil seine Mehrheit sich überwiegend der Stimme enthielt.

Freilich war der Wunsch des Kanzlers nicht nur verständlich, in gewissem Sinne demokratisch, sondern er entsprach einer Kräfteverlagerung, die de facto längst erfolgt ist, wenn sie auch in den geschriebenen Verfassungen nur schwer berücksichtigt werden kann.

Denn jede Wahl eines Parlaments hat heutzutage zugleich einen plebiszitären Charakter. Was Deutschland angeht, so sind die konkurrierenden Kanzlerkandidaten bekannt, die Entscheidung für den einen von ihnen ist zugleich eine Entscheidung für sein Programm. Auch die kleinen Parteien legen sich normaler- und konsequenterweise im vorhinein auf Koalitionen fest. Die Repräsentanten des Volkes können insofern in der Regel nur dessen Willen vollziehen; zu Anfang, nach der Wahl.

Dieser plebiszitäre Charakter der Parlamentswahl ist zuerst im England der zweiten Hälfte des 19. Jahrhunderts beobachtet worden. Damals begann es, daß man nicht so sehr die Entscheidung über die Zusammensetzung des Parlaments wie darüber traf, wer das Land regieren sollte. Es ging – und geht – um den Premierminister. Bei ihm und seiner Regierung liegt in England die Gesetzesinitiative. Etwa ein Drittel der Fraktion pflegt er in seine Regierung aufzunehmen. Der Rest wird streng vom *Chief Whip* (dem Fraktionsführer) und seinen Helfern, den *Whips*, was bezeichnenderweise »Einpeitscher« heißt, diszipliniert. Die Mehrheit hat, falls es nicht zu Rebellionen kommt, nicht viel zu sagen. Man nennt sie gern »Stimmvieh«.

Wenn England in Sachen Gewaltenteilung zwischen Exekutive und Legislative nie den Lehrbüchern entsprochen hat, so ist diese Lehre seitdem völlig hinfällig geworden. Die kontinentalen Parlamente hingegen – wie insbesondere auch das amerikanische Repräsentantenhaus und der Senat – sind, schon von ihrer Entstehung her, stärker an die Theorie gebunden gewesen; und das ist auch heute noch der Fall, gerade in Deutschland, und zwar aus gutem Grund. Denn was in England von Regierung und Parlament mit Selbstverständlichkeit respektiert wird, muß auf dem Kontinent weitgehend durch Verfassungsbestimmungen wie durch das Spiel zwischen Regierung und Opposition geschützt werden. Und entsprechend muß auch eine gewisse Konkurrenz zwischen Regierung und Parlament vorhanden sein.

Ob die außerordentliche Erschwerung der Auflösung des Bundestags in jeder Hinsicht glücklich ist, ist eine Frage wert. Das Problem, das am häufigsten zur Auflösung eines Parlaments führt, ist im Grundgesetz berücksichtigt: daß keine Regierungsmehrheit zustande kommt. Darüber hinaus ist aber auch der Fall denkbar, daß der Bundestag auf nennenswerte Weise von den in der Bürgerschaft vorherrschenden Meinungen abweicht. Dagegen ist nur für den bayerischen Landtag Vorsorge getroffen. Denn der kann, laut Artikel 18 Absatz 3 der bayerischen Verfassung, »auf Antrag von einer Million wahlberechtigter Staatsbürger durch Volksentscheid abberufen werden«. Bedenkt man die Schwierigkeit und den Zeitaufwand, die mit der Vorbereitung eines solchen Volksentscheids verbunden sind, so kann diese Bestimmung als eine angemessene Weise der Rückbindung des Landtags an die Bürgerschaft gelten. Freilich stellte die eine Million zur Zeit des Inkrafttretens der Verfassung etwa ein Drittel der Wahlberechtigten dar, heute wäre sie ein Neuntel.

Wenn die Wähler ihre Stimmen im wesentlichen an Parteien geben, so stellt sich die Frage nach der Rolle des Parlaments und seiner einzelnen Abgeordneten um so dringender.

»Die Abgeordneten des Deutschen Bundestags [...] sind Vertreter des ganzen Volkes, an Aufträge und Weisungen nicht gebunden und nur ihrem Gewissen unterworfen.« Diese Bestimmung, die das Grundgesetz in Artikel 38 an herausgehobener Stelle, gleich zu Anfang des Kapitels III (Der Bundestag) trifft, nimmt fast wörtlich diejenige der Weimarer Reichsverfassung auf (Artikel 21). Vom Gewissen des Abgeordneten ist in älteren deutschen Verfassungen seltener die Rede. Daß er aber durch Aufträge, Weisungen, Instruktionen nicht gebunden sei, wird seit den ersten frühkonstitutionellen Verfassungen (Bayern und Baden 1818, Württemberg 1819, Hessen 1820 etc.) regelmäßig bestimmt. In der Verfassung für Kurhessen von 1831 heißt es zum Beispiel in § 73: »Die Abgeordneten sind nicht an Vorschriften eines Auftrages gebunden, sondern geben ihre Abstimmungen, gemäß den Pflichten gegen ihren Landesfürsten und ihre Mitbürger überhaupt, nach ihrer eigenen Überzeugung, wie sie es vor Gott und ihrem Gewissen zu verantworten gedenken.«

Besonders bemerkenswert ist, daß diese Unabhängigkeit von Instruktionen, die Verpflichtung auf das allgemeine Wohl Teil des in den Verfassungen vorgesehenen Eides ist, den die Abgeordneten zu schwören hatten. In Kurhessen etwa (§ 74): »Jedes Mitglied der Stän-deversammlung leistet folgenden Eid: ›Ich gelobe, die Staatsverfassung heilig zu halten und in der Ständeversammlung das unzertrennliche Wohl des Landesfürsten und des Vaterlandes, ohne Nebenrücksichten, nach meiner eigenen Überzeugung bei meinen Anträgen und Abstim-mungen zu beachten. So wahr mir Gott helfe!‹« In Bayern heißt es 1818 (Titel VII § 25): »[...] und in der Stände-Versammlung nur des ganzen Landes allgemeines Wohl und Beste ohne Rücksicht auf besondere Stände oder Klassen nach meiner innern Überzeugung zu beraten; – so wahr mir Gott helfe und sein heiliges Evangelium.«

Die Formulierung des Artikels 38 ist bei der Beratung des Parlamen-tarischen Rates an die Stelle einer umständlicheren, genaueren getre-ten: »Die Abgeordneten sind Vertreter des ganzen Volkes. Jeder Abge-ordnete folgt bei Reden, Handlungen, Abstimmungen und Wahlen seiner Überzeugung und seinem Gewissen.«

Der Ausschluß des imperativen Mandats und die Unabhängigkeit der Repräsentanten entspricht, wie erwähnt, dem Herkommen aus dem Mittelalter und dem Sinn einer Versammlung, die zwar den ver-schiedensten Interessen Raum geben, am Ende aber zu einem Be-schluß im Sinne des ganzen Staates gelangen soll; einem Beschluß, der jedermann bindet.

Was ursprünglich beschworene Pflicht des Abgeordneten war, sollte ihn zugleich in seiner Unabhängigkeit bestärken. Und eben daraus er-wuchs ihm das Recht auf freie Entscheidung. So stellt der Artikel 38, wie Karl Carstens 1976 in seiner Antrittsrede als Bundestagspräsident formulierte, die Magna Charta des Parlaments dar. Er sichert das freie Mandat.

Das unabhängige Urteil nun kann den Abgeordneten in Wider-spruch zur Mehrheit seiner Fraktion bringen; es kann mit der von ihr erwarteten Solidarität, der von ihr angestrebten Geschlossenheit in der Debatte sowie in der Abstimmung kollidieren. Was die Mehrheit will, kann der Einzelne für dumm, für ungünstig, auch im Sinne der Fraktionspolitik für bedenklich, falsch oder gefährlich halten. An ir-gendeinem Punkt kann er zu der Überzeugung gelangen, daß er es nicht verantworten, nicht mit seinem Gewissen vereinbaren kann, mit seiner Fraktion für oder gegen etwas zu stimmen.

Da gewinnt der Artikel 38 seine volle Bedeutung. Da kann und muß das Gewissen entscheiden. Allein, was das Gewissen dem Abgeordneten befiehlt oder verbietet, hat nicht nur mit dem jeweiligen Gegenstand zu tun, zu dem er Stellung zu beziehen hat. »Auch wenn der Abgeordnete im Einzelfall der Parteidisziplin das Opfer seiner Überzeugung bringt«, kann es durchaus sein, daß er »noch immer ›nur seinem Gewissen unterworfen und an Aufträge nicht gebunden‹« handelt – wenn nämlich »sein Handeln nicht durch den Auftrag seiner Partei motiviert ist, sondern durch [...] Gewissenspflicht«, die Verpflichtung nämlich, um der »Gesamtaufgabe der Partei« willen ein Opfer darzubringen. So hat es Gustav Radbruch 1930 zugunsten der Fraktionsdisziplin vorgebracht.

Der Abgeordnete kann innerhalb seiner Fraktion kämpfen. Die Debatten können heftig sein, übrigens auch im Ringen mit der Regierung. Von Adenauer ist bezeugt, daß er Fraktionssitzungen fürchtete. Hier läßt sich also etwas ändern. Und wenn wirklich die Gelegenheit dazu gegeben, wenn der Meinungsstreit offen ausgetragen wird, kann die Niederlage zwar sehr schmerzlich, aber immerhin durch das Erleben einer fairen Auseinandersetzung, vielleicht gar einer gerade im Konflikt imponierenden Fraktion ein Stück erträglicher werden.

Freilich, wer sich auf der zunächst schwächeren Seite befindet, hat es nicht nur mit der Mehrheit anderer Meinungen, sondern eventuell ganzen Meinungsströmen oder dem erklärten Willen der Fraktionsführung zu tun. Er kann aber auch mit der Autorität der Experten auf ihrem Feld konfrontiert sein, die oft nicht zu umgehen ist, auch wenn sie wenig gute Gründe aufzuweisen (und wenn fraglich ist, wieweit sie die größeren Zusammenhänge im Auge) hat. Besonders schwer ist es, wenn aufgrund von (zumal schwierigen) Einigungen innerhalb der Koalition oder etwa zwischen Regierung, Ländern und Verbänden Fehlentscheidungen (oder was einer, was vielleicht gar die Mehrheit der Fraktion dafür hält) zur Unabänderlichkeit von Sachzwängen geronnen sind.

Dann kann einen Abgeordneten, wenn er unterliegt, das Gefühl gänzlicher Ohnmacht beschleichen. Grundsätzlich nicht anders, als es vielen in vielen Berufen ergeht. Nur, anders als Angestellte, Beamte, Lehrer vertritt er ja das ganze Volk. Seine Verantwortung ist größer, seine Resignation schlimmer. Soll er klein beigeben? Oder soll er in der Öffentlichkeit seine andere Meinung bekunden und eventuell gegen die eigene Fraktion stimmen? Wer überzeugt davon ist, daß die Mehrheit seiner Fraktion in einer wichtigen Frage auf dem falschen

Weg oder sogar Unverantwortliches zu tun im Begriffe sei, der muß eigentlich zur Not auch öffentlich protestieren. Dann aber kann er in eine schwierige Lage geraten.

Immerhin hat das System gewisse Grunderfordernisse. Die Regierungsfraktionen brauchen Mehrheiten, um die eigene Politik zu sichern. Diese Mehrheiten müssen verläßlich sein, es ist wichtig, daß ein klarer politischer Wille in ihnen zum Ausdruck kommt. Doch auch die Opposition bietet ungern ein Bild der Zerrissenheit. Die Disziplin einer Fraktion ist schwer aufrechtzuerhalten, also ist man nur allzusehr in Versuchung, schon den Anfängen der Abweichung zu wehren. Oft sind auch Kompromisse nur schwer herzustellen, und man muß, um ein ganzes Paket durchzubringen, im einzelnen vieles in Kauf nehmen, was man vielleicht nur mühsam verantworten kann. Wenn es hart auf hart geht, kommt es auf jede Stimme an.

»Eine Fraktion, die sich nicht zur leidlich einheitlichen Willensbildung durchringen kann, nützt auch dem Hause nicht viel. Und ein Parlament, das keine ausreichenden Mehrheiten zu bilden vermag, ist handlungsunfähig« (Eugen Gerstenmaier).

Unerläßlich ist jedenfalls, daß der Abgeordnete, der von der Linie abweichen will, die Fraktionsführung vorher orientiert. Er darf ihr nicht in den Rücken fallen, muß ihr Gelegenheit geben, mit ihm zu sprechen.

Das System erweist sich dabei auch als flexibel. Es kommt immer wieder vor, daß Abgeordnete gewisse Entscheidungen in der Öffentlichkeit oder bei Abstimmungen nicht mittragen können. Zum Teil sind es Interessen ihrer Wähler in den Wahlkreisen, die sie daran hindern. Dafür kann durchaus, auch von Fraktionsführungen, Verständnis aufgebracht werden – wenn es nicht so sehr darauf ankommt, wenn etwa die Mehrheit ohnehin gesichert ist. Bei namentlichen Abstimmungen (wo man es genau kontrollieren kann) hat sich in den ersten drei Wahlperioden ergeben, daß die CDU/CSU nur in 26 Prozent der Fälle geschlossen abgestimmt hat (die FDP in 45, die SPD in 94). Rolf Zundel hat dazu bemerkt, erstaunlich seien nicht so sehr die abweichenden Stimmen, sondern wie genau kalkuliert sie sich dem Gebot der Regierungsfähigkeit fügten. Auf Nebenkriegsschauplätzen seien Rebellen erlaubt. So braucht die Abweichung dem Ansehen des Abgeordneten auch nicht unbedingt zu schaden. Oft wird dabei ein wenig geschummelt. Dann wird er etwa gebeten, Verpflichtungen vorzuschützen und vorzeitig abzureisen, so daß er seine Stimme nicht abgeben kann. Oder er wird bewogen, sich wenigstens nur der Stimme zu enthalten.

Gelegentlich reicht es, daß er von seinem Recht Gebrauch macht, vor einer Abstimmung eine persönliche Erklärung abzugeben; unter Umständen, um ausdrückliche Vorbehalte zu nennen, die er hat, obwohl er einer Vorlage trotzdem zustimmt. So geschah es etwa in großem Stil am 23. Juni 1988, als über 40 Abgeordnete der Koalition das Steuerreformgesetz nicht gefährden, aber auch ihre Bedenken dagegen nicht unterdrücken wollten, daß das Flugbenzin von der Mineralölsteuer befreit sein sollte.

Doch kann auch die offene Abweichung unter Berufung auf das eigene Gewissen durchaus geduldet werden und im guten Einvernehmen erfolgen. In manchen Fällen wird das Votum allgemein freigegeben, etwa bei den Abstimmungen über die Hauptstadt Berlin, über die Abtreibung, über die Verjährung von Kriegsverbrechen und Verbrechen gegen die Menschheit. Doch ist das natürlich nicht bei jeder Frage, die das Gewissen belasten kann, möglich. Wo etwa die Regierungspolitik sehr schwierige Entscheidungen wie die über den Raketen-Nachrüstungsbeschluß, erfordert, kann größter Wert darauf gelegt werden, daß alle Abgeordneten der Regierungsfraktion dafür stimmen. Und dann kann es natürlich auch Druck geben.

Wer sich dem beugt, braucht keineswegs als »an Parteiaufträge und -weisungen gebundener ›Parteibeamter‹« angesehen zu werden. Auch Hildegard Hamm-Brüchers Klage darüber, daß die Gewissensfreiheit »erst und nur durch Genehmigung Dritter« zustande kommen sollte (wenn nämlich vom Fraktionszwang dispensiert werde), ist kaum berechtigt – zumal das Gewissen durchaus auch die Unterstützung von Fraktion, Partei oder Regierung gebieten kann.

Carlo Schmid berichtet, er habe seine Abgeordnetentätigkeit als »rigoroser Individualist« begonnen. Dann aber habe er gefunden, daß einem Politiker, der sich für andere verantwortlich weiß, Bescheidenheit zieme: »Ist es denn sicher, daß gerade ich recht habe, wo vier Fünftel meiner Fraktion der Meinung sind, ihre Vorstellung von der Sache sei besser als meine?« Doch wird nicht, oder jedenfalls nicht immer, jeder seinen Selbstzweifeln soviel Spielraum lassen.

Gewiß ist der Abgeordnete aufs engste an seine Partei gebunden. Hildegard Hamm-Brücher spricht vom praktisch unauflöslichen Zusammenhang zwischen Parteizugehörigkeit und Mandatserwerb. Er verdankt seinen Parlamentssitz wesentlich seiner Partei, die Wähler wählen ihn mehr oder weniger, weil diese ihn aufgestellt hat. Seine Wiederwahl setzt die neuerliche Aufstellung durch die Partei voraus; und sie ist für ihn zumeist um so wichtiger, als die Tätigkeit des Abgeordneten längst zum Beruf geworden und die Wiederaufnahme der beruflichen Tätigkeit oft schwierig ist (falls er überhaupt einen Beruf hat). Übrigens setzen auch die Dienste, die die Wähler von ihrem Kandidaten erwarten, in der Regel voraus, daß diese in Fraktion und Partei – möglichst auch in der Regierung (und der Bürokratie) – etwas zu melden haben.

Aber auch die Arbeit des Abgeordneten fordert heute in viel stärkerem Maße als früher die Einbindung in eine Fraktion. Keiner verfügt von sich aus über genügend Vorbildung, hinreichenden Zugang zu Informationen, vor allem hat keiner die Zeit, um auch nur einen größeren Teil der Gesetzgebungsmaterie von sich aus beurteilen zu können. Jeder Abgeordnete ist auf eine gewisse Arbeitsteilung in der Fraktion angewiesen; nur in Zusammenarbeit mit anderen, im gegenseitigen Sich-Verlassen ist er in der Lage, seine Aufgaben zu erfüllen.

Auch Hildegard Hamm-Brücher, die so scharfe Kritik an der Macht der Fraktionen geübt hat, stellt fest: »Der Parlamentsbetrieb ist so kompliziert, die Probleme sind so zahlreich, das tägliche Geschehen ist so verwirrend und vielfältig, daß auch der routinierteste und beschlagenste Abgeordnete beim besten Willen ohne den Rückhalt der Fraktion und der Parlamentsbürokratie nicht zurechtkommt.« Die Diskrepanz zwischen der Fülle und Schwierigkeit der Gegenstände einerseits und der Knappheit der Zeit andererseits macht alle Arbeit im Parlament so sehr der Organisation bedürftig, daß die Fäden notwendigerweise bei wenigen zusammenlaufen müssen, die dann weitgehend über das Rede- und das Antragsrecht im Parlament verfügen.

Das bedeutet nicht, daß man der Fraktionsführung unterworfen sei – sofern es da Unterwürfigkeit gibt, muß sie keineswegs das übliche Ausmaß überschreiten. Aber eine starke Angewiesenheit auf die und Abhängigkeit von der Fraktion, und das heißt zugleich von ihrem Vorstand und ihren Geschäftsführern, ein gewisses Ausmaß der Mediatisierung der Abgeordneten ergibt sich einfach aus den Verhältnissen. So spricht sehr vieles dafür, daß die Abgeordneten, wenn auch zähneknirschend, sich in der Regel und gerade in wichtigen Fällen der Fraktionsdisziplin fügen.

Doch kann es auch sein, daß das Opfer der eigenen Überzeugung dem Abgeordneten zu groß erscheint, so daß er sich offen – trotz aller Bitten und Verständigungsversuche und obwohl und weil von seiner Stimme einiges abhängt – gegen seine Fraktion stellt. Neben der Differenz in der Sache kann dabei eine Rolle spielen, daß die Politik seiner Fraktion ihm insgesamt fragwürdig zu werden beginnt; denn ihre Haltung in dem einen Punkt könnte ihm ja auch bewußt oder unbewußt als symptomatisch vorkommen. Auch ist der Fall denkbar, daß die Distanz zu ihr, in die er durch sein abweichendes Votum gerät, größer wird; so groß vielleicht, daß sein Gewissen ihn dazu veranlassen müßte, aus der Fraktion auszutreten, weil er ihre Politik nicht mitverantworten kann. Jedenfalls reichen die Bedenken jener, die sich offen gegen ihre Fraktion stellen, oft über den Punkt hinaus, der zur Debatte steht.

Dann kann er sich auf den Artikel 38 berufen, der vielleicht nicht so sehr, wie man behauptet hat, eine »Waffe für den Konfliktfall« wie eine Schutzwehr bereitstellt, hinter der er sich verteidigen kann. Sie wird ihn gegebenenfalls nicht vor einer gewissen Isolierung bewahren, es drohen ihm nicht nur die bösen Blicke, sondern wohl auch allerhand Abwehrreaktionen aus der eigenen und verbündeten Fraktionen; schließlich hat die offene Berufung auf das Gewissen für die andern auch etwas Beschämendes an sich.

Es sollte zum Stil eines Parlaments gehören, auch die Unabhängigkeit eines Abgeordneten, ob sie einem im einzelnen Fall nun paßt oder nicht, zu respektieren. Hildegard Hamm-Brücher jedoch hat aus einschlägiger Erfahrung berichtet, wie einsam man in einem solchen Fall wird, auch wenn man ausdrücklich seine Absicht bekundet, der Partei grundsätzlich treu zu bleiben. Vermutlich muß da stets eine Spannung bleiben, ein Widerspruch, wie er potentiell in der Rolle des Parlamentariers angelegt ist.

Ernst Fraenkel hat eine in »Deutschland weit verbreitete vulgärdemokratische Haltung gegenüber dem parlamentarischen Regierungssystem als schizophren« bezeichnet. »Erwartet der Bürger doch von seinem Abgeordneten, daß er nur der ›Stimme seines Gewissens‹ folgt, d. h. aber sich keiner Fraktionsdisziplin unterwirft, und daß er es dennoch niemals zu einer Regierungskrise kommen läßt, die in parlamentarisch regierten Staaten nur unter Beachtung einer strikten Fraktionsdisziplin vermieden werden kann.« Das ist richtig, und trotzdem spiegelt dieser

Widerspruch in den Erwartungen nur einen potentiellen Widerspruch eben in der Rolle des Parlamentariers.

Edmund Burke, der seinen Wählern erklärt hatte, aufgrund seiner Wahl sei er nicht ihr Beauftragter, sondern Member of Parliament, dem Interesse des Ganzen verpflichtet, hat auch die Notwendigkeit von Parteien betont: Es sei undenkbar, daß jemand, der an seine politischen Grundsätze glaube und ihnen eine Bedeutung zumesse, nicht auch nach Mitteln zu ihrer Realisierung Ausschau halte. Zusammen mit Gleichgesinnten müsse er versuchen, »Männern aus ihrer Mitte und mit ihrer Überzeugung die Chance« zu verschaffen, »mit Hilfe der gesamten Macht und Autorität des Staates die gemeinsamen Pläne zu verwirklichen«. Ohne andere zu diskriminieren, seien sie verpflichtet, »in allen Belangen ihrer Partei den Vorzug zu geben«.

Damals ging es darum, Erwartungen der eigenen Wähler abzuwehren, um frei zu sein für die Politik im Parlament. Der Zusammenschluß mit Gleichgesinnten war ein Bündnis unter Parlamentariern, die ihren Sitz nicht einer Partei verdankten. Doch gelten Burkes Feststellungen heute grundsätzlich um nichts weniger. Man erreicht in aller Regel nichts, wenn man sich nicht mit anderen zusammentut, und man sollte in der Politik etwas zu erreichen suchen. Nur hat sich das Verhältnis des Abgeordneten zu Fraktion und Partei verschoben. Jedenfalls bleibt unter den gegebenen Umständen bestehen, daß die Parteien und Fraktionen an der Willensbildung zweifellos nicht nur »mitwirken«, sondern daß sie wesentlich in ihren Händen liegt und daß die Wähler offensichtlich nichts anderes wollen (oder sich nicht anzustrengen geneigt sind, um daran etwas zu ändern).

Innerhalb der Fraktionen und Parteien aber sind die Abgeordneten, wie wissenschaftliche Studien zeigen, vielfach sehr stark an der Willensbildung beteiligt, mindestens in den Dingen, die ihnen wichtig sind. In vielen Fraktionen wird heftig diskutiert; und doch notiert noch der gerade zum Stellvertretenden SPD-Fraktionsvorsitzenden aufgerückte Abgeordnete Hans Apel in sein Tagebuch, es sei erstaunlich, »wie wenig selbst wir im kleinen Kreis informiert werden«. Auch im Vorstand erführe man nicht viel mehr als in der Vollversammlung der Fraktion; und das ist offenbar wenig genug.

Es ist gewiß traurig, daß unabhängige Persönlichkeiten sich kaum zur Wahl stellen oder keine Aussicht haben und daß sie im Parlament nur ganz begrenzte Wirkungsmöglichkeiten hätten. Daß also die Einzelnen zumeist nur in Fraktionen und Parteien etwas auszurichten vermögen. Doch ist daran so leicht nichts zu ändern.

Die Frage ist aber, ob sich die Abgeordneten nicht gelegentlich mehr Selbständigkeit auch in der Parlamentsöffentlichkeit herausnehmen sollten. Ob es eigentlich ein Schade wäre, wenn manche Auseinandersetzungen offener geführt würden? Wenn gelegentlich ein Abgeordneter den Bundestag, wie es in dessen Anfangszeiten möglich war, von etwas überzeugte, wogegen er eigentlich mit Mehrheit hätte stimmen wollen? Oder wenn Initiativen wie die des Abgeordneten Benda erfolgreich wären, der den Bundestag 1965 in der Debatte um die Verjährung von Verbrechen gegen die Menschheit gegen den Willen der Bundesregierung für seinen Antrag gewann? Es war eine der Sternstunden des Parlaments. Wenn die Öffentlichkeit stärker an den Entscheidungsschwierigkeiten, auch am Unfertigen mancher Überlegungen teilnehmen könnte? Ob nicht vielleicht zuviel Wert auf das Regieren und die Abstützung der Regierung gelegt wird, ob nicht auch die Opposition bei uns gelegentlich zu »staatsmännisch« ist?

Vielleicht sollte man die vielbeklagte Unterlegenheit der Legislative unter die Exekutive, die enorme Ungleichverteiltheit von Wissen und Macht unter ihnen zum Anlaß nehmen, die Rolle des Parlaments als Parlament zu verstärken? Es setzte voraus, daß die Bürgerschaft stärkeren Anteil am Parlamentsgeschehen nähme. Was sich freilich auch befördern ließe. Jedenfalls hängt die relative Eigenständigkeit des Hauses aufs engste mit seiner Einbettung in die Bürgerschaft zusammen. Auch die – relative – Unabhängigkeit, die Zivilcourage von Abgeordneten könnte Schule nur machen, wenn sie außerhalb des Hauses auf Resonanz und Unterstützung stieße. Würde aber ein Abgeordneter, der mit guten Gründen nicht nur aus seiner Fraktion, sondern auch aus dem Bundestag ausscheidet, weil er bestimmte Dinge nicht verantworten kann, länger als zwei oder drei Tage in der Öffentlichkeit zu denken geben? Wird sich jemand, etwa in der Presse oder in Rundfunk und Fernsehen, die Mühe geben, sein Handeln auch nur zu verstehen, geschweige denn es als Einwand gegen gewisse im Parlament unter Umständen herrschende Mißbräuche und Machtverhältnisse zu nehmen.

Und doch muß das freie Mandat bei aller Bindung an Partei und Fraktion nicht nur als Recht und Schutz, sondern auch als Herausforderung verstanden bleiben; das Parlament braucht die Spannung, in der seine Abgeordneten zwischen Disziplin und individueller Verantwortung stehen, eine Spannung, die von beiden Polen her stark sein muß.

Die heutigen Parteien sind Kinder des 19. und 20. Jahrhunderts, auch wenn man in Großbritannien ihre Genealogie bis zu den Whigs und Tories des 17. Jahrhunderts zurückverfolgen kann. Ihre Wurzeln liegen zum (etwas älteren) Teil in Fraktionen, zu denen sich Abgeordnete in der parlamentarischen Praxis zusammenfanden, zum (etwas jüngeren) Teil in politischen Vereinen, die sich in der Bürgerschaft bildeten, im Sinne der Verständigung über Staat und Gesellschaft und der Formulierung politischer Forderungen, aber auch damit man in den Wahlkreisen die Wahl bestimmter Abgeordneter befördere. Zu diesen Formen traten andere hinzu, wo die Parteibildung von schon vorhandenen Organisationen, von weiter außen, etwa von Gewerkschaften oder auch von einer Kirche aus betrieben wurde.

Wie immer es um die Ausgangspunkte bestellt gewesen sein mag, am Ende standen in aller Regel größere, überregionale, straffer organisierte, in allen oder doch vielen Wahlkreisen mit eigenen Kandidaten sich bewerbende Parteien.

Voraussetzung dafür war die Existenz eines Parlaments, dessen Zusammensetzung durch Wahlen bestimmt wurde. Denn es ging darum, einen möglichst großen Anteil an den Sitzen für die eigenen Leute zu gewinnen, um auf diese Weise die Politik zu beeinflussen. Das wurde wichtiger, je mehr das Parlament zu sagen hatte. Voraussetzung war aber auch die Herausbildung verschiedener politischer Richtungen in der Bürgerschaft. In Deutschland waren es diejenigen der Liberalen, der Konservativen, des Zentrums, der Demokraten, der Sozialisten respektive Kommunisten. Bestimmte sachliche Zielsetzungen spielten von vornherein eine große Rolle; zumeist auf dem Hintergrund bestimmter »Weltanschauungen«.

Nicht zuletzt machte die Einführung des allgemeinen gleichen Wahlrechts einige Organisation notwendig. Die kleineren Kreise derer, die die Anforderungen eines Zensus erfüllten, kannten sich eher unter den zur Wahl stehenden Honoratioren aus als die breiten Wählerschichten, deren Angehörige dann etwa, zusammen mit hunderttausend anderen in ihrem Wahlkreis, den Abgeordneten für den

Reichstag zu bestellen hatten. Sie mußten sich an Parteien orientieren. Sehr bald waren es auch weniger Honoratioren als Parteifunktionäre, welche kandidierten. Bei den Sozialdemokraten war das die Regel.

Daß diese Parteien nicht nur entstanden, sondern auch als ungefährlich, ja als notwendig oder gar nützlich anerkannt wurden, daß Treitschke ihnen 1859 einen »unerschöpflichen Wert für ein freies Volk« zuerkannte, verstand sich keineswegs von selbst; es stellte vielmehr eine einschneidende Neuigkeit dar; die Geburt einer neuen Form nicht nur der politischen Gruppierung, sondern auch der Auseinandersetzung und der Beteiligung an der Politik – und damit des Hintergrunds der Politik selbst und ihres Status in der Gesellschaft.

Seit der Antike sind Parteiungen nämlich eher verfemt gewesen. Wohl gab es Meinungsverschiedenheiten, Gegensätze, leidenschaftliche Kämpfe, auch den Wettbewerb, das Ringen um Einfluß und Macht, und all das wurde weitgehend in der Öffentlichkeit ausgetragen. So gehörte es zur Politik in Demokratien und Republiken.

Doch gruppierte man sich dabei weitgehend »gegenstandsabhängig«, je nachdem, was auf der Tagesordnung stand, in immer neuer Weise. Die Stellungnahmen der Einzelnen waren bestimmt durch ihre Meinungen und Interessen, durch die Argumente (oder die Überredungskraft) derer, die sich öffentlich äußerten, möglicherweise auch durch die (zum Teil unerbittlich sich aufdrängenden) Rücksichten auf Freunde, besonders angesehene Politiker oder auch auf Patrone. Wer nicht abhängig war, war frei, sich von Fall zu Fall ein Urteil zu bilden. Dagegen kam es viel weniger dazu, daß politische Zusammenschlüsse sich gebildet hätten, die »gegenstandsunabhängig«, also im Blick auf die bei der Behandlung aller Gegenstände gemeinsam zu erwerbende Macht ihre Politik getrieben und das politische Feld unter sich und anderen aufgeteilt hätten.

Sofern dies aber der Fall war, erregte es leicht Verdacht und Widerwillen. Es störte die Öffentlichkeit – und das heißt auch die Offenheit – von Beratung und Entscheidung, widersprach der Weise, in der die Bürger in der Volksversammlung oder Ratsmänner und Senatoren in ihren Gremien Politik gemacht wissen wollten; möglichst unvoreingenommen nämlich.

Es war aber auch ein Zeichen dafür, daß eine Gruppe von hochehrgeizigen Politikern nicht nur einzelne Entscheidungen bestimmen und Einfluß gewinnen wollte (im Rahmen dessen, was die bürgerliche –

oder die senatorische – Gleichheit erlaubte), sondern daß sie Macht über das Gemeinwesen, ja Herrschaft anstrebte; gegen Gesetz und allgemeine Anschauung. Was keinem zukam. Was aber vielfach – gerade in den kleinen griechischen und im Mittelalter in den italienischen Gemeinwesen – möglich war.

Der Weg zur Gewalt war zumeist kurz, die adligen Ansprüche zielten insgesamt noch sehr hoch, die Gewinnung von Herrschaft schien möglich und wurde folglich gern erstrebt; die Bürgerschaft, die an sich – und gerade in italienischen Städten – wehrhaft war und viele Vorkehrungen zu ihrer Verteidigung auch gegen innere Gegner getroffen hatte, war vielfach doch zu überrumpeln und, wenigstens für einige Zeit (bevor es auf Dauer möglich wurde), zu unterwerfen. Es war kein Staat mit seinen Apparaten da, der Widerstand hätte leisten, der nicht so leicht von kleinen Gruppen her hätte in Besitz genommen werden können.

Wo die Gemeinwesen so weitgehend und unmittelbar in den Bürgerschaften ruhten, war jeder tiefere, dauerhaftere politische Zusammenschluß gefährlich. Sei es, daß er die Freiheit bedrohte, sei es, daß er Gegner veranlaßte, sich ebenfalls zu organisieren, so daß die Bürgerschaft sich spaltete. Die Griechen sprachen dann von »stasis«, welches Zwietracht, Aufruhr, Bürgerkrieg, aber auch den politischen Zusammenschluß selbst, gleichsam die »Partei« oder Parteigängerschaft bezeichnete. Die Römer nannten es »factio«, was Machenschaft hieß (von facere = machen), aber auch für die »Faktionen« gebraucht wurde, die sich »machenschaftlich« bildeten; bis ins 19. Jahrhundert hinein war der Ausdruck stark negativ besetzt – und die Sache, die er bezeichnete, wurde als verwerflich angesehen. Mit »partes«, das größere Gruppen bezeichnete und woraus dann unser »party«, »parti«, »Partei« wurde, stand es in Rom nicht besser. Als *mos partium et factionum*, die Unsitte, größere und kleinere Parteiungen zu bilden, geißelte Sallust einen der beklagenswerten Mißstände der späten römischen Republik.

In der frühen Neuzeit dagegen nutzte man gelegentlich die Differenz zwischen »Partei« und »Faktion«, um einen Unterschied auszudrücken, der implizit oder explizit seit der Antike verschiedentlich gemacht worden war, den zwischen guten, also im Rahmen der Ordnung sich haltenden, unter Umständen gar nützlichen, und schlechten, maßlosen, gefährlichen Gruppierungen; zwischen einem Machtstreben innerhalb der bürgerlichen Gleichheit und einem anderen, das diese Gleichheit zu durchbrechen geeignet war.

Kurz, politische Zusammenschlüsse konnten allzu leicht bedrohlich werden. In ihnen sonderte sich eine Gruppe von der Gesamtheit ab, in welcher die Einzelnen an sich hätten selbständig bleiben sollen. Sie kamen in den Geruch, etwas Verschwörerisches zu betreiben. So heißt es noch gegen Ende des 17. Jahrhunderts bei George Savile Halifax: »The best party is but a kind of conspiracy against the rest of the nation.« Und Robespierre attackierte 1793 *les partis qui agitent la France* als Verschwörungen. Und wieweit auch immer in jenen Jahrzehnten die Erfahrung von Parteiung und Bürgerkrieg, die Angst vor dem, was sich im geheimen zusammenbrauen mochte, angesichts bedrohlichen Streits sich untergründig in das kollektive Gedächtnis eingeschrieben hat, jedenfalls befestigten sie weithin den Glauben an die Notwendigkeit staatlicher Einheit und Geschlossenheit. Wurde jene Erfahrung irgendwann zur Vergangenheit, so blieb der Staat für viele Generationen Gegenwart. Ein Staat, der bald zur Selbstverständlichkeit wurde, dessen Repräsentanten sich über alle anderen hinaushoben (so daß es leicht wie Anmaßung erscheinen konnte, wenn man ihnen widersprach oder sie gar bekämpfte). Daß die staatliche Macht drückend sein mochte, stand auf einem anderen Blatt.

Immer wieder und mit oft geradezu inbrünstiger Sehnsucht war gegen die Zwietracht die Einmütigkeit (*homonoia*) oder Eintracht (*concordia*) herbeigewünscht und beschworen worden. Es war mühsam genug, in der Zwietracht Teil, Bedingung und Abzeichen einer bestimmten Form von Eintracht zu erkennen, der *discordia concors*; vielfach war da der Wunsch der Vater des Gedankens.

Die *pax Augusta*, mit der Augustus und seine Nachfolger so gern für sich warben, lebte aus der Überwindung der Bürgerkriegsparteiung. Und so waren die mittelalterlichen und neuzeitlichen Monarchen mit aller Macht darauf aus, die Einheit ihrer Herrschaft zu stärken und zu betonen; ob sie nun den Frieden herstellten, durch Rechtsprechung den Streit zwischen »Parteien« zu beenden oder ob sie die Macht ihres Staates über den Religionsparteien zu befestigen suchten. Sie begründeten zuletzt eine umfassende Zuständigkeit ihrer Staaten. In deren Innern sollte möglichst alles ungestört und nach ihrem Willen laufen. Die Auffassung des Staates als Corpus wies jedem »Organ« seinen Platz an; da durfte es wenig Überschneidung, wenig Konflikt also und schon gar nicht Parteienstreit geben. Auf andere Weise hat Rousseau und haben die Jakobiner das aufgenommen.

Als Henry Saint John, Viscount of Bolingbroke zu Anfang des 18. Jahrhunderts, sich daranmachte, die Opposition der Tories gegen die Whig-Regierung aufzuwerten, tat er gewiß einen sehr großen Schritt: Jetzt sollte auch die Gegenpartei, der Widerspruch zur regierenden als positiv anerkannt werden. Sie sei keineswegs »faktiös«, behauptete er, im Gegenteil, sie könne das Gemeinwohl besser im Auge behalten als die regierende, die an der Herrschaft allzu leicht korrumpiert würde. Doch sollte das speziell für die Tories gelten, nicht für die Opposition als solche; und es bewegte sich in den alten Bahnen des Gegensatzes zwischen Fürst und Land, *court and country*, der in England nie zur Ruhe gekommen war. Bolingbroke meinte zudem mehr noch die Opposition des Parlaments gegen die Regierung als die der einen Partei gegen die andere. Dabei waren in England damals die Voraussetzungen für die Respektierung der Opposition, allgemeine Anerkennung der Dynastie, Konsens über die Grundprinzipien der Ordnung sowie politische Toleranz, gegeben. Als ein Jahrhundert später Sir John Can Hobhouse 1826 im Unterhaus erstmals von *His Majesty's Opposition* sprach, erntete er noch Gelächter. Erst seit 1937 bezieht der Oppositionsführer ein staatliches Gehalt.

Allzu sehr mußte sich die Opposition noch lange rechtfertigen. Die deutschen Liberalen des Vormärz taten es als »Vaterlandsfreunde«, nicht als Partei, wie man ihnen vorwarf, und, wie oben schon erwähnt, legten sie großen Wert darauf, daß das ganze Parlament Opposition betriebe. Es sollte von Fall zu Fall den »repräsentativen Gesamtwillen« artikulieren, wie Friedrich Murhard meinte; nicht zuletzt, um den Einwand zu entkräften, daß das Haus in Parteien zerfalle. Schließlich waren im Deutschen Bund noch 1832 die Parteien, genauer: »alle Vereine, welche politische Zwecke haben«, verboten. Insgesamt war man toleranter, wenn es sich bloß um Gesinnungsgemeinschaften handelte – im Unterschied zu organisierten Gruppen.

Die Begründung des Staates fungierte in der Geschichte der Parteiungen auf dem Kontinent wie eine Wasserscheide. Die neue Einheit entstand und bewährte sich zunächst in der Unterdrückung von gewaltbereiten Parteiungen (der bewaffneten Selbsthilfe oder des auf Herrschaft gerichteten adligen Ehrgeizes sowie des Bürgerkriegs zwischen Religionsparteien). Nachdem sie aber gesichert war, erlaubte sie – im Laufe der Zeit – die Herausbildung von Parteien mit begrenzten Zielsetzungen. Diese wurden auf neuen Feldern, im ganzen friedlich, verfolgt, im Kampf der Meinungen, im Werben bei den Wahlen und im Parlament. Sie bewegten sich innerhalb des gefestigten Rahmens des Staates; selbst wenn Angehörige von Parteien in die Regierung kamen, konnten sie den Staat nicht erobern; sie konnten nur seine Politik bestimmen, hatten ihn zu regieren, ihm zu dienen (wenn auch nicht unbedingt uneigennützig). Sie stellten keine Gefahr für ihn dar (auch wenn man dessen nicht überall, zumal in Deutschland nicht, so bald gewahr wurde). Das war zwar nicht immer garantiert, wie sich im 20. Jahrhundert zeigen sollte, wo etwa Carl Schmitt angesichts großer verfassungsfeindlicher Parteien die Gleichheit der Chance für alle beklagte. Und wo in Deutschland schließlich der Staat von einer Partei in Besitz genommen und denaturiert werden konnte. Doch war das ja nicht die Regel. Die Revolutionen, denen sich der Staat im 19. Jahrhundert gelegentlich ausgesetzt sah, wurden nicht von Parteien angestiftet. Sie entstanden eher deshalb, weil Parteien und Parlamente viele Unzufriedenheiten noch nicht recht hatten kanalisieren können.

Eine neue Art der Anhängerschaft hatte sich gebildet. Die führenden Politiker konnten sich zumeist nicht mehr auf Klientelen, also mehr oder weniger Abhängige stützen, sondern sie mußten politisch unabhängige Angehörige in den Ober- und Mittelschichten, bald auch aus dem Kreis der Arbeiter gewinnen. Konnten deren Interessen – in irgendeiner Kombination – verfechten. Darüber hinaus aber war das Verbindende zwischen ihnen und ihren Anhängern zumindest anfangs die Gemeinsamkeit von Anschauungen und sachlichen Zielsetzungen, welche insgesamt aus dem sich beschleunigenden, umfassenden Wandlungsprozeß resultierten. Die Veränderungen in Technik, Verkehr, Wirtschaft, Gesellschaft, Wissen (und Wissenschaft) sowie im Raum der Öffentlichkeit forderten vielfältig zu gestaltendem Eingreifen heraus. Indem vieles zur Disposition kam, was sich früher von selbst verstand, und indem man darauf nicht nur mit einzelnen Eingriffen, sondern mit neuen Vorstellungen von Staat, Gesellschaft, Wirtschaft, Recht etc. zu antworten hatte, mußten sich notwendig unterschiedliche Interessen und Meinungen herausstellen und in der Öffentlichkeit artikulieren. Daher die neuen Parteien, die wesentlich zur Bourgeoisie gehörten, auf die aber der Adel und die Arbeiter reagieren mußten. Sie waren nicht zu ignorieren, schon gar nicht zu unterdrücken, ihre Bildung drängte sich einfach auf.

Vor dem 19. Jahrhundert war die bewußte Veränderung der Bedingungen des wirtschaftlichen, gesellschaftlichen und staatlichen Lebens, soweit sie überhaupt versucht wurde, Sache der Politik und Administration von Fürsten, Ministern und Bürokratie gewesen. Jetzt wurde sie zunehmend Gegenstand von Gesetzgebung; die Problematik stellte sich sehr viel umfassender und längerfristig dar, die Ziele wurden weiter in die Zukunft gesteckt. Eben dem wurden dauerhafte, organisierte, im Rahmen des Staates friedlich sich bewegende Parteien gerecht.

Selbst wo sie die Möglichkeit hatten, durch Gewinnung der Mehrheit im Parlament die Regierung zu übernehmen, mußte sich ihre Machtausübung wesentlich auf die Erledigung einer großen Fülle von Regierungsgeschäften beziehen. Sie wurden in den Staat, der Gesellschaft und Wirtschaft zum Gegenstand seiner Politik bekam, eingebunden. Eingebunden auch in die Formen parlamentarischer Auseinandersetzungen, des möglichen Wechsels von Mehrheit und Minderheit, der gegenseitigen Toleranz. Eingebunden in einen Grundkonsens, in ein bestimmtes Maß von Vertrauen. Sie konnten schon deswegen nicht so frei im Sinne der alten, gefährlichen, verfemten Parteiungen agieren, weil ihre – zumeist bürgerlichen – Anhänger daran nicht interessiert waren; jedenfalls nicht in der Regel.

Oberhalb der Parteien stand zunächst vielfach – zumal in den deutschen Staaten – noch der souveräne Monarch mit seiner Regierung, seinen Beamten und seiner Armee. Es war vom *pouvoir neutre* des Staates die Rede. Er vertrat das Allgemeine und war, so der Anspruch, gleichermaßen für alle da. Otto Hintze hat das für die konstitutionelle Monarchie in Deutschland wie folgt beschrieben: »Die Regierung steht bei uns in der Hauptsache als Vertreterin der Staatsinteressen den Parteien als den Vertreterinnen der Sonderinteressen einzelner Gesellschaftsklassen, Berufs- und Wirtschaftszweige, Landesteile, Religionsgemeinschaften usw. gegenüber.« Entsprechend hoch wurden die – als Spezialisten dem Allgemeinen verpflichteten – Fachbeamten geschätzt, die gerade nicht besondere Interessen verfochten wie die Parteien. Sie sollten »zwischen allen Ständen und Interessen« stehen und »darauf angewiesen« sein, »das Wohl des Ganzen im Auge zu haben« (Hans Delbrück).

Sofern sich die Dinge so verhielten, blieben die Parteien in ihrem Wirkungsradius beschränkt. Er reichte nicht weit über das Parlament mit seinem Budgetrecht und seiner Gesetzgebung hinaus. Die Regierungen waren zwar darauf angewiesen, immer wieder Mehrheiten im Parlament zu gewinnen. Doch ergab sich daraus noch keineswegs die Notwendigkeit zu jener engen kontinuierlichen Zusammenarbeit mit der Mehrheit, wie sie sich etwa seit 1866 für knapp anderthalb Jahrzehnte zwischen Bismarck und den Nationalliberalen einstellte. Die Regierung konnte Mehrheiten vielmehr auch auf dem Weg des Handelns gewinnen, wie sie es im Reich seit 1878 mußte. Sie machte Zugeständnisse in Hinsicht auf die sachlichen Interessen von Parteien und Wählerschaften unter der Bedingung, daß diese sie stützten.

»Die konstitutionelle Verfassung bezieht sich eigentlich nur auf das Volk in seiner Eigenschaft als bürgerliche Gesellschaft«, schrieb Hintze. Entsprechend stellte er fest: »Bei uns sind die Parteien eigentlich keine politischen, sondern mehr wirtschaftlich-soziale oder religiös-konfessionelle Bildungen. Das hängt damit zusammen, daß es eigentlich nur das Leben der bürgerlichen Gesellschaft ist, im Gegensatz zum eigentlichen politischen Betrieb, was in unseren Volksvertretungen zu Worte kommt.« Mit ihnen konnte man also »Politik treiben nach dem do-ut-des-Prinzip«. Außenpolitik, Militär, Verwaltung blieben weitgehend autonom. Die Parteien konnten durch das Parlament zwar Einfluß nehmen, sofern sie zur Mehrheit gebraucht wurden, aber nicht an die Regierung gelangen. Der Kampf zwischen ihnen, zwischen ihren führenden Politikern, konnte nicht auch um die ausschlaggebende Macht im Staate gehen. So blieb ihnen das doch wohl wichtigste Lebenselement politischer Auseinandersetzung versperrt, ein Element, worin Parteien gewiß nicht aufgehen dürfen, ohne das sie aber leicht an politischem Muskelschwund leiden respektive die nötigen Muskeln gar nicht erst ausbilden. Damals hat man sich das gefallen lassen.

So konnten die Parteien im damaligen Deutschland nicht die politische Verantwortung übernehmen. Sie brauchten auch nicht jenes Maß an Kooperations- und Kompromißfähigkeit zu entwickeln, das notwendig ist, wenn mehrere von ihnen eine Regierung tragen sollen. Das heißt, sie konnten das Trennende zwischen sich pflegen, die

Unterschiede zwischen ihren »Weltanschauungen«, gleichsam in der Unschuld reiner Absichten – denen freilich durchaus Interessen korrespondierten. Eine besondere Rolle spielte in diesem Zusammenhang, daß die SPD in eine gewisse Außenseitersituation geriet. Lange gab es in dieser Partei auch mächtige Einwände gegen das Parlament. Die »Revisionisten« drängten sich erst mit der Zeit in den Vordergrund. Interessant war das Argument, das Karl Kautsky 1911 formulierte: »Jetzt schon beginnt es offenbar zu werden, daß ein wirklich parlamentarisches Regime ebenso gut ein Werkzeug der Diktatur des Proletariats sein kann, als es ein Werkzeug der Bourgeoisie ist.«

Mit all dem war vermacht, daß das Parlament im wilhelminischen Reich auch nicht zum Forum der Führungsauslese wurde. Nicht erst Max Weber hat das beklagt. Man hat dagegen eingewandt, daß die Staaten hervorragend geeignetes Führungspersonal auch auf andern Wegen gewinnen könnten. Grundsätzlich ist das nicht zu bestreiten. Doch bleibt doch wohl bestehen, daß das eigenartige Nebeneinander, ja die Abschottung zwischen Parlament und Regierung, zwischen Parteien einerseits, Ministerien und Bürokratie andererseits mit der Zeit wohl nicht zufällig immer mehr zu einer gewissen Starre, Einseitigkeit, Verkrampfung führte. Weder Bürokratie noch Parlament boten unter diesen Umständen die nötigen Entfaltungsmöglichkeiten.

Die Leistungsfähigkeit der staatlichen Beamtenschaft auf ihren eigenen engeren Feldern blieb gewahrt. Neutralität war natürlich nur bedingt möglich, wo so verschiedene Tendenzen in der Gesellschaft miteinander konkurrierten, wo insbesondere die SPD immer mächtiger wurde, wo neben und hinter dem Parteienstreit der Klassenkampf stand. Nur daß damit nicht ausgeschlossen war, daß man weithin an den neutralen Staat noch glaubte.

Ganz abgesehen von der notwendig konservativen Tendenz, die in der Beamtenschaft seit den achtziger Jahren des 19. Jahrhunderts vorherrschte, war der Staat überfordert, wenn er unter diesen Umständen über den Parteien stehen wollte; die Wählerschaft wäre ein sehr viel besserer Schiedsrichter gewesen. Aber ihr Einfluß reichte eben nicht über das Parlament hinaus. So blieb nicht nur das Parlament bei allem Einfluß schwach, sondern wurde umgekehrt der Staat bei aller Stärke immer weniger elastisch.

Was in England und Frankreich längst praktiziert wurde, daß die Regierung aus dem Parlament hervorging und sich auf die Parlamentsmehrheit stützte, wurde in Deutschland erst in den letzten Tagen der Monarchie beschlossen und erst in der Republik zur Praxis.

Hintze hatte 1914 noch darauf hingewiesen, daß ein funktionierendes parlamentarisches System einen relativ breiten Grundkonsens voraussetze. Nicht die Zersplitterung und die Zahl der Parteien sei es, was dieses System in Deutschland unmöglich mache, »sondern der ungeheure Gegensatz, der zwischen ihnen vorhanden ist«. Er wies auf die »unüberbrückbare Kluft« zwischen der Staats- und Weltanschauung des Zentrums und der Sozialdemokratie hin, die es unmöglich mache, daß solche Parteien *abwechselnd* die Regierung führen könnten. »Es wäre ja möglich, daß die Verantwortung, die mit der Regierung verbunden ist, den Parteigeist dämpfen und zu einer Revision der Programme führen würde. Aber wer wollte es darauf ankommen lassen!«

Nun war es, 1918, dazu gekommen. Und wenn auch das Zentrum und die Sozialdemokratie sich zur Zusammenarbeit durchaus fähig erwiesen, so zeigte sich doch zugleich, daß das parlamentarische System als solches jene Fähigkeiten, die ihm anderswo zu eigen waren, im damaligen Deutschland nicht in ausreichendem Maße erzeugen konnte. Das hätte jedenfalls vorausgesetzt, daß die Klüfte zwischen den Parteien nicht übermäßig groß gewesen wären. Dies jedoch war in Weimar über weite Strecken der Fall. Die Gemeinsamkeit zwischen den Parteien war insgesamt zu schwach, um angesichts der außerordentlichen Schwierigkeiten durch Kriegsfolgen, Inflation und Wirtschaftskrise, durch den unbefriedigten Nationalismus und den Klassenkampf so leicht durchhalten zu können. Es spielte wohl doch eine Rolle, daß die deutschen Parteien nicht nur die parlamentarische Zusammenarbeit nicht rechtzeitig gelernt, sondern sich in ihrem Doktrinarismus auch derartig versteift hatten, daß sie da so leicht nicht wieder herauskamen.

Der Ausdruck Demokratie ohne Demokraten ist gewiß zu kraß. Aber daß es zuwenig Demokraten waren und daß sie zumeist nicht entschieden genug die Demokratie verteidigten, daß die Demokratie auch nicht wehrhaft genug war, ist unbezweifelbar. Aber es war auch alles andere als einfach, das Vordringen der verfassungsfeindlichen Parteien auf der rechten und linken Seite zu stoppen (zumal auf der rechten die Übergänge zur Mitte hin fließend waren). Trotzdem begann der Anhang der NSDAP zu bröckeln, eine weitere Wahl hätte sie vermutlich noch mehr Stimmen gekostet. Und es hätte gewiß nicht sein müssen, daß am Ende so viel persönliche Unzulänglichkeit, Borniertheit, Intrige und Ungeduld sich verknoteten. Doch wie es auch hätte kommen können, ein verfassungsmäßiges Mittel, um schließlich Hitlers, zwar durch Terror gebahnte, dann aber doch »legale Revolution« zu verhindern, gab es nicht. Und von andern Mitteln, etwa dem Staatsstreich, war nicht klar, wie weit man mit ihnen kommen konnte; zumal die Basis eng war. Am Ende hatte Kautsky recht, nur daß das Parlament nicht für die Diktatur des Proletariats, sondern für diejenige Hitlers das Werkzeug abgab, freilich bloß, um sie zu legalisieren, nicht, um weiterhin für andere als Demonstrationszwecke gebraucht zu werden. Es wurde – dank der dabei gesungenen Hymnen – zum »teuersten Gesangverein der Welt«.

Nach den Erfahrungen von NS-Zeit und Krieg waren in der Bundesrepublik die Bedenken gegen die Demokratie sowie gegen die entscheidende Rolle der Parteien in ihr weitgehend dahingeschwunden. Das Grundgesetz hat von ihnen ausdrücklich Notiz genommen und ihre Rolle – zurückhaltend – definiert: »Die Parteien wirken bei der politischen Willensbildung des Volkes mit.« Im gleichen Artikel 21 wird aber zugleich Vorsorge gegen das Aufkommen undemokratischer Parteien getroffen. »Ihre innere Ordnung muß demokratischen Grundsätzen entsprechen.« »Parteien, die nach ihren Zielen oder nach dem Verhalten ihrer Anhänger darauf ausgehen, die freiheitliche demokratische Grundordnung zu beeinträchtigen oder zu beseitigen oder den Bestand der Bundesrepublik Deutschland zu gefährden, sind verfassungswidrig.« Über die Frage der Verfassungswidrigkeit entscheidet das Bundesverfassungsgericht.

Was in England die entscheidende Voraussetzung für die parlamentarische Regierung war, der Grundkonsens zwischen den – ursprünglich aristokratischen – Parteien, folgte in der Bundesrepublik aus dem Erleben der jüngsten Vergangenheit und festigte sich mit den wirtschaftlichen Erfolgen und der Stabilisierung der Sozialstruktur. Trotz aller scharfen Gegensätze zwischen Regierung und Opposition, die zumal zu Anfang der neuen Republik – angesichts zahlreicher Grundentscheidungen, die zu treffen waren – ihr Wesen trieben, hat es am demokratischen Konsens zwischen den großen und mittleren Parteien niemals gemangelt. Und es stellte sich, entgegen anfänglichen Befürchtungen, bald heraus, daß extremistische Parteien keine Chance hatten.

So hat man nur in den ersten Jahren vom Mittel des Verbots Gebrauch gemacht, zum einen gegen rechtsextreme Parteien, zum anderen gegen die KPD. Schon Anfang der siebziger Jahre aber hat man sich davor gehütet, die damals neugegründete kommunistische Partei (DKP) vor Gericht zu verfolgen. Und auch gegen Parteien am rechten Rand, deren Verfassungstreue bezweifelt werden könnte, ist das Gericht nicht angerufen worden. Freilich sind extreme Parteien immer wieder vom Verfassungsschutz überwacht worden und werden dies noch.

Ein zusätzlicher Zwang zu verantwortlicher Politik der Parteien im Parlament wird dadurch ausgeübt, daß der Sturz einer Regierung nur möglich ist, wenn man mit absoluter Mehrheit einen neuen Kanzler wählt. 1932 waren Vorschläge von Carl Schmitt und Ernst Fraenkel, diesen heilsamen Zwang einzuführen, gescheitert.

Die Bundesrepublik hat zudem die Parteien außerordentlich komfortabel ausgestattet. Sie leben nur zum Teil von den Beiträgen ihrer Mitglieder, im übrigen von einer reichlich ausgestatteten »Wahlkampffinanzierung«, die durch das Bundesverfassungsgericht verfügt worden ist. Als Maßstab für das Ausmaß gilt die Zahl der jeweils gewonnenen Wählerstimmen. Wobei eine, freilich gering bemessene, Mindestzahl Voraussetzung ist. Die Beträge können schon bei kleinen (auch bei radikalen) Parteien leicht in die Millionen gehen.

Die politische Bildungsarbeit ist weitgehend den Parteien überantwortet worden, die dafür mit Stiftungen ausgestattet sind, die wiederum aus Staatsmitteln großzügig finanziert werden. Und die Ämterpatronage der Parteien reicht bis weit unterhalb der Minister- und Staatssekretärsebene im Bund und in den Ländern, entsprechend auch in den Gemeinden. Ganz anders als etwa in England, wo man seit der Mitte des 19. Jahrhunderts alles daransetzt, einen eigenständigen, parteiunabhängigen *civil service* zu unterhalten; wo man dafür Sorge trägt, daß Beförderungen und Neuaufnahmen nicht von den Parteien beeinflußt werden. So sind die Parteien bei uns de facto Staatsorgane geworden, auch die großen bestimmt von kleinen Minderheiten, gewählt freilich vom Gros der Bürger.

Die Parteien »monopolisieren den Machtwettbewerb, an dem sich unabhängig von ihnen zu beteiligen nur selten mehr Erfolg verspricht, es sei denn in der lokalen Sphäre der kommunalen Politik. Sie sind es, die alle öffentlichen Bereiche immer vollkommener durchdringen mit den traditionellen Mitteln der Ämterpatronage und des vereinbarten politischen Proporzes, der seine Vorläufer in der Konfessionspolitik paritätischer Organe des alten Reiches hat« (Theodor Schieder).

Der Politik der Parteien sind freilich durch das ausgeklügelte, nach verschiedenen Seiten vorbeugende Grundgesetz sowie durch die starke Position der dritten Gewalt, vor allem des Bundesverfassungsgerichts deutliche Grenzen gesetzt. Man kann sich fragen, wieweit sich da mutatis mutandis eine Fortsetzung des *pouvoir neutre* und seiner schützenden Funktion abzeichnet – wie bei der Unabhängigkeit der Bundesbank.

Das Parteiensystem insgesamt ist gekennzeichnet durch das Nebeneinander von zwei großen »Volksparteien«, CDU/CSU und SPD, mit einer oder wenigen kleineren.

Die Volksparteien vereinen jede ein breites Spektrum von politischen Anschauungen und Interessen und haben auch den Erfolg extremer Parteien zum großen Teil verhindern können. Beim Aufbau des Sozialstaats sind sie zeitweilig zum Verwechseln ähnlich, in der Wirtschaftspolitik oft nicht weit voneinander entfernt, in der Außenpolitik gibt es schon länger nur wenig Differenzen. Trotzdem sind in diesem wie in anderen Punkten neben viel Übereinstimmung und einem sehr weit gehenden Grundkonsens deutliche Unterschiede in der Tendenz und in den Schwerpunkten zu verzeichnen, die nur nicht immer klar hervortreten. Doch tiefgreifende Alternativen bestehen zwischen ihnen schon länger nicht mehr.

Da aber seit 1957 keine der großen Parteien mehr in die Lage gekommen ist, die absolute Mehrheit der Mandate zu erringen, brauchen sie zur Regierungsbildung kleinere Parteien. Nachdem die FDP fast fünf Jahrzehnte lang für beide der wichtigste Mehrheitsbeschaffer gewesen war, sind jetzt erstmals Bündnis 90/Die Grünen wenigstens für eine von ihnen in diese Rolle eingerückt.

Kleine Parteien mit ihrer begrenzten Anhängerschaft können schärfer profilierte Programme aufstellen als Volksparteien. So haben sie grundsätzlich die Möglichkeit, innerhalb einer Koalition entschiedenere Akzente zu setzen oder auf einen neuen Kurs zu drängen. Sie können fordern, was in der größeren Partei vielleicht gewünscht, aber nicht so gern öffentlich vertreten wird. Doch können sie auch bremsend wirken, wie man es der FDP in der sozialliberalen Koalition gern und teilweise mit gutem Grund nachgesagt hat. Es können auch vorantreibende und bremsende Wirkungen – je auf verschiedenen Gebieten – nebeneinander ausgeübt werden. Jedenfalls gewinnt das deutsche Parteiensystem durch die kleineren Parteien sehr an Elastizität. Speziell den Grünen ist es gelungen, eine ganze große vernachlässigte Problematik erfolgreich in die Politik einzubringen.

Wieweit die Parteien auch künftig in der Lage sein werden, die wichtigsten Probleme der Gesellschaft zum Gegenstand der Politik zu machen, ist eine andere Frage. Es könnte jedenfalls sein, daß bestimmte Reformen nicht anzupacken, jedenfalls nicht durchzusetzen sind, weil in beiden großen Parteien Mehrheiten dagegen opponieren. Und wieweit sich die kleinen dann durchsetzen, ist fraglich. Wo große Alternativen, seit dem 19. Jahrhundert, zumal dadurch entstanden, daß zahlenmäßig sehr breite Teile der Bevölkerung aus Not, Unterprivilegierung, Leiden an zahlreichen Mißständen eine Politik der Veränderung zu tragen bereit waren, könnte heute eine Situation eintreten, in der sich das Zurückstecken von Ansprüchen dringend empfiehlt, ohne daß sich eine Mehrheit dafür fände. Aber es könnten auch Probleme, die sich von außen stellen, von den Konstellationen der Weltwirtschaft etwa, auftreten, gegen die keine politischen Hebel anzusetzen sind.

Die Differenz zwischen den (aufgrund zahlreicher Erfolge ziemlich hochgetriebenen) Erwartungen an die Politik und deren Leistungsvermögen kann zu Politikverdrossenheit führen, zumal leicht der Eindruck entsteht, es gehe den Parteien nur um Macht und Vorteile für sich selbst. Solche Verdrossenheit schwankt gern hin und her. Ob daraus eine größere kritische Distanz erwächst, ist aus den einzelnen Ausschlägen nicht zu entnehmen. Aber es kann schon nützlich sein, sie gar nicht erst in größerem Ausmaß aufkommen zu lassen.

Die hohe Wahlbeteiligung bei Bundestagswahlen stellt in diesem Zusammenhang kein Argument dar. Im Zweifel ist einem die eine Partei immer noch lieber als die andere, zumal es ja stets auch um Steuern und einiges andere geht, was mehr oder weniger jeden direkt betrifft. Gelegentlich muß ja auch ein Kanzler, der allzulange an der Macht war, einmal abgelöst werden.

Wenn in der parlamentarischen Demokratie das Parlament nicht nur einen wichtigen Teil seines Führungspersonals an die Regierung abgibt, sondern mit seiner Mehrheit zugleich die Regierung zu stützen, gleichsam ein Regierungsorgan zu werden hat, so fragt sich, ob damit im institutionellen Gefüge des Staates nicht etwas ausfällt (oder zumindest stark geschwächt wird), was eigentlich nötig wäre.

Im Parlament geschieht nicht wenig. Der Schlagabtausch zwischen den Parteien und die Abstimmungen bilden nur den für die meisten allein sichtbaren Teil seiner Arbeit. Auch die Regierungsfraktionen lassen keineswegs alles mit sich machen, was die Regierung will. Kritik und Kontrolle werden durchaus geübt. Selbst die Opposition kann in der Ausschußarbeit manches erreichen, zum Teil sehr Nützliches, was hinterher paradoxerweise positiv für die Regierungsbilanz zu Buche schlagen kann.

Allein, das meiste davon vollzieht sich normalerweise hinter verschlossenen Türen. Es wird als Erfolg des Parlaments kaum sichtbar.

Was öffentlich, das heißt in dessen Plenum vorgeht, ist dagegen vielfach das Beschließen von anderswo schon Beschlossenem samt dem – angesichts feststehender Ergebnisse – eher rituellen Begründen und Kritisieren, das solchen Abstimmungen vorausgeht.

Anders verhält es sich nur, wo die Fraktionen die Abstimmungen freigeben, wo also die Abgeordneten unabhängig von ihrer Parteizugehörigkeit, je nach ihrem eigenen Urteil, ihrer Überzeugung zu entscheiden haben. Da rückt das Parlament in den Mittelpunkt der Politik. Da kann es gelegentlich spannend werden. Da kommt es auf jede Stimme an. Da kann manche Rede auch insofern überzeugend sein, als andere daraufhin ihre Meinung ändern.

Muß das so sein? Geschieht da nicht vielleicht zu viel der Routine? Wird da vielleicht zuviel Rücksicht auf die Regierung und die eigene Partei genommen? Sind die Abgeordneten vielleicht zu sehr Parteipolitiker und zu wenig Parlamentarier?

Hat »das Volk« im Parlament nur Vertreter – und nicht auch Stimmen, unter Umständen eine Stimme? Gewiß, das Parlament wird respektiert, Minister haben zu erscheinen, wenn das Parlament – oder seine Ausschüsse – das verlangen.

Aber müßte es nicht auch stärker als Gegenpart der Regierung tätig werden? Nicht einfach im Sinne Montesquieus, das wäre reine Theorie, aber doch in dem, daß etwas vom Stolz des *nihil de nobis sine nobis* auch die öffentlichen Debatten, die Gemeinsamkeit zwischen den Parlamentariern kennzeichnete?

Überall spürt man die Macht von Exekutive und Bürokratie, und zwar von der nationalen sowohl wie von der der EU. Vieles, was sie tun, ist kaum einzusehen, nicht weniges willkürlich, störend oder gar arrogant. Hätte das Parlament nicht als Versammlung der Volksvertreter auch insgesamt eine institutionelle Aufgabe, die über seine vielen »Arbeiten« hinausreichte? Nicht nur zum Korrigieren, sondern auch zum Protestieren? Gehört nicht auch ein rebellisches, ein vielleicht sogar störrisches Element zu seiner Rolle? Muß es sich nicht auch einmal querstellen? Ist es nicht in aller Regel zu brav?

Kommt eigentlich so viel darauf an, daß alles im Sinne von Regierung und Bürokratie wie geölt läuft, daß alles klappt? Klappt nicht eher manchmal schon zuviel? Sind wir nicht in vielem zu ängstlich?

Kurz, es fragt sich, ob das Parlament nicht mehr Eigenständigkeit braucht, als Ganzes. Ob nicht der Demokratie gedient ist, wenn in ihr mehr offene Auseinandersetzungen ausgetragen werden; wenn die Bürger merken, daß sie nicht nur in ihren Willensrichtungen, ihren Sorgen und Interessen, sondern auch in ihrem Anspruch auf Eigenständigkeit, Unabhängigkeit, vielleicht gar Freiheit vertreten sind? Einem Anspruch, der öffentlich verfochten werden muß (wenn er nicht in der Resignation verkümmern respektive in die Privatsphäre sich zurückziehen soll, so weit er das nur kann)? Müßte das Parlament nicht auch der Ort der Zivilcourage sein? Müßte es nicht, vielleicht, der grassierenden Duckmäuserei und Untertänigkeit gegenhalten, so gut es nur möglich ist? Und darin Schule machen?

IV.

Aufgaben des Bundestags

*Funktionen des Parlaments nach der Lehre Walter Bagehots – Der imma-
nente Sinn der vermittelten Anwesenheit des Volkes in der Politik – Stärkung
von Regierung, Opposition und Gemeinsamkeit – Das Gegenüber zwischen
Exekutive und Legislative – Das Parlament als Mitregent – Das Problem der
Initiative des Bundestags – Der Bundestag und die Bürgerschaft –
Parlamentsberichterstattung – Anspruch und Grenzen der Kritik*

Die klassische Bestimmung der Aufgaben des Parlaments findet sich
in Walter Bagehots *The English Constitution* aus dem Jahre 1867.
Sie bezieht sich auf das englische Unterhaus.

Danach ist die wichtigste die Wahlfunktion (*elective function*): Das
Haus wählt den Premierminister (und stürzt ihn, wenn seine Mehrheit
das für gut hält). Zweitens soll das Unterhaus ausdrücken, was das englische Volk über all die Gegenstände denkt, mit denen es konfrontiert
wird. »It is its office to express the mind of the English people on all
matters which come before it.« *Teaching function* nennt Bagehot die
dritte Aufgabe. Und er gibt als Grund an, daß eine große und öffentliche Versammlung von beachtenswerten Männern nicht ins Zentrum
einer Gesellschaft gesetzt werden könne, ohne diese Gesellschaft zu
verändern. Und das sollte zum Guten geschehen. »Sie sollte die Nation
lehren, was sie nicht weiß.« Die vierte, die *informing function* erfüllt das
Parlament, indem es, wie einst im Mittelalter den Souverän, so jetzt die
Nation über Mißstände orientiert. Die Engländer seien ein gerechtes
Volk, aber sie wüßten von vielem nicht, was ungerecht sei. Dies Wissen sei ihnen auch nur schwer beizubringen. Ein Despot könne in der
Lage sein, die andere Seite anzuhören (schon aus Gründen der Vorsicht
und Machtbewahrung). In einer freien Demokratie dagegen höre man
niemals eine andere Seite als die eigene. Zeitungen brächten nur, was
ihre Leser lesen wollten; Gegenargumente würden entstellt. »The most

dull government is a free government on matters its ruling classes will not hear.« Das läßt sich nur durch große Parlamentsdebatten ändern, deswegen sei die Informationsfunktion die zweitwichtigste.

Erst als fünfte Aufgabe führt Bagehot die Gesetzgebung an. Sie sei von großer Bedeutung, und es gäbe Zeiten, wo sie die wichtigste sei; aber in der Regel sei das nicht der Fall. Manch einer, fügt er an, möge finden, daß noch eine sechste Funktion zu nennen sei, die der Verfügung über den Haushalt. Doch sei das nur eine Art von Gesetzgebung, auch wenn sie jährlich wiederkehre. In diesem Punkt sei die Kompetenz des Parlaments auch beschränkt. Über alle möglichen Dinge könne jedes Mitglied alles beantragen, nicht aber über die finanziellen. Das nämlich könne nur der Minister. Diese grundsätzliche Regelung könnte, schreibt Bagehot, wie ein Stück mittelalterlicher Metaphysik erscheinen, doch sei sie im 19. Jahrhundert so nützlich wie im 14. Denn jetzt, wo das House of Commons der wahre Souverän sei, sei es nicht mehr die kontrollierende, haushälterische, sparsame Körperschaft von einst, sondern es habe die Spendierhosen an. Hier also muß die Verantwortung der Regierung es bremsen. Entsprechend sieht das Grundgesetz (Artikel 113) – im Unterschied zur Weimarer Verfassung – vor, daß parlamentarische Beschlüsse über Mehrausgaben oder Mindereinnahmen der Zustimmung der Bundesregierung bedürfen. Nur das Bundesverfassungsgericht kann sich über diese Einschränkungen hinwegsetzen und von sich aus ausgabenträchtige Entscheidungen treffen.

Die Bestellung der Regierung, genaugenommen des Bundeskanzlers (sowie dessen mögliche Abwahl durch Wahl eines anderen), die Gesetzgebung inklusive der Beschlüsse über das Budget und, wie hinzuzufügen ist, die Ratifizierung völkerrechtlicher Verträge sind als Aufgaben auch des Bundestags unbestritten (außer bei der Wahl des Kanzlers hat freilich der Bundesrat in den meisten Fällen ein wichtiges Mitspracherecht). Daneben wird oft und mit guten Gründen eine weitere, bei Bagehot fehlende, Funktion hervorgehoben, diejenige der Kontrolle von Regierung und Verwaltung.

Diese Funktionen sind im Grundgesetz ausdrücklich vorgesehen oder zumindest angedeutet. Man könnte weitere anfügen, etwa die Feststellung des Verteidigungsfalls, die der Bundestag mit Zustimmung des Bundesrats zu treffen hat (sofern er dazu noch kommt; Artikel 115a), sowie den Beschluß über den Einsatz deutscher Streitkräfte im Ausland.

Versuche, den Katalog zu verlängern, um eine gewisse Vollständigkeit in der Aufzählung der weiteren Funktionen zu erreichen, laufen auf ein müßiges Spiel heraus. Bagehot selbst ist nicht mehr ganz aktuell. Eine *teaching function* zum Beispiel kann der Bundestag jedenfalls nicht ausüben. Ein so herausgehobenes *Council of considerable men (and women)*, daß die Nation von ihm aus (außerhalb seiner Gesetzgebung) verändert werden könnte – und gar noch zum Besseren –, ist er nicht und kann ein Parlament heute nicht mehr sein. Sehr wohl aber kann der Bundestag eine institutionelle Autorität beanspruchen, die sich aus der abendländischen Parlamentstradition, vor allem aber aus der Tatsache ergibt, daß er das Volk in seinen verschiedenen Willensrichtungen (soweit die Parteien sie einzufangen vermögen) widerspiegelt und repräsentiert. Eine Autorität, die erworben und immer neu bewährt werden muß respektive die ihm zuwächst, wenn er seine Sache gut macht. Dies wiederum hängt davon ab, was unter seiner Sache verstanden wird.

Bei allen möglichen Unterschieden der Meinungen, die darüber bestehen, und abgesehen von bestimmten vorübergehenden Ausschlägen, welche die Erwartungen aufgrund von Politikverdrossenheit, Aufgeregtheiten und Verzweiflungen ins Extrem heben oder senken können: Auszugehen ist bei der Bestimmung der Funktionen doch wohl vom immanenten, normalerweise und berechtigtermaßen angenommenen Sinn einer Institution, die das Volk vertreten soll, von den Erwartungen, die sich deswegen allgemein auf sie richten. Sie muß das Volk in der Politik vermittelt anwesend machen, in seinen Sorgen, vielleicht gar Ängsten, seinem Ärger (soweit er sich auf die Politik bezieht), seinen Wünschen und Forderungen. Sie muß seinem Bedürfnis genügen, über die Politik aufgeklärt zu werden, also Bescheid darüber zu wissen, was im Gange ist, was geplant wird, seinem Bedürfnis aber auch, sich darüber hinaus klarzuwerden, in welcher Lage sich das Land befindet, was daraufhin erst noch Gegenstand der Politik werden muß (sofern es nötig und möglich ist). Hier käme Bagehots *expressive function* ins Spiel.

Das Parlament ist zwar nicht die einzige Vertretung des Volkes. Auch die Regierung ist es (neben den Gerichten als dritter Gewalt), indem sie die vom Volk ausgehende Staatsgewalt ausübt. In aller Regel sind

155

die Minister ja auch führende Parlamentsmitglieder. Trotzdem wird es nicht nur der Tradition verdankt, sondern ergibt sich aus der Wahl des Parlaments durch das Volk, aus der Tatsache, daß Regierungs- wie Oppositionsparteien in ihm zusammen sitzen, daß es die primäre, die eigentliche Volksvertretung ist; wie es der allgemeine Sprachgebrauch ihm auch zuschreibt.

Eben aus der vermittelten Anwesenheit des Volkes auf dem Forum der Politik erhalten verschiedene Funktionen des Bundestags über das Formale hinaus ihr spezifisches Gewicht: daß er etwa, mit seiner Mehrheit, die Regierung nicht nur wählt, sondern auch stützt, auf verschiedene Weisen zu ihrem Erfolg beiträgt (nicht zuletzt dadurch, daß er sie – wenn auch eher hinter verschlossenen Türen – seiner Kontrolle und Kritik aussetzt); daß er aber auch, mit seinen Minderheiten, die Regierung öffentlich der Kritik unterzieht, Opposition übt und Alternativen zu ihr, ihren politischen Vorhaben, überhaupt den Weisen ihres Handelns und Unterlassens entwickelt, im Großen und im Kleinen. Wo Regierungskoalition und Opposition sich einig sind, und sei es wenigstens grundsätzlich, kann es von Bedeutung sein, daß der Bundestag auch diese Geschlossenheit demonstriert, sei es mit der Regierung, sei es gegen sie.

Sosehr sich aber die Funktionen des Bundestags (zumindest in Anbetracht der herausragenden Materien) auf das Wirken der Parteien aufzuteilen scheinen, sowenig gehen sie darin auf. Schon der Kampf zwischen den Parteien findet im Parlament nicht nur seine – außerhalb des Wahlkampfs – bedeutendste Arena, sondern zugleich ein Haus, dessen Einrichtung, Gebote und Bräuche ihn begrenzen, in seinem Stil bestimmen und hinter den Gegensätzen ein Stück Gemeinsamkeit aufleuchten lassen sollen: Man streitet sich unter der Leitung des Präsidenten, im Rahmen der Geschäftsordnung und vieler ungeschriebener Regeln, im Angesicht der Gegner, welche Bundestags»kollegen« sind (und es gibt viele Freundschaften über die Lagergrenzen hinweg).

Indem es den Austrag von Streit in bestimmter Weise zugleich ermöglicht und kanalisiert, hat das Parlament eine wichtige integrierende Funktion, für Politik wie Gesellschaft, über viele Spannungen hinweg. Jedenfalls gilt dies so, wenn die Regeln stärker als die Gegensätze sind; denn in Extremsituationen muß natürlich auch die streitbändigende Kraft des Hauses versagen. Freilich kann sie deren Eintreten verzögern oder verhindern.

Außerdem dient das Parlament nicht nur dem Kampf, sondern auch der Verständigung und dem Ausgleich. Im ganzen ist es doch wohl eine Concordia discors, die dort waltet (wie ja auch Pluralismus letztlich darin besteht, daß man »trotzdem einig« ist). Eben damit ist gegeben, daß das Parlament keineswegs nur von den Gegensätzen zwischen Mehrheit und Minderheit bestimmt wird.

Um nur ein paar Zahlen zu nennen: Sehr viele Gesetze werden mehr oder weniger einmütig verabschiedet. Die Statistik verzeichnet zwischen der vierten (1961) und der siebten (1976) Wahlperiode rund 70 Prozent einstimmig angenommene Gesetze, davor und danach waren es 58, 64, 62 oder 51 Prozent. Lediglich im ersten Bundestag (19 Prozent) sowie seit dem zehnten, in dem erstmals die Grünen ins Parlament kamen, waren die Zahlen erheblich geringer (im zehnten 16, im elften 17 Prozent). Noch im neunten Bundestag (1980–1983) waren 20 respektive 27 Prozent der »wesentlichen« respektive »wichtigen« Gesetze darunter (im zehnten und elften kein einziges »wesentliches«, im zehnten wenigstens zehn »wichtige« Gesetze). Zahlreiche Beispiele ließen sich dafür anführen, daß die Opposition ein Gesetz modifizieren und anschließend ihm zustimmen konnte.

Sehr allgemein formuliert, bestünde die Aufgabe des Bundestags also darin, die – von den Parteien eingefangenen – Meinungen und Interessen des »Volkes«, soweit sie sich zu Mehrheiten zusammenfassen lassen, zur Basis der Regierungsbildung und -politik zu machen; darüber hinaus aber alle zusammen in öffentlicher »parlamentarischer« Auseinandersetzung zur Geltung zu bringen und sie fortzubilden. Doch muß in dieser allgemeinen Bestimmung noch ein besonderer Akzent gesetzt werden.

Damit, daß im parlamentarischen Regierungssystem die Mehrheit die Regierung zu bestellen und zu stützen hat, daß sich im Parlament folglich Regierung und Opposition gegenüberstehen, ist die alte Entgegensetzung zwischen Regierung und Parlament noch nicht völlig außer Kraft gesetzt.

Das gilt zum einen innerhalb der Regierungskoalitionen. Zunächst lassen sich die Regierungsfraktionen nicht einfach instrumentalisieren.

Es sind vielerlei Abhängigkeitsverhältnisse zwischen ihnen und der Regierung denkbar. »Das Fegefeuer ist für mich, wenn ich in die Fraktion muß«, hat Adenauer einmal erklärt; und er hielt es für wichtig, dorthin zu gehen. Auch weiß man, daß er mit einigen seiner Absichten in Fraktion oder Parlament, trotz der Regierungsmehrheit, nicht durchkam. Verschiedene Gesetze, nicht nur der erste Vertrag mit Israel 1952, konnten nur mit Hilfe der Opposition durchgebracht werden. Speziell in der CDU sind bei namentlichen Abstimmungen, zumal in den ersten Jahrzehnten, regelmäßig einige Abgeordnete von der Parteilinie abgewichen.

Der potentielle Einfluß der Fraktionsführer auf die Regierungspolitik ist kaum zu unterschätzen. Das Zusammenspiel von Bundeskanzler, Regierung und Fraktion hängt in hohem Maße von ihnen ab. Gerade Eigenwilligkeiten der Fraktion – oder von bestimmten Gruppen in deren Innern – können ihnen zu schaffen machen, können aber auch ihre Position erheblich stärken: Indem sie gebraucht werden, indem sie den Ausgleich finden müssen, können sie sich und der Fraktion in vielem Gehör und Respekt verschaffen.

Auch die Kontrollfunktionen pflegen die Parlamentsmehrheiten durchaus auszuüben; nur freilich zumeist hinter verschlossenen Türen, um nicht die Geschäfte der Opposition zu betreiben. »Die in der Öffentlichkeit sichtbare Kontrolle ist als Oppositionskontrolle nicht direkt effizient; die effiziente Kontrolle der Mehrheit dagegen ist in aller Regel in der Öffentlichkeit nicht sichtbar. Deswegen wird aber durchaus nicht darauf verzichtet« (Heinrich Oberreuter). Insofern soll man das »parlamentarische Selbstbewußtsein« und die »parlamentarische Eigenständigkeit« auch der Regierungsfraktionen nicht geringschätzen. Auch dort wissen viele, daß sie ein »Amt« haben, eine Verpflichtung, welche zugleich die Basis ihres eigenen Einflusses – in den gegebenen Grenzen – ist.

Der gegenwärtige SPD-Fraktionsvorsitzende Peter Struck hat deswegen ausdrücklich darauf verzichtet, an den Sitzungen des Bundeskabinetts teilzunehmen. Höchstens von Fall zu Fall sei das möglich. »Die Verantwortlichkeiten müssen klar sein. Ich gehöre zur Legislative, die Regierung ist die Exekutive.« Ähnlich die Vorsitzenden der Grünen-Fraktion. Eine regelmäßige Teilnahme an den Kabinettssitzungen berge die Gefahr, daß die Fraktionsvorsitzenden für Entscheidungen in Haftung genommen würden, die sie kaum beeinflussen könnten. Struck

will auch keinen »Koalitionsausschuß«, in dem Partei- und Fraktionsführer sich fast wöchentlich träfen und die Politik bis in die Kleinigkei-
ten hinein verabredeten – wie es bei der vorangegangenen Regierung
üblich war; es hatte die Einflußmöglichkeiten der Abgeordneten zum
Teil auf störende Weise beschnitten. Solch ein Ausschuß dürfe nur bei
Bedarf »oder im Katastrophenfall« zusammenkommen. Man muß sehen, wie weit er auf diesem Weg kommt; institutionell konsequent ist
er jedenfalls.

Doch ist dies nur das eine. Andererseits nämlich ist auch das herkömmliche Gegenüber von Parlament und Regierung noch nicht völlig seiner Anlässe und seines Sinns beraubt. Auch wenn die Mehrheit
des Volkes mit der Politik der – letztlich von ihr gewählten – Regierung zumindest einigermaßen und für einige Zeit übereinzustimmen
pflegt, muß sich das Gefälle zwischen Regierenden und Regierten immer wieder einmal herstellen. Auch in der Demokratie wird »das Volk«
beherrscht; wenn Minister und Bürokratie auch an Recht und Gesetz
gebunden sind, so bleibt Raum genug für ihre Willkür, ihre Taubheit,
für die Arroganz der Macht; mit der Mäßigung der Verwaltung wächst
die Empfindlichkeit, mit der Komplexität des Lebens das Unverständ-
nis für das höheren Orts Angeordnete. Und das ist zunehmend auch im
Blick auf die Instanzen der Europäischen Union der Fall.

Obzwar Montesquieus Gewaltenteilungslehre in Verfassungen, in
denen die Regierung aus dem Parlament hervorgeht, nicht anwendbar
ist, bleibt ein mehr oder weniger großer Rest von Unterscheidung
auch zwischen Regierung und Parlament (zu schweigen von der dritten Gewalt) sinnvoll und sollte respektiert und herausgekehrt werden.
Zwischen der Gegensätzlichkeit von Regierung und Opposition und
dem Gegenüber von Regierung und Parlament besteht eine letztlich
unauflösliche Spannung, ähnlich der zwischen freier Entscheidung
und Fraktionsdisziplin der Abgeordneten. Aber aus dieser Spannung
lebt das Parlament, es ist in beiden Hinsichten gefordert.

Wer, wenn nicht das Parlament, soll sich angesichts sich abzeich-
nender größerer Ärgernisse zu Wort melden? Was wäre, wenn das Parlament einfach über sie hinwegginge, sie unter der Decke zu halten
versuchte oder wenn es das letzte ist, das sie aufnimmt? Wenn es brennende Themen, die der öffentlichen Debatte bedürfen, links liegen
läßt – bis sie überall sonst durch sind? Es ist dabei ja nicht erforderlich,
daß die Abgeordneten unisono oder auch nur mit Mehrheit gegen die

Regierung Stellung nehmen. Wichtig ist vor allem, daß das Parlament in der Debatte präsent ist, und zwar zur rechten Zeit, gegebenenfalls bevor die Entscheidung gefallen ist. Und daß eine deutliche Sprache geführt wird. Auch wenn schon dies der Regierung oft gar nicht zupaß kommt. Auf längere Sicht könnte es ihr nützen.

Zu den Bedingungen des Aufstiegs des Parlaments, wie er sich in Großbritannien vollzogen hat, gehört der Protest, der Trotz. Ein gewisses Rebellentum müßte von daher jedem Parlament in den Genen stecken. Auch das englische Parlament hat viel mit sich handeln lassen. Der Austausch nach dem Prinzip des *do ut des* hat auch in seiner Geschichte keine geringe Rolle gespielt. Aber entscheidend war, daß es sich letzten Endes nicht unpolitische Zugeständnisse geben ließ, um andern politische Macht zu verleihen, sondern daß es diese Macht selbst beanspruchte; und daß die Mehrheit des Hauses darin über eine ganze Strecke Zeit einig war, also die Sache des ganzen Hauses stark machte.

Gerade aufgrund der Unterlegenheit des Parlaments gegenüber Ministerien und Bürokratie – man hat von einer »schier aussichtslosen Ungleichgewichtigkeit [...] in puncto Kompetenz und Information« gesprochen (Hamm-Brücher) –, kann auch aus dem »Amt« der Abgeordneten, aus der relativen Freiheit, die sie als Vertreter des ganzen Volkes gegenüber Ministern und Beamten genießen, eine eigene Verantwortung erwachsen, auch für das Haus im ganzen. Unterlegenheit kann solidarisierend wirken, verbindend gegenüber der Exekutive.

Wenn eine Ordnung wesentlich aus ihren Institutionen – und deren Zusammenspiel – lebt, so müssen die institutionellen Rollen auch gespielt werden. Das heißt, es müssen die Parlamentarier ihre Rolle auch als Parlamentarier wahrnehmen (und nicht nur als Politiker, die innerhalb von Parteien und Fraktionen mehr oder weniger Einfluß genießen).

Theodor Eschenburg hat geschrieben, der Abgeordnete habe zwischen Parteizwecken und Institutionstreue zu unterscheiden. Das eine werde ihm durch Fraktionen, Parteivorstand und Wahlkreisorganisation geradezu aufgedrungen. Über die Institutionstreue aber wache praktisch kaum jemand, abgesehen von Fällen der Verfassungs- oder Gesetzesverletzung. »Wir regen uns nur auf, wenn institutionswidriges Verhalten zugleich richtungsschädigend wirkt, sind aber bereit, es zu dulden und zu entschuldigen, wenn es richtungsdienlich wirkt.« Wer sich Schranken auferlege aus Bindung an die institutionelle Rolle, gelte als töricht. Um so stärker muß man die Aufgabe des Parlaments als eigener Institution herausstreichen, bewußt und zum Gegenstand kräftiger Erwartungen machen.

Selbst einer Regierung kann daran gelegen sein, daß ihr Parlament aufbegehrt; weil es ihre Verhandlungsposition stärken, weil es ihr ermöglichen kann, etwas zu betreiben, was sie selbst so direkt besser nicht ansteuert. Minister, die bestimmte Konflikte mit Rücksicht auf die eigene Klientel nicht auf den Punkt bringen können, können froh sein, wenn dies im Parlament geschieht. Freilich darf es in diesen Fällen nicht nur abgekartetes Spiel geben, was der Fall wäre, wenn dergleichen nur bei Bedarf stattfände, wenn solchen Reaktionen also keine auch sonst zu beobachtende Eigenständigkeit des Parlaments entspräche. Wenn zwischen Regierung und Parlament allgemein zu wenig Abstand besteht, wenn es an ebenjenem Abstand fehlt, der dem Parlament eine kraftvolle Entfaltung ermöglicht.

Eine begrenzte Vielstimmigkeit der Regierung – und nicht nur zwischen ihr und der Opposition – kann für die Lebendigkeit der Politik sprechen; kann in den Institutionen manches an demokratischen Impulsen auffangen, was sonst leicht versickert, wenn es sich nicht, äußerstenfalls, anderswo staut.

Eine gewisse Sperrigkeit der Volksvertretung hat auch darin ihren guten Sinn, daß sie zur Regeneration von deren institutionellen Voraussetzungen beiträgt, ganz abgesehen vom Ansporn zu Bewußtseinsbildungsprozessen in der Bürgerschaft, der darin wirksam sein kann.

Eine gewisse Vielfalt der Anknüpfungen wäre jedenfalls für die Einbindung der Bürgerschaft in die Demokratie nicht unwichtig, eine Vielfalt auch der Identifizierungen, zu denen gerade die Spannweite einer demokratischen Verfassung Gelegenheit bietet.

Demokratie darf, auf die Regierten gesehen, nicht nur Sache von Konsumenten und Nutznießern sein. Sie braucht Bürger, im kleinen und im großen. Sie braucht nicht nur den Protest von Bauern und Kassenärzten, sondern auch den um der Rechte der Bürger willen, auf politisches Gehör, auf Partizipation, auf Respektierung guter Argumente mindestens insoweit, daß man sie einer Widerlegung für wert hält. Dazu braucht es Vorbilder des Sich-Aufbäumens, Sich-nichts-Bieten-lassens, Sich-Hineindrängens, der bürgerlichen Präsenz – und wo sonst können die so eindrucksvoll und sinngemäß dargeboten werden wie im Parlament? Gehören nicht gerade Parlament und Zivilcourage zusammen?

Dies alles könnte an Bedeutung gewinnen, je mehr der Orientierungsbedarf der Gesellschaft insgesamt bewußt wird. Je mehr es darum geht, daß man eine gewisse Transparenz und Öffentlichkeit der Politik herstellt; daß die Bürgerschaft sich in der Politik wiederfindet oder allererst mit ihr »mitkommt«. Bei allen zentrifugalen Tendenzen, bei aller Vereinzelung und Fragmentierung der Gesellschaft, nicht zuletzt bei aller so vielfältigen Durchbrechung oder Niederlegung nationaler Grenzen – es bleibt genug politisch zu entscheiden, wenn man sich nicht einfach den selbstläufigen Wandlungen überlassen will, und es kommt vieles darauf an, daß das Parlament die Willensbildung von unten nach oben wie von oben nach unten vermittelt, auf vielen Wegen, engeren und breiteren, nicht zuletzt auf dem der öffentlichen Auseinandersetzung. So ist es jedenfalls als Tendenz in einer Institution angelegt, die das »Volk« in der Politik anwesend machen soll.

Konrad Hesse hat dem Bundestag einen »bestimmenden Anteil an der politischen Gesamtleitung« zugesprochen, Friedrich Schäfer in ihm ein Organ der politischen Führung gesehen, Wilhelm Kewenig ihn einen »Mitregenten« genannt. Das alles ist richtig. Und es wird gelegentlich über Gebühr durch die Klagen der Abgeordneten über ihr Informationsdefizit verdunkelt.

Doch ist es mit dieser Mitregentschaft verknüpft, daß Exekutive und Legislative sehr weitgehend ineinandergreifen. Sehr vieles läuft ja im Sinne einer Arbeitsteilung. Verwaltungstätigkeit setzt überall und bis ins einzelne Gesetze voraus, aufgrund zahlreicher Gesetzesvorbehalte, aber auch aufgrund der vom Bundesverfassungsgericht entwickelten »Wesentlichkeitstheorie«, wonach »in grundlegenden normativen Bereichen, zumal im Bereich der Grundrechtsausübung« der Gesetzgeber »alle wesentlichen Entscheidungen selbst zu treffen hat«. Die Gesetzgebung setzt der Verwaltung keineswegs nur Grenzen (und schafft nach alter Auffassung der bürgerlichen Gesellschaft Freiheitsräume oder schützt etwa, um eine moderne Problematik aufzugreifen, die Umwelt), sondern im Gegenteil, sie macht die Ausführung mancher Absichten der Verwaltung überhaupt erst möglich.

Daher ja die »flächendeckende Gesetzgebung«, die Thomas Ellwein vielfach kritisiert hat, die Vielzahl der Gesetze, die eine Vielzahl von Änderungen zur Folge hat, 25 Änderungen des Mineralölbevorratungsgesetzes in vier Jahren, eine Neufassung des Einkommensteuergesetzes, die in der gleichen Woche im Bundesgesetzblatt verkündet wird, in der das erste Gesetz zur Änderung dieser Neufassung enthalten ist.

Gewiß trifft der Bundestag keine Einzelfallentscheidungen, aber viele Detailgesetze und -bestimmungen kommen, indem sie kleine Gruppen begünstigen oder benachteiligen, solchen Entscheidungen doch wenigstens ziemlich nahe. Nach Ellwein werden in ihm die »Probleme eher kleingearbeitet«. Er bescheinigt dem Bundestag mit gutem Grund eine »Gesetzgebung auf hohem professionellen Niveau; [...] im Ergebnis im großen und ganzen präzise und auch im Detail sehr genau«. Aber »man kann den Verdacht hegen, daß im flächendeckenden Kleinarbeiten von Politik eben die Politik zu kurz kommt«.

Kurz, die »Mitregentschaft« des Bundestags, die ihm zweifellos einen beachtlichen Einfluß läßt, den er auch auszuüben pflegt, bedingt – auch durch die Unentbehrlichkeit der Experten und die enge Verbindung zwischen ihnen, ob sie nun im Parlament, in der Bürokratie sind oder organisierte Interessen vertreten – eine überaus enge Verwobenheit mit den andern Teilen des Regierungssystems, eine ganz außerordentliche Verwicklung in Detailarbeit, und beeinträchtigt damit die Fähigkeit, von sich aus Prioritäten zu setzen. »Dieses Parlament erstickt in einer Fülle von Detailproblemen [...] und darüber vernachlässigen wir [...] die eigentliche politische Führungsaufgabe«, so hat es Manfred Wörner 1969 formuliert.

Ellwein hat einschränkend hinzugefügt, der Alltag stelle »sich differenziert dar, allerdings nie so, daß der Bundestag auf seine Position verzichtete, sich ganz durch die Regierung instrumentalisieren ließe und nur noch Schauplatz des Ringens zwischen Regierung und Opposition wäre«.

Doch kann eines so leicht nicht ausbleiben: Indem sich der Bundestag »schlechthin als die Legislative betrachtet«, ist es dazu gekommen, »daß er sich mit zunehmender Gesetzesflut immer stärker versachlichte und entpolitisierte, wenn nicht gar bürokratisierte. Er hat damit zwar seinen Stil selbst geprägt, aber zugleich seine Stellung im Regierungssystem entscheidend beeinflußt. Denn für die Gesetzgebungsarbeit ist der bürokratische Apparat mit seinen Spezialisten und Beratern weitaus besser gerüstet, und je detaillierter sie ausgeführt wird, um so mehr geht die Ausstrahlungskraft nach außen verloren. Der Bundestag führt sein Dasein in Isolierung«, wie Heinz Rausch und Heinrich Oberreuter festgestellt haben.

So hat die Eigenständigkeit des Parlaments unter seiner vielfältigen Verwobenheit mit der Regierung zu leiden. Zu leicht entsteht das Bild einer Geschlossenheit von Herrschaft. Über der Arbeit an den Gesetzen treten große Themen zu schnell in den Hintergrund. Das Parlament ist zu sehr Werkstatt, zu wenig »Forum der Politik«, um eine Unterscheidung aufzunehmen, die Rita Süssmuth einmal getroffen hat. Jedenfalls ist es heute ein Problem, wie der Anspruch auf Führung – oder vorsichtiger formuliert: auf deutliche Teilhabe an der politischen Führung – wahrzunehmen ist.

Ein aktuelles Beispiel in diesem Zusammenhang stellt der Plan zur Errichtung des sogenannten Holocaust-Mahnmals in Berlin dar. Hier geht es um eine der einschneidendsten Entscheidungen deutscher Geschichtspolitik, ein höchst gewagtes Denkmal; denn es soll einzigartiger Verbrechen des eigenen Volkes in der Mitte seiner Hauptstadt monumental gedenken. Höchst bedeutsam auch der Zeitpunkt: die Übersiedlung von Parlament und Regierung nach Berlin, in gewissem Sinne ein Neuanfang deutscher Republik. Trotzdem hat man dieses Projekt lange Zeit wie selbstverständlich als Regierungs-, ja als Chefsache behandelt, freilich nicht nur der Bundesregierung, sondern auch des Senats von Berlin. Zusätzlich war dem Förderkreis, von dem die Initiative ursprünglich ausgegangen war, ein Mitspracherecht eingeräumt worden, so daß sich eine »Drittelparität« ergab. Erst Jahre später, als sich die Fronten verhärteten, erschien es plötzlich als das Natürlichste von der Welt, daß dem Bundestag die Entscheidung über dieses Denkmal zukäme. Er hatte in einem früheren Stadium einmal darüber diskutiert, später war gelegentlich gefordert worden, ihn als vierten an den Beschlüssen zu beteiligen.

Man könnte sich jetzt fragen, ob hier alles mit rechten Dingen zugegangen ist. Hat der Bundestag etwas versäumt, indem er nicht – oder viel zu spät – erkannt hat, daß ein so bedeutsames nationales Projekt vor sein Forum gehört? Oder ist es normal, solch eine Entscheidung dem Regierungschef zu überlassen? Ist es vielleicht gar symptomatisch, daß bestenfalls vereinzelte Stimmen frühzeitig – ganz wenige schon von Anfang an – darauf gedrungen haben, daß hier die Volksvertretung zuständig ist?

Vielleicht ist das Problem des Mahnmals vom Bundestag unterschätzt worden. Immerhin ist der Sinn für die symbolischen Dimensionen deutscher Nationalität und Staatlichkeit in der Mühle zwischen belasteten, entleerten Traditionen und schaler Betroffenheit ziemlich verkümmert. Da aber die allgemeine Diskussion sehr lebhaft wurde und zunehmende Aufmerksamkeit auf sich zog, ist der Verdacht nicht so leicht von der Hand zu weisen, daß sich in dieser Enthaltsamkeit eine Schwäche des deutschen Parlaments geäußert habe; in der Selbsteinschätzung sowohl wie in den allgemeinen Erwartungen, auch in den Vorstellungen der Exekutive von der Verteilung der Kompetenzen im Bund. Jedenfalls hat sich die Volksvertretung der Deutschen in diesem wichtigen Punkt nicht verantwortlich gefühlt. Was doch wohl heißt, daß sich ein Defizit an Demokratie gerade im Verhältnis zu jener Vergangenheit aufgetan hat, aus der wir eigentlich hätten lernen sollen – und grundsätzlich ja auch gelernt haben –, wie wichtig Demokratie ist.

Gelegenheiten, die die Deutschen als Nation und das heißt hier speziell aufgrund des schlimmsten Kapitels ihrer Vergangenheit angehen, haben aber im Bundestag ihren Platz nicht nur in Form von Gedenkveranstaltungen, zu denen er die Räumlichkeit stellt, sondern gerade auch in der von Debatten und Entschließungen. Daß der Bundestag dazu auf sehr eindrucksvolle Weise imstande ist, hat er zuletzt etwa bei der Diskussion über die sogenannte Wehrmachtsausstellung gezeigt. Aber auch die Verjährungsdebatten früherer Jahre und manches andere ließen sich da zitieren.

Es soll nicht geleugnet werden, daß der Bundestag im Hinblick auf das Mahnmal mit praktischen Schwierigkeiten konfrontiert ist. Die Diskussion über das Ob, das Für wen, das Wo und Wie des Mahnmals ist, wie man hinlänglich erfahren konnte, so leicht nicht auf wenige klare Fragen oder gar Alternativen zusammenzuführen. Es bedarf umsichtiger Vorbereitungen. Es kann nicht genug sein, wenn sich das Haus ein einziges Mal damit befaßt, vielmehr müssen erste Beschlüsse vermutlich im Hinblick auf die Bildung einer Kommission samt Festlegung eines Auftrags gefaßt werden, bevor dann in einer zweiten Debatte Entscheidungen gefällt werden können. Allein, praktische

Schwierigkeiten dürfen nicht von der Behauptung und der Erledigung einer institutionellen Aufgabe abhalten. Aller Wahrscheinlichkeit nach ist hier etwas versäumt worden.

Man könnte sich, um vom andern Ende der Skala noch ein ganz geringes Beispiel anzuführen, fragen, ob der Bundestag nicht gut daran getan hätte, mit mehr Nachdruck, als es der Fall war, und zu günstigerer Stunde den in der Bevölkerung so weit verbreiteten, heftigen (und durchaus berechtigten) Ärger über die von den Kultusministern jüngst vorgenommenen Eingriffe in die deutsche Rechtschreibung sich zu eigen zu machen. Immerhin handelte es sich um den Versuch einer Bevormundung mit deutlich obrigkeitsstaatlichen Zügen, wie ihn selbst im alten Preußen die zuständigen Kultusminister nicht gewagt haben (vielmehr nur der Reichsminister Rust im Jahre 1944). Insofern hatte die Sache einen grundsätzlichen Aspekt; waren auch Rechte sehr vieler Bürger betroffen (wenn auch nicht solche, die im Grundgesetz formuliert sind; doch kann dort ja schließlich nicht an alles gedacht sein). Und die Bundesregierung war ja durchaus mit von der Partie.

Das Aufgreifen von Gelegenheiten dieser Art ist schon deswegen günstig, weil sich das Parlament dabei mit guten Gründen und in weitgehendem Einverständnis mit der Bürgerschaft ein Stück weit von der Regierung abheben kann.

»Das repräsentative Prinzip bleibt nur lebendig und gerechtfertigt, wenn die Konflikte auch wirklich repräsentativ – und dazu [...] bedarf es des Parlaments mit Regierungsmehrheit und Opposition – behandelt und entschieden werden«, hat Annemarie Renger, Bundestagspräsidentin von 1972 bis 1976, geschrieben. Daher sei es etwa aus politischen Gründen zwingend geboten gewesen, daß der Bundestag über den NATO-Doppelbeschluß ausführlich debattierte und einen Beschluß in der Sache faßte, »obwohl er in einem formell-juristischen Sinne die eigentliche Entscheidung nicht treffen, insbesondere kein Gesetz für eine ›Ratifizierung‹ beschließen konnte«.

Neben solchen Beispielen ließen sich ganze Gebiete nennen, in denen der Bundestag relativ spät die Initiative ergriffen hat. So konnten nach dem Urteil der Enquetekommission »Gestaltung der technischen Entwicklung« »zentrale technologiepolitische Entscheidungen, deren Auswirkungen weit über den Bereich der Technik selbst hinausreichen, [...] bislang häufig ohne rechtzeitige Einbeziehung des Parlaments durchgesetzt« werden. Annemarie Renger hat in diesem Zusammenhang auf die neuen Informations-Kommunikationsmedien hingewiesen, »technologische Rationalisierungs- und Modernisierungsschübe, z. B. durch Mikroprozessorentechnik mit ihren langfristigen Auswirkungen auf Arbeitsplatz- und Ausbildungsstrukturen, oder [...] die Gentechnologie mit ihrem bis an unser Menschenbild rührenden Problemhorizont«.

Man darf nicht unterschätzen, was im Bundestag in Wirklichkeit – und oft von der Öffentlichkeit fast unbemerkt – getan wird. Nicht nur in den großen Debatten, zumal denen, die spannend sind, weil die Abstimmung in ihnen freigegeben ist, sondern bei vielen Gelegenheiten, unter anderm in Aktuellen Stunden, Fragestunden etc.

Die Abgeordneten des Bundestags greifen nicht nur eine Unzahl einzelner Sorgen auf. Um nur einige thematisch zusammenhängende Punkte der Tagesordnung des 19. März 1997 aufzugreifen: Da ging es vom Klimaschutz über ein Investitionsprogramm für Arbeitsplätze durch Klimaschutzmaßnahmen, ein Verbot des Neuanschlusses von Stromheizungen, die Wärmenutzungsverordnung zur Durchführung des Bundesemissionsschutzgesetzes, eine Umsetzung der Selbstverpflichtungserklärung deutscher Wirtschafts- und Industrieverbände zum Klimaschutz bis zu einem Aktionsprogramm zur CO_2-Minderung und Energieeinsparung im Gebäudebereich.

Die Abgeordneten verlangen von der Bundesregierung immer wieder Berichte über brennende Fragen. Es werden Sondersitzungen einberufen, wenn die sowjetischen Truppen in Litauen einmarschieren, angesichts des Unfalls von Tschernobyl etc. Aber vieles davon wird, sofern überhaupt wahrgenommen, bald wieder vergessen.

Insgesamt ist es kaum ganz falsch, wenn man behauptet, daß der Bundestag es an eigenen Initiativen – und seien es zunächst nur die zu einer großen Debatte – verschiedentlich mehr als angebracht fehlen läßt. Rolf Zundel, zu seinen Lebzeiten einer der aufmerksamsten Beobachter des Bundestags, hat in seinem 1980 erschienenen Buch als Regel formuliert: »Wenn ein Thema wirklich niemand mehr interessiert, wenn es geruch- und geschmacklos geworden ist, eingestanzt in eine Mischung aus glatten, unverbindlichen Formeln zur Darstellung des eigenen Standpunktes und realitätsferner Polemik zur Charakterisierung der gegnerischen Meinung – dann kommt es ins Parlament, meist in Form einer großen Debatte.« Inzwischen mag sich das gebessert haben; es gibt wohl auch Unterschiede von Fall zu Fall.

Jedenfalls darf sich der Bundestag nicht nur mehr oder weniger von der Regierung vorgeben lassen, was er tun, welche Gesetzesvorhaben er etwa beraten, prüfen, verbessern, verabschieden soll; er kann sich nicht nur fragend, kontrollierend, kritisierend an die Tätigkeit der Regierung anhängen. Sondern er muß auch vorausschauend Aufmerksamkeit auf die wesentlichen Themen der Politik lenken helfen. Er ist »nicht in erster Linie für ›Auftragsarbeiten‹ da [...]. Er muß kreativ und sensibel sein und muß dies in offenen Debatten zeigen, auch ohne Beschlußfassung. Er darf keinem Streit aus dem Weg gehen, wenn er sicherstellen will, daß jeder Streit von politischem Gewicht auch im Bundestag ausgetragen und durch das Parlament einer Entscheidung zugeführt wird.«

Die damit gegebene Art der Initiative könnte heute gar wichtiger sein als die unmittelbare Gesetzesinitiative, die das Parlament weitgehend verloren hat. Denn es kann die Regierung zur Vorlage von Gesetzen auffordern, tut dies auch immer wieder, und das erfüllt seinen Zweck oft kaum weniger, als die eigene Erarbeitung solcher Gesetze es könnte. Freilich sind die Regierungsvorlagen aufs beste ausgefeilt, die Regierung kann manches vorgeben (und in Verhandlungen mit den interessierten Verbänden befestigen), so daß es schwer ist, nachträgliche Veränderungen anzubringen. Immerhin: Ausgeschlossen ist es nie, und es geschieht ja auch nicht gar so selten.

Auch Bagehots *informing function* ist in gewissem Sinne noch heute aktuell. Nicht für die Beschaffung von Nachrichten, darin sind die diversen elektronischen und gedruckten Medien viel besser und schneller, sei es aufgrund eigener Recherchen, sei es aufgrund von Mitteilungen; nicht zuletzt solchen der Regierung und der Parteien, die aus verschiedenen Interessen heraus darauf zielen, bestimmte Dinge zu bestimmten Zeitpunkten unters Volk zu bringen. Und was in der Arbeit des Bundestags, etwa in Fragestunden, an bis dahin unbekannten Informationen herausschaut oder zutage kommt, beiläufig, zum Teil unbeabsichtigt, hält sich in Grenzen. Um so größer aber ist das Problem, in der unüberschaubaren Menge der Informationen Akzente zu setzen, Einschätzungen vorzunehmen und gegebenenfalls herauszuheben, was wichtig, vielleicht gar alarmierend ist. Damit kann sich ein gewisser Verstärkereffekt verbinden.

Indem diese Debatten zum Teil von den Fraktionen vorbereitet, jedenfalls von Parlamentariern geführt werden, die zumeist in vielerlei

Zusammenhänge intensiver Diskussion eingespannt sind, sollten sie zugleich der genaueren Artikulation der verschiedenen Gesichtspunkte, Meinungen, Interessen und Positionen dienen.

Darüber hinaus stellt sich die Frage, ob der Bundestag in Prozessen der gesellschaftlichen Meinungs- und Willensbildung, innerhalb der Politik wie in ihrem Vorfeld, nicht eine viel stärkere Rolle spielen könnte und sollte, als dies normalerweise der Fall ist. Man hat immer schon zugunsten der mittelbaren Demokratie vorgebracht, daß der »Volkswille«, der ja nicht nur vielfach unterschiedlich, ja gegensätzlich, sondern zunächst einmal diffus zu sein pflegt, im Parlament gefiltert, geklärt, gebündelt und wirksam gemacht wird. Das ist heute längst nicht mehr in dem Ausmaß wie früher der Fall, da Parteizentralen, Koalitionsausschüsse, Kanzlerrunden etc. vieles davon besorgen. Hinter verschlossenen Türen, wo sich ja übrigens auch der Wille der Fraktionen zu bilden pflegt, und sofern öffentlich, keineswegs unbedingt im Parlament. Doch muß das ja nicht so sein; man kann eine Aufgabe darin sehen, es zu ändern.

Anwesenheit »des Volkes« bedeutet Präsenz des Bundestags gerade auch in den Debatten, die die Republik, die Politik und damit eine ganze Reihe von Fragen angehen, die die Bürgerschaft umtreiben, zumal wenn sie für die Zukunft wichtig sind und uns politisch beschäftigen sollten.

Wenn das Parlament das Gravitationszentrum des demokratischen Verfassungsstaats ist, so müssen in ihm die Leit- und Richtungsentscheidungen für das politische Leben und die staatliche und gesellschaftliche Ordnung fallen. Zumindest müssen sie in ihm, und zwar rechtzeitig, begründet und diskutiert werden.

Es hat bedeutende Mittlerfunktionen; fragend, einwendend, bekräftigend in Richtung Regierung; informierend, klärend, vielleicht gar lehrreich in Richtung Volk; im Interesse der Regierung, wenn auch zugleich gegen sie; und im Interesse der Bürgerschaft.

Es muß den Ansprüchen der Bürger genügen, das Für und Wider von Entscheidungen nachzuvollziehen. Denn Regierung bedarf in der Demokratie der legitimierenden Abfederung durch öffentliche Prozesse der Konsenssuche.

Es muß sich den Repräsentierten gegenüber verantwortlich fühlen.

Es muß deren Sache auch darin verfechten, daß sie Anspruch auf Respektierung ihrer Selbständigkeit und Freiheit haben. Daher erregt ja der vielbeklagte Eindruck der Zaghaftigkeit des Bundestags berechtigte Sorge und gelegentlich auch Zorn. Man hat von Hemmungen des Bundestags gegenüber seiner Rolle in der politischen Debatte gesprochen. Sie hängen mit manchen objektiven Schwierigkeiten zusammen, unter anderm der, daß der Lust an der Debatte, auch wenn sie gar nicht ausschweifend ist, die Knappheit an Zeit im Wege steht.

Aber sie ist es nicht allein. Oft genug ist doch wohl auch ein zu hohes Maß an Rücksichtnahme im Spiel, Rücksicht mehr auf Parteiführungen und Regierung als auf die Bürgerschaft. Gewiß gehört zur repräsentativen Verfassung, daß das Parlament auf deren Zustimmung nicht angewiesen ist. Nur ist andererseits auch nicht einzusehen, warum es nicht – noch dazu in einer Demokratie, die eine gewisse Neigung zum Plebiszitären entwickelt – frei und doch in einer gewissen »Responsivität« vieles aufnimmt, was die Bürgerschaft bewegt. Denn im guten Zusammenklang mit der Bürgerschaft – unter anderm, aber keineswegs nur, bei Gelegenheit herzlich geäußerten Ärgers – liegt die beste Gewähr der Macht des Parlaments als Parlament. (Und wenn es darum gut bestellt ist, könnte es vielleicht gar dazu kommen, daß in Deutschland etwas von der herkömmlichen Überbewertung der Regierungstätigkeit abgebaut wird.)

Schließlich, bei allem Verständnis für die oft wahrhaft bedrängende Zeitnot: Eine souveräne Prioritätensetzung ist gewiß eine der wichtigsten Aufgaben des Parlaments – zumal sie zugleich Voraussetzung für die möglichst gute Erfüllung all seiner anderen Aufgaben ist.

Wenn die sehr umfassende Tätigkeit des Bundestags nicht – oder bei weitem nicht ausreichend – wahrgenommen wird, so sollte man die Schuld daran nicht allein der Parlamentsberichterstattung geben, die zweifellos nicht die beste ist. Fritz Sänger hat schon 1969 darüber geklagt, daß die Korrespondenten die Debatten lieber am Fernsehgerät oder am Radio verfolgen, so wie sie es heute am Monitor zu tun lieben: »Wer nicht im Saale ist, der kann nicht wahrnehmen, was wirklich geschieht. Weder Bild- noch Tonfunk vermitteln die Atmosphäre, in der etwas geschieht und aus der allein ein Sachverhalt getreu dargestellt werden kann.« Zwischenrufe werden oft genug außerhalb des Saales nicht wahrgenommen. Doch auch sonst bleibt manches unbemerkt. In Bonn bleibe nichts geheim, so soll es nach Sänger einer der Bundesminister umschrieben haben, »ausgenommen das, was im Deutschen Bundestag getan und beschlossen wurde«.

Bedeutsamer aber an der unzureichenden Orientierung ist gewiß die »Personalisierung« des politischen Erscheinungsbildes in den Medien: Die kurze Äußerung eines Mächtigen, und sei es eines Fraktionsvorsitzenden, das Interview mit ihm scheint jedenfalls politisch sehr viel interessanter zu sein als eine Parlamentsdebatte. Regierungen lieben es, ihre Politik auf Pressekonferenzen, nicht im Parlament bekannt zu machen; und Korrespondenten, so heißt es, lassen es sie vergelten, wenn sie einmal gleich ins Parlament gehen; dann müssen sie von dort berichten, eventuell ohne daß ihnen eine schriftliche Vorlage gegeben wird, und rächen sich, so wird gesagt, unter anderm, indem sie die Sitzung als höchst langweilig charakterisieren. Offensichtlich ist auch für Regierungen oft die Presse der wichtigere Ansprechpartner als das Parlament. Vielleicht, weil man so »das Volk« direkt – und besser – erreicht als über eine Debatte seiner Vertreter?

Doch ist das vermutlich ein Mißstand. »Parlamente haben nur dort einen hohen öffentlichen Rang, wo die wesentlichen politischen Informationen und Meinungen zuerst im Parlament vorgetragen werden, wo also der Bürger über das Parlament erfährt, was gerade wichtig ist und wie es weitergehen soll« (Thomas Ellwein).

Übrigens pflegen die Regierungen polemische, ärgerliche Debatten gerade deswegen zu fürchten, weil sie in den Medien Aufmerksamkeit finden. Ganz ohne Möglichkeiten ist das Parlament also auch in dieser Hinsicht nicht.

Aufgaben einer politischen Institution müssen anspruchsvoll formuliert werden. Nicht, um diese um so besser kritisieren zu können, vor allem nicht, um Unmögliches zu verlangen, sondern um des Möglichen willen. Und das ist oft mehr, als es in der Routine erscheint.

V.
Die Organisation
des Bundestags

*Organisationsprobleme. Arbeitsbelastung und Diäten – Der Alterspräsident
– Der Bundestagspräsident – Die zu wahrenden Rechte und das Problem
der »Würde« des Parlaments – Unparteilichkeit des Präsidenten – Der
Ältestenrat – »Abteilungen« zum Zweck der Vorbereitung von Plenardebatten
– Die Ausschüsse – Herausragende Ausschüsse – Ausschuß für die Angelegenheiten der neuen Länder – Ausschuß für die Angelegenheiten der Europäischen Union – Geschäftsordnungs- und Petitionsausschuß – Kontrollkommis-
sionen – Bestimmung der Ausschüsse und ihrer Vorsitzenden – Fraktionen
und Arbeitskreise – Einrichtung des Plenarsaals. Politische Sitzordnung
im Plenarsaal – Das »Bundestagsviertel«*

In der Geschichte der Parlamente mußte lange und immer wieder um
die institutionelle Eigenständigkeit der Versammlungen gekämpft
werden. Sie wollten sich selbst organisieren, ihren Vorsitzenden
wählen, darüber bestimmen, wann und wie oft sie zusammentraten
und wie es dabei zugehen sollte. Was immer von außen her an Einfluß
auf die Stimmabgabe (und schon auf die Äußerungen) einzelner Abgeordneter ausgeübt werden mochte, das Haus selbst wollte zumindest
Herr seines Verfahrens sein; seine Mitglieder sollten für ihre Äußerungen und Abstimmungen nicht zur Rechenschaft gezogen werden, sollten vor Verfolgung und Verhaftung sicher sein, also Indemnität und
Immunität genießen (es sei denn, das Parlament habe Anlaß, in diesem
oder jenem Fall die Immunität – nur sie! – aufzuheben).

Doch mußte – und muß – natürlich auch dafür gesorgt werden, daß
es seine Aufgaben möglichst gut erledigen kann. Einerseits sollen alle
wichtigen Argumente und Gesichtspunkte vorgebracht, die Probleme
sollen gründlich diskutiert werden; alle im Hause vertretenen politi-

schen Richtungen sollen zu Wort kommen können. Andererseits darf aber auch nicht zuviel Zeit verstreichen, bis man die Entscheidung trifft. Manchmal drängt die einzelne Sache; doch steht auch im ganzen immer weniger Zeit zur Verfügung, je mehr Gegenstände das Parlament zu behandeln hat. So müssen die Debatten vorbereitet und einer genauen, mitunter auch strengen Lenkung unterworfen werden. Zwar sollen sie offen, sachdienlich, vielfältig, vielleicht gar heftig sein, aber sie müssen eben rasch ans Ende gelangen.

So kommt man schon lange nicht mehr ohne jene Organisationsformen aus, die es ermöglichen, die verschiedenen Arbeiten des Parlaments zu koordinieren; die seine Debatten zu entlasten erlauben. Ohnehin muß manches, ja das meiste, in kleinen Kreisen vorgeklärt und zunehmend oft auch vorentschieden werden.

Dazu bedarf es zum einen der Kommissionen, der Ausschüsse des Parlaments, in denen möglichst Experten unter den Abgeordneten die Materien vorklären. Zum andern braucht es die Zusammenschlüsse der Abgeordneten einzelner Parteien, die »Fraktionen«. Die sachliche und die politische Gliederung, die auf diese Weise entstehen, müssen sich verzahnen. Die Ausschüsse des Parlaments können auch dem Plenum Arbeit nur abnehmen, wenn sie möglichst Mitglieder der verschiedenen Fraktionen umfassen, sie werden also von diesen her besetzt, spiegeln die politische Zusammensetzung des Hauses. In den Fraktionen aber treffen die Mitglieder der verschiedenen Ausschüsse zusammen, dort wird die Politik gleichsam zusammengefügt, ausgeglichen zwischen den so verschiedenen sachlichen (und immer zugleich politischen) Anforderungen, was zugleich Auswirkungen in die Ausschüsse hinein haben muß. Indem die Fraktionsführungen in der Lage sind, den Willen der verschiedenen politischen Richtungen zusammenzufassen, kann die Leitung des Hauses mit ihrer Hilfe normalerweise relativ glatt eine Verständigung über dessen Arbeit herbeiführen.

Sobald es parlamentarische Regierungen gab, entstand zusätzlich das Problem, daß die Minderheit bestimmte Rechte haben mußte, um sich innerhalb des Parlaments gegen die Mehrheit zu behaupten. Wohl muß die Mehrheit letztlich entscheiden, doch darf die Minderheit in entscheidenden Fragen des Geschäftsgangs, der Beratungen nicht einfach überstimmt werden; und es ist ihr die Möglichkeit einzuräumen, die Aufgabe der Kontrolle der Regierung, die die Mehrheit zumindest öffentlich kaum wird wahrzunehmen geneigt sein, ihrerseits zu erfüllen zu versuchen.

Je komplizierter die zu beratenden und zu entscheidenden Materien wurden, um so mehr erwies es sich als notwendig, daß die Abgeordneten über Hilfskräfte verfügten, sowohl individuell wie als Mitarbeiter einzelner Ausschüsse; überdies gab es vielerlei Bedürfnisse des ganzen Hauses danach; also nach wissenschaftlichen Fachdiensten, Dokumentationsabteilungen, Kräften der allgemeinen Verwaltung, Sekretariaten etc.

Je stärker die Arbeitslast der Abgeordneten anwuchs, um so wichtiger wurde es aber auch, sie angemessen zu entschädigen. Die durchschnittliche Arbeitszeit eines Abgeordneten beträgt nahezu 80 Stunden pro Woche. Ungefähr 28 davon gehen in den Sitzungswochen auf Teilnahme an Sitzungen in den verschiedenen Gremien sowie deren Vorbereitung; fast 20 Stunden werden für Gespräche, Pressekontakte, Betreuung von Besuchergruppen, Telefonate, Arbeitsessen benötigt. Die Erledigung der Post, Lektüre und Besprechungen mit Mitarbeitern kostet im Schnitt fast 16 Stunden; wobei zu berücksichtigen ist, daß allein die Bundestagsdrucksachen sich rasch zu Bergen zu türmen pflegen. Deren Zahl pro Wahlperiode schwankt normalerweise um die 4000; doch steigt sie seit einiger Zeit stark an. In der elften Periode waren es 8546, in der zwölften 8611. Für die Ausarbeitung von Reden und Artikeln, für Reisen, Teilnahme an Kongressen und ähnlichem sind durchschnittlich 15 Stunden zu rechnen. In den sitzungsfreien Wochen verteilt sich die Zeit, die sonst von Sitzungen in Anspruch genommen wird, derart auf Wählersprechstunden repräsentative Verpflichtungen, Parteiveranstaltungen etc., daß der gesamte Zeitaufwand nicht geringer ausfällt.

Doch nicht nur dadurch, sondern auch durch die Notwendigkeit, Frauen und Männer zu Abgeordneten zu gewinnen, die in ihren Berufen zum Teil weitaus besser verdienen könnten, zwingt es sich auf, immer wieder über die richtige Höhe der Diäten zu diskutieren. Regelmäßig führt das zu verärgerten Reaktionen in der Bürgerschaft. Eigentlich müßte es möglich sein, Verständnis für eine nicht gerade kleinliche Honorierung der Abgeordnetenarbeit zu wecken. Allein, an dieser Stelle pflegt ein eigenartiges Gemisch von unberechtigter und berechtigter Unzufriedenheit mit dem Parlament virulent zu werden. Unberechtigt insofern, als man dem Bundestag »Selbstbedienung« aus öffentlichen Mitteln vorwirft – und zugleich Versuche bekämpft, die die jeweilige Anpassung der Diäten durch Anbindung an Einkünfte anderer Berufsgruppen regeln, also aus der Entscheidung des Bundestags herauszunehmen bestimmt sind. Das Gros der Abgeordneten erweist sich zumeist diesen Einwänden gegenüber als schwach (obwohl es dadurch dazu beiträgt, daß eine gewisse Wunde stets offenbleibt).

Wenn Bismarck die Einführung von Diäten im Reichstag verhindert hat, so deswegen weil dies zur Bildung eines Standes von Berufspolitikern geführt haben sollte, was er für unvereinbar mit dem Charakter eines Parlaments hielt. Erst 1906 wurde das geändert; seitdem durften die Abgeordneten zwar keine Besoldung, aber eine Entschädigung erhalten. Nur die Freifahrt mit der Eisenbahn war ihnen zuvor zugebilligt worden. In Frankreich, wo 1795 eine Entschädigung eingeführt worden war, galt dies ab 1817 als verfassungswidrig. 1875 wurde eine feste Summe pro Jahr für die Abgeordneten eingeführt. In England gibt es seit 1911 Diäten. Abgeordnete der Labour Party wurden vorher aus Gewerkschaftsmitteln unterhalten. Die Bundestagsabgeordneten bekommen seit der Neuordnung von 1976 eine steuerpflichtige Entschädigung (als Arbeitsvergütung oder Einkommensersatz) und daneben eine steuerfreie Kostenpauschale (für die zweite Wohnung, Reisespesen, Bürokosten, Porto etc.). Nach ihrem Ausscheiden steht ihnen ein Übergangsgeld zu, unter besonderen Voraussetzungen später auch ein Ruhegeld. Jedenfalls ist die Zahlung von Diäten aus der Staatskasse das beste Mittel, die Unabhängigkeit der Abgeordneten zu sichern.

Wenn es aber wenig Grund gibt, den Abgeordneten eine angemessene, gute Entschädigung (und auch Anteile für die Altersversorgung) zuzugestehen, so könnte der in der Bürgerschaft so leicht zu weckenden Bereitschaft, gegen die Erhöhung der Diäten Sturm zu laufen, eine gewisse Berechtigung zugebilligt werden, falls das Parlament durch seine Arbeit, insbesondere durch Versäumnisse, und nicht zuletzt auch in Hinsicht auf die finanziellen Belastungen, die es dem Bürger auferlegt, einigen Anlaß dazu böte. Und hier steckt vermutlich das größere Problem: Man sieht nicht ein, daß man so viel zahlen muß (und obwohl zum Beispiel große Teile der Bürgerschaft selbst zu den Begünstigten der Subventionen gehören, ist die Kritik an denen, die sie bewilligen, nahezu einhellig). Hinzu kommt, daß das Parlament eben doch zu wenig »Volksvertretung« in dem Sinne ist, daß es sich für die Regierten gegen die Regierungen einsetzt. Die unvermeidliche Spannung zwischen den institutionellen Interessen des Parlaments und den politischen Interessen der Parlamentsmehrheit wirkt sich gerade auch an dieser Stelle aus.

Entsprechend der notwendigen materiellen Ausstattung des Parlaments sind die Kosten, die es verursacht, ständig gestiegen, von etwa vierzehneinhalb Millionen im Jahre 1950 auf knapp neunhundert Millionen im Jahre 1998. Das sind zwischen zwischen 0,09 und 0,21 Prozent des Bundeshaushalts.

Der Bundestag ist nach seiner Wahl vom Präsidenten des vorangegangenen Bundestags einzuberufen, und zwar innerhalb von dreißig Tagen. Erst mit seinem Zusammentreten endet die Wahlperiode seines Vorgängers. Alle Anträge, die dieser bis dahin nicht erledigt hat, werden hinfällig, sofern sie nicht von neuem eingebracht werden. Es herrscht also »Diskontinuität« zwischen den Wahlperioden. Kein Bundestag darf den nachfolgenden binden. Entsprechend hat der neue Bundestag auch zunächst keinen, der ihn leiten kann. Denn der Vorgänger-Präsident kann ihm außer für die Versendung der Einladungsschreiben nicht mehr zur Verfügung stehen.

Da man sich aber von Außenstehenden, also etwa von Fürsten, Regierungen, Präsidenten, nicht helfen lassen will, bedient man sich in Deutschland seit der Paulskirchenversammlung von 1848 eines zuerst in der Assemblée Nationale von 1789 eingeführten Verfahrens: Der Älteste unter den neugewählten Abgeordneten übernimmt zunächst den Vorsitz. Damit ehrt man das Alter, gewinnt aber zugleich ein einfach zu handhabendes, objektives Kriterium der Auswahl. Die Geschäftsordnung des Bundestags sieht vor, daß der Auftrag vom Ältesten an den Nächstältesten abgetreten werden kann.

Übrigens wurde die Reihe der Alterspräsidenten des Bundestags 1949 durch Paul Löbe eröffnet, der während der Weimarer Republik mehrfach Reichstagspräsident gewesen war. Konrad Adenauer war insgesamt viermal der älteste Abgeordnete, verzichtete aber während seiner Kanzlerschaft dreimal auf den Posten, nur im Jahre 1965 übernahm er ihn, mit 89 Jahren. Wie es üblich ist, nannte er damals zunächst seinen Geburtstag: »Ich bin geboren am 5. Januar 1876; ich frage, ob jemand in diesem Hause älter ist.« Als sich keiner meldete, hörte man ihn fortfahren: »Meine Damen und Herren, ich stelle fest, daß ich einzig in diesem Hause bin« – und war sich nicht ganz sicher, ob er sich versprochen hatte.

Nur durch Adenauers Verzichte kam zweimal auch eine Frau in den Genuß des Amtes: Marie-Elisabeth Lüders, die große alte Dame der FDP (1953 und 1957). Später nahmen es Ludwig Erhard, Herbert Wehner und dreimal – am häufigsten also – Willy Brandt wahr (beim ersten Mal, 1983, aufgrund des Verzichts des ältesten Mitglieds), zuletzt 1990 mit 77 Jahren. Seitdem waren es PDS-Abgeordnete; der erste von ihnen, der 81jährige Stefan Heym (1994) mußte es hinnehmen, daß die kurze Rede, die er – wie jeder der Alterspräsidenten – zur Eröffnung des Hauses hielt, zum Teil mit wenig noblen Demonstrationen des Desinteresses quittiert wurde.

Gewiß, es mag noch in Erinnerung gewesen sein, was die letzte kommunistische Alterspräsidentin, die fünfundsiebzigjährige Clara Zetkin, am 30. August 1932 dem – vorletzten – Reichstag der Weimarer Zeit mit auf den Weg gegeben hatte. Eigens aus Moskau angereist, wo sie sich zumeist aufhielt, hatte sie der Hoffnung Ausdruck gegeben, »trotz meiner jetzigen Invalidität das Glück zu erleben, als Alterspräsidentin den ersten Rätekongreß Sowjetdeutschlands zu eröffnen«. Davon jedoch war man 1994, war selbstverständlich auch Stefan Heym weit entfernt. Der Reichstag wählte unter Frau Zetkins Ägide Hermann Göring, den Führer der nationalsozialistischen Abgeordneten, zu seinem Präsidenten. Die Mehrheit verdankte er der Unterstützung des Zentrums. Die zweitstärkste Partei, die SPD, erhielt nicht einmal den Posten eines Vizepräsidenten, auch nicht den eines Schriftführers. Göring sollte der letzte Präsident des Deutschen Reichstags sein.

Nach Ernennung von vier vorläufigen Schriftführern und Feststellung der Beschlußfähigkeit hat der Alterspräsident die Wahl des Präsidenten zu leiten. Mit ihrem Abschluß endet seine Funktion. Die Geschäftsordnung sieht allerdings vor, daß er im Falle der Verhinderung sowohl des Präsidenten wie der Vizepräsidenten während der ganzen Wahlperiode für den Vorsitz zuständig ist.

Unter dem Präsidium des neuen Bundestagspräsidenten erfolgt sodann alles weitere, was zur Konstitution des Hauses notwendig ist; die Wahl der Vizepräsidenten und von (zur Zeit) 41 Schriftführern, der

Beschluß über die Geschäftsordnung (der wegen der Diskontinuität notwendig ist, auch wenn, ebenso regelmäßig, diejenige des vorangegangenen Bundestags übernommen wird; Änderungen können später erfolgen).

Dabei geht es in aller Regel um den Vollzug von längst Beschlossenem. Denn Wochen vor dem Bundestag selbst sind die Fraktionen zusammengetreten. Sie haben ihren Vorsitzenden, seine Stellvertreter und die Parlamentarischen Geschäftsführer gewählt. Die stärkste Fraktion bestimmt – nach einem seit der Weimarer Republik geltenden parlamentarischen Brauch – praktisch den Präsidenten; übrigens auch dann, wenn sie der Regierungskoalition nicht angehört. Jede Fraktion hat seit 1994 das Recht, einen Vizepräsidenten zu stellen. Zusammen mit den Vizepräsidenten bildet der Präsident das Präsidium des Bundestags.

Zur Wahl des Präsidenten wird die absolute Mehrheit der Mitglieder gefordert. Nur wenn keiner in den ersten beiden Wahlgängen diese Mehrheit erreicht, entscheidet im dritten die relative Mehrheit zwischen den beiden erfolgreichsten Kandidaten des zweiten. Dazu ist es bisher nur einmal gekommen, übrigens in einer Stichwahl zwischen zwei Mitgliedern der gleichen Partei (1954).

Regelmäßig findet der von der stärksten Fraktion eingebrachte Vorschlag Unterstützung auch in andern Fraktionen, auch in solchen, die mit der stärksten nicht verbündet sind. Hier handelt der Bundestag also weithin oberhalb der Parteigrenzen, wesentlich als Versammlung aller Abgeordneten. Und zumeist ist der Stimmenanteil bei der Wiederwahl eines Präsidenten bisher höher gewesen als bei der vorangegangenen. Den größten Erfolg (93,2 Prozent der abgegebenen Stimmen) erzielte Hermann Ehlers bei seiner Wiederwahl im Jahre 1953. Aber manche andere, darunter Rita Süssmuth, stehen nicht weit dahinter zurück.

Der Präsident wird auf die Dauer der Wahlperiode gewählt, nicht, wie etwa zeitweilig in Frankreich üblich, nur für eine Sitzungsperiode, also ein Jahr. Doch war man dort in jener Zeit ohnehin darauf bedacht, die Macht des Vorsitzenden zu begrenzen, so daß auch seine Wiederwählbarkeit eingeschränkt wurde und seine Verfahrensentscheidungen vom Plenum revidiert werden konnten. Laut Geschäftsordnung kann im Deutschen Bundestag weder der Präsident noch einer der Vizepräsidenten abgewählt werden.

Unerreichtes Vorbild der Parlamentspräsidentschaft ist der Speaker des Britischen Unterhauses. Ursprünglich »king's man« und unter starker Einwirkung des Monarchen bestellt, erfochten sich einige Speaker im Laufe des 18. Jahrhunderts weitgehende Unabhängigkeit: Sie wurden zu neutralen Lenkern des Hauses, übrigens mit hohen Privilegien und einem großzügigen Salär ausgestattet. Wenn die Krone den Speaker noch heute zu bestätigen hat, so ist das nur mehr eine Formalität. Er wird nach Möglichkeit einstimmig gewählt und nach eingeführtem Brauch auch dann wiedergewählt, wenn seine Partei die Mehrheit verloren hat. In seinem Wahlkreis pflegen die andern Parteien darauf zu verzichten, Gegenkandidaten aufzustellen.

Dafür ist der Speaker nicht nur bei der Leitung der Sitzungen zu strikter Unparteilichkeit verpflichtet, sondern er hat auch seine Parteiämter ruhen zu lassen. Seine Amtsführung ist weitgehend und zuverlässig durch altes Herkommen bestimmt, das freilich durch neue Beispiele ergänzt und modifiziert werden kann; er wird dadurch in den Stand gesetzt, mit hoher Autorität die Debatten wirklich zu »leiten«, etwa nach eigenem Ermessen die Redner – stets im Wechsel zwischen Regierungspartei und Opposition – aufzurufen und dafür zu sorgen, daß sie sich nicht wiederholen.

Der Bundestagspräsident ist von der Geschäftsordnung mit weitgehenden Kompetenzen ausgestattet. Er »vertritt den Bundestag und regelt seine Geschäfte. Er wahrt die Würde und die Rechte des Bundestages, fördert seine Arbeiten, leitet die Verhandlungen gerecht und unparteiisch und wahrt die Ordnung im Hause«, wie es in der Geschäftsordnung heißt.

Protokollarisch steht der Bundestagspräsident inzwischen längst an zweiter Stelle im Staat. Das ist um so bemerkenswerter, als der Bundespräsident laut Grundgesetz durch den Präsidenten des Bundesrats vertreten wird. Es versteht sich auch nicht von selbst. Eugen Gerstenmaier berichtete, der amtierende Präsident Carlo Schmid habe ihn nach seiner Wahl zum – dritten – Bundestagspräsidenten (1954–1969) »mit Feierlichkeit aufgefordert, [...] den Stuhl des ›zweiten Mannes im Staat‹ einzunehmen«. Der Anspruch sei nicht neu gewesen, formell und öffentlich zuvor aber nie erhoben worden. Angesichts der beherrschenden Stellung des Kanzlers Adenauer sei es auch schwer gewesen, darauf zu beharren; auch die Protokollabteilungen hätten eine Scheu davor gehabt. Erst nach Adenauers Abgang wurde das leichter.

».. . wahrt die Würde und die Rechte des Bundestages«; das ist eine merkwürdige Formulierung. Bei den »Rechten« mag es noch angehen; obwohl sich fragt, wieweit sie »gewahrt« und nicht immer wieder auch erkämpft werden müssen.

Denn mit »Rechten« sind doch nicht nur die Kompetenzen bezeichnet, die heutzutage keiner mehr mißachten, geschweige denn bestreiten würde und die das Parlament sich notfalls vom Bundesverfassungsgericht bekräftigen lassen könnte. Vielmehr müßte zu den »Rechten« auch das Gewicht zählen, das der Bundestag als Volksvertretung zur Geltung zu bringen hat; was seine Mehrheit aufgrund ihrer Bindung an die Regierung zu behaupten nicht immer geneigt und nicht unbedingt in der Lage ist, was aber dem Parlament im ganzen – und nicht nur seiner Opposition – zukommt: die zentrale, allgemein

Wolfgang Thierse (SPD),
Bundestagspräsident seit 1998.

Hermann Ehlers (CDU), Bundestagspräsident 1950–1954, darunter
Konrad Adenauer.

hochgeachtete Stellung im Staat, das Recht, nicht nur alle wichtigen
Fragen der Politik vor sein Forum zu ziehen und dort zumindest zu debattieren, sondern seinen Verhandlungen auch Gehör zu verschaffen.
Wozu gehört, daß sie rechtzeitig erfolgen können, nicht erst, wenn das
Parlament nur mehr (unter Umständen zähneknirschend und schimp-
fend) zur Kenntnis nehmen oder beschließen kann, was unabweisbar
geworden ist. Genaugenommen geht es also nicht nur um »Rechte«,
sondern um den Anspruch auf Respekt, und der muß erworben und
erfochten werden in stets neuem Austrag der Spannung zwischen den
berechtigten politischen Forderungen der Parteien, speziell derer, die
die Regierung bilden, und den institutionellen Ansprüchen, die sich
an das Parlament stellen.

Konrad Adenauer hat sich im Parlament oft gestört gesehen. Bei all
seiner Schlagfertigkeit und Debattierlust wurde es ihm immer wieder
einmal zuviel, wenn seine Ausführungen durch Zwischenrufe und allgemeine Unruhe unterbrochen wurden. Einhundertfünfundachtzig-
mal, so monierte er gelegentlich in einem Brief an den Bundestagspräsidenten, sei man ihm ins Wort gefallen. Ein andermal beklagte er sich

182

über hundertsiebenundneunzig Fälle. Er konnte sich während der Rede umdrehen und den Präsidenten auffordern, ihm Gehör zu verschaffen, und zwar »mit einiger Schroffheit«.

Weder Hermann Ehlers (1950–1954) noch Eugen Gerstenmaier (1954–1969) sind ihm dabei einfach zu Diensten gewesen. Ehlers hat sein Ansinnen einmal mit den Worten zurückgewiesen, er werde die Ordnung des Hauses »nach den Regeln der Geschäftsordnung aufrechterhalten«, gegen die im gegebenen Fall nach seiner Meinung offenbar nicht verstoßen worden war. Er ließ auch selber mitzählen und wandte einmal ein, daß keineswegs nur »von der Kommunistischen Gruppe«, sondern fast doppelt so oft von der SPD Zwischenrufe gekommen seien, und sie seien zum Teil auch sachlich gewesen. Bei solchen und vielen ähnlichen Gelegenheiten ging es um die »Wahrung« der Rechte des Hauses.

Aber darüber hinaus gibt es eben die andern Fälle, wo das Recht auch erfochten werden muß, und sei es, indem man von ihm gegen Widerspruch einen entschiedenen Gebrauch macht. Gerstenmaier ist zum Beispiel mehrfach von der Regierung nahegelegt worden, die

Eugen Gerstenmaier (CDU),
Bundestagspräsident 1954–1969.

183

Bundesversammlung zur Wahl des Bundespräsidenten nicht nach Berlin einzuberufen. Es sei auf die westlichen Alliierten Rücksicht zu nehmen. Unterstützt vom Ältestenrat und getragen von der überwältigenden Mehrheit des Parlaments, hat er jeweils geantwortet, daß er, wenn diese ihn darum bäten, die Versammlung nach Bonn verlegen würde. Da sie das direkt aber nicht taten, blieb er bei Berlin und ließ sogar die Berliner Abgeordneten, die normalerweise zwar Sitz, aber nicht Stimme im Bundestag hatten, mitstimmen, weil die Alliierten das nicht ausdrücklich ausgeschlossen hatten.

In gewissem Sinne gehört auch der Empfang einer Delegation der Volkskammer durch Hermann Ehlers im September 1952 dazu. Ehlers wollte »aus der kümmerlichen Defensive« heraus, die »Brüder und Schwestern im Osten« sollten nicht das Gefühl haben, »daß wir sie im Westen abgeschrieben hätten«. Adenauer war aufs schärfste dagegen. Die SPD verbot ihrem Vizepräsidenten Carlo Schmid, der im Präsidium für den Empfang gestimmt hatte, die Teilnahme. Ehlers hatte in der Sache keine Illusionen. Seine einzige Konzession bestand in seiner Gesprächsbereitschaft. Nur insoweit wollte er von Adenauer abweichen. Aber sosehr es um Politik gegenüber Ostdeutschland ging, das Präsidium demonstrierte zugleich die Selbständigkeit des Hauses gegenüber dem mächtigen Kanzler. Übrigens billigte der Vorstand der CDU-Fraktion »die Haltung des Präsidenten in jeder Hinsicht«.

Schwieriger aber als mit den Rechten und der Stellung des Parlaments steht es mit dem Verständnis seiner »Würde«. Das wurde gerade in seinen Anfangsjahren besonders deutlich. Viele Grundentscheidungen waren zu treffen. Im Parlament waren die Vertreter extremer Parteien vertreten, die KPD mit zunächst 15, dann 14 Abgeordneten, andererseits die nationalistische Deutsche Reichspartei mit sechs. Gerade die Kommunisten gaben ihre Meinung gern sehr lautstark, unermüdlich und nicht unbedingt artikuliert in Zwischenrufen kund. Aber auch der Vorsitzende der SPD-Fraktion, Kurt Schumacher, war ein ungewöhnlich streitbarer Mann. Nie wieder hat es so viele Ordnungsrufe und Rufe zur Sache gegeben wie im ersten Bundestag. Nie wieder ist so vielen Abgeordneten das Wort entzogen worden. Von den insgesamt 23 Fällen, in denen Abgeordnete bisher von der Sitzung ausgeschlossen wurden, fallen 17 in den ersten Bundestag. Kurt Schumacher, der Adenauer »Kanzler der Alliierten« geschimpft hatte, entging dem ihm für 20 Sitzungstage verhängten Ausschluß nur dank einer nachträglichen Verständigung zwischen beiden Politikern; sie wurde vom Ältestenrat vermittelt. Andere erhielten auch 30 Sitzungstage (ausschließlich KPD-Abgeordnete), was einen Ausschluß, übrigens auch der Diätenzahlung, für etwa zehn Wochen bedeutete, Herbert Wehner von der SPD bekam einmal zehn.

Die überaus heftigen, leidenschaftlichen Auseinandersetzungen schienen alles andere als »würdig« zu sein. Adenauer fand, sie hätten »das Ansehen des Bundestages in der breitesten Öffentlichkeit schwer geschädigt«. Zeitungskommentare und eine Flut von Briefen äußerten tiefe Sorge und Protest. Die Entrüstung und der Abscheu über die würdelosen Vorgänge, hieß es, sei allgemein. Ein Arzt schlug vor, man solle einige Berufsboxer anstellen, die »denjenigen Mitgliedern, die ihre atavistische Neigung zu Prügeleien absolut nicht beherrschen können, zu einer kleinen Runde zur Verfügung gestellt würden«. Übrigens war es zu Prügelszenen nicht gekommen; doch mochte es sich bei der Rundfunkübertragung gelegentlich so anhören.

Der Rundfunk hatte schon früh durch Ehlers die Erlaubnis erhalten, Debatten zu übertragen. Die Bürgerschaft konnte auf diese Weise den Bundestag wirklich kennenlernen, und darauf mußte es ihm ankommen. Gerade bei den großen Debatten war das Interesse außerordentlich lebhaft; so etwa vom 3. bis 6. Dezember 1952 anläßlich der zweiten Lesung des Deutschland- und des EVG-Vertrages, als es also um die Wiederaufrüstung, die Eingliederung deutscher Kontingente in die Europäische Verteidigungsgemeinschaft und die Aufhebung des Besatzungsstatuts ging. Besonders in der SPD befürchtete man, durch die enge Einbindung in das westliche Bündnis würde die Wiedervereinigung unmöglich; und die Kommunisten waren ohnehin aufs schärfste dagegen. Die Sitzungen dauerten einmal von neun bis neun, einmal sogar von neun Uhr morgens bis halb vier am folgenden Morgen; Sender, die die Übertragung gegen Mitternacht beendet hatten, ernteten Proteste. Nicht nur der Bundestag war aufgewühlt.

Wie also stand es da um die »Würde des Parlaments«? Hermann Ehlers äußerte sich dazu im Bayerischen Rundfunk. Er meinte, die Deutschen hätten unter dem nachwirkenden Eindruck des nazistischen Reichstags – der keine Debatte, sondern nur den vorgesehenen jubelnden Beifall und Gesang gekannt habe – immer noch ganz falsche Vorstellungen. Vielleicht müßten sie auch das Diskutieren erst noch lernen. Aber: »Unser Parlament mag so unvollkommen sein, wie es will, solange es in ihm die Freiheit der Meinungsäußerung in Rede und Zwischenruf gibt, ist es mir immer noch lieber als das genormte Parlament der Hitlerzeit mit seinen Einheitsmeinungen und als die Scheinparlamente der Volksdemokratien.« Die Freude am öffentlichen Streit nach Jahren der Entbehrung klingt unüberhörbar durch. Wenn Lehrer sich beklagten, die Gesichter ihrer Schüler bekundeten »Abscheu und Verachtung über den Ton im Deutschen Parlament«, bemerkte Ehlers, man meine wohl, »ein Parlament könne so etwas Ähnliches sein wie eine Schulklasse, die brav zuhört, was der Herr Lehrer zu sagen hat und sich angemessen meldet, wenn sie auch etwas vorbringen möchte«.

Er verteidigte sein Haus offensiv, gegen den machtvollen Kanzler wie gegen viele falsche Erwartungen im Volk. Wies auf ähnliche Vorfälle im englischen und italienischen Parlament aus der jüngsten Vergangenheit hin und pries das Glück, daß man im Bundestag nur mit den Pultdeckeln klappern könne und »wir keine Tintenfässer haben wie die Italiener. Vielleicht wären auch hier einige geflogen.«

»Durch den Plenarsaal des Bundestags tobte in den Tagen der letzten Woche eine echte Leidenschaft, hüben und drüben. Wer wollte das nicht verstehen, wenn es um solche Schicksalsfragen geht. Man darf den so bewegten Menschen auf der einen und auf der andern Seite zugestehen, daß sie den Kampf für das, was sie für richtig halten, mit aller Leidenschaft führten ... Alle, die wirklich Anteil nahmen, und das waren die meisten, mußten bis zum Bersten mit Leidenschaft angefüllt sein und führten die Auseinandersetzung mit ganzer Person. Will man sich wirklich wundern, daß die Sicherheitsventile hier und dort versagten und es zu peinlichen Szenen kam?« Was übrigens nur bei einer Handvoll Abgeordneter der Fall war.

Ehlers hielt das Haus lieber am langen Zügel. Mit dem guten Ratschlag eines der Herausgeber der Frankfurter Allgemeinen, man solle Zwischenrufer, falls die stören, hinauswerfen, konnte er nichts anfangen. Wer wollte denn so leicht (und so rasch) entscheiden, ob der Einwurf politisch war oder eine Provokation, eine Störung sein sollte. Die Grenze sei fließend. Wohl seien Ordnungsmaßnahmen notwendig, aber man solle zu ihnen nur im äußersten Fall greifen. Mit den Mitteln des Humors und der leichten Vermahnung käme man weiter.

Dieser bedeutende, kampfeslustige, gleichermaßen großzügige wie entschiedene Präsident, der »getreue Eckart des Parlaments«, wie Carlo Schmid ihn nannte, war stilprägend. Durch die Art seiner Amtsführung habe er »unserm Volke deutlich gemacht, welchen Schutz ein selbstbewußtes Parlament zu bieten vermag«. Ehlers hatte zweifellos recht, wenn er meinte, daß die heftige, die leidenschaftliche und dann auch schon einmal entgleisende Debatte dem Parlament eigen sei.

Wenn er dann aber summiert: »Die erste Grundlage der Würde eines Parlaments liegt darin, daß es die Aufgabe, die ihm gestellt wird, mit voller Hingabe und ganzer Leidenschaft anfaßt« – dann mag man sich doch fragen, ob »Würde« hier das richtige Wort ist. Der römische Senat hatte *auctoritas*, das meinte eine nicht auf Amtsgewalt, sondern auf Ansehen, auf Bewährung, auf Überlegenheit beruhende Macht. *Dignitas,* was wir gern als »Würde« wiedergeben, eignete den herausragenden Senatoren, den Einzelnen. Von dort aus ist das Wort – und dann auch seine Übersetzung »Würde« – zu einem Prädikat der Fürsten, später der Stände, speziell des Adels geworden. Daher wohl auch die »Würde des Parlaments«.

Ohne daß man sich aber um Worte streiten sollte: Ist »Würde« nicht doch zu sehr mit dem »Würdigen«, dem würdevollen Auftreten etwa, vielleicht auch mit dem Steifen verknüpft? Müssen die Formen, in

Karl Carstens (CDU),
Bundestagspräsident 1976–1979.

denen ein Parlament seine Aufgabe »mit voller Hingabe und ganzer Leidenschaft anfaßt«, wirklich dem Gebot der Würde unterliegen (oder sich auf dessen Grundlage bewegen)? Sollte man nicht vielleicht besser von der Autorität des Bundestags sprechen, die zu wahren ist – auch wenn, ja obgleich man im Deutschen überraschenderweise (denn von selbst sollte es sich doch eigentlich nicht mehr verstehen) noch dazu neigt, Autorität eher der Regierung zuzusprechen?

Damit sei nichts gegen die Einhaltung gewisser Formen gesagt. Gerstenmaier berichtet von einem Essen des Präsidiums beim Kanzler Adenauer kurz nach seinem Amtsantritt, auf dem Klage über die formlose Eröffnung der Sitzungen und die Dienstkleidung der Amtsgehilfen im Plenarsaal geführt wurde. Es gehe nicht an, daß der Präsident die durcheinanderlaufenden, in lauten Unterhaltungen begriffenen Abgeordneten erst durch die Glocke zum Aufmerken anhalten müsse. Man diskutierte das englische und das französische Beispiel. Heraus kam schließlich die Lösung, daß sich das Haus – einschließlich der Regierung – nach Glockenschlag und Ankündigungsruf erheben solle. Dann solle der Präsident und der ihn begleitende Direktor beim Deutschen Bundestag im Cut mit schwarzer Weste den Saal betreten; die Amtsgehilfen sollten ihre »Schaffnermonturen« gegen Fräcke, zunächst mit roter Weste, austauschen. In alten Zeiten hatten ja auch die Kabinette in festlicher Kleidung getagt, um den Ernst der Sitzung auch auf diese Weise zu bekunden.

Doch stehen diese Formen, solange und soweit es sie gab und gibt, dem Präsidium und seinem Apparat zu. Hier hat die »Würde« ihren Ort. Und sie sollte ausstrahlen auf das Haus. So meinte Willy Brandt einmal: »Wenn der Präsident nicht hinter mir säße, würde ich Sie einen Lümmel nennen, Herr Kollege.«

Gewiß berufen sich gelegentlich auch die Präsidenten auf die »Würde« des Hauses, wenn sie Mäßigung im Ausdruck anmahnen oder zur Ordnung rufen. Es ist sicher nicht falsch.

»Flegel«, »Stinktier«, »Verleumder«, »Lügner« tönt es schon einmal durch das Haus, auch »arroganter Schnösel«, »unverschämter Kerl«, »Sumpfblüte«, »scheinheilige Schlange« oder ähnlich. »Bei allem Verständnis für die Hitzigkeit der Debatte können Sie den Kollegen … nicht als unverschämten Lümmel bezeichnen«, tadelt der Präsident. Zweimal hat Herbert Wehner eine Aussage des Redners als Lüge bezeichnet, es droht ihm der Sitzungsausschluß, so daß er sich das dritte

Mal untadelig äußert: »Der Mann kann dort oben das Gegenteil der Wahrheit behaupten.« Noch eleganter ein Zwischenruf: »Frau Präsidentin, wie nennt man das, wenn einer etwas sagt, was nicht wahr ist?« Nicht selten ist auch der Dank für den Ordnungsruf. Willy Brandt, der für das Wort »Verleumder« einen Ordnungsruf erhalten hatte, einmal: »Herr Präsident! Ich weiß, daß das nicht üblich ist: Ich darf mich ausdrücklich bedanken, weil es die Aufmerksamkeit auf das lenkt, was ich zu sagen wünschte.« Geradezu vornehm hört es sich an, wenn der Wirtschaftsminister als »Bundesminister für Vetternwirtschaft« bezeichnet wird.

Allein, wenn das eine der »Würde« des Hauses widerspricht, das andere ihr Genüge tut, so kann Würde doch nicht einfach mit Mäßigung im Ausdruck, genauer: mit dem Vermeiden von Verbalinjurien gleichgesetzt werden. Heftige, leidenschaftliche, laute Auseinandersetzungen jedenfalls können alles andere als würdig und doch »parlamentarisch« im Stil sein und dem Sinn des Parlaments aufs beste gerecht werden. Sie sind allemal besser als die verschiedentlich beklagte »Zaghaftigkeit« des Bundestags; brauchen freilich ihren Anlaß. Man sollte

Rita Süssmuth (CDU),
Bundestagspräsidentin 1988–1998.

also mit dem Begriff »Würde« weder falsche Ideale aufrichten noch falsche Erwartungen wecken.

Inzwischen ist vieles gleichsam von selbst gemäßigter geworden. Das Parlament arbeitet weitgehend – in seinen Ausschüssen und Fraktionen – hinter verschlossenen Türen, nahezu erdrückt von einem Riesenpensum größerer, kleiner und kleinster Aufgaben, in dem es sich oft genug erschöpft. Wo man als Bürger etwas zu sehen oder zu hören bekommt, ist es zumeist eher langweilig. Es hat selten Gegenstände, die zu Temperamentsausbrüchen herausfordern.

Allerdings gab es noch mal eine Übergangszeit im zehnten und elften Bundestag (1983–1990), in der die Neulingsfraktion der Grünen für einige Unruhe sorgte. Man beobachtet einen steilen Anstieg der Ordnungsrufe und Wortentziehungen, auch des Sitzungsausschlusses. Berühmt ist die Szene vom 18. Oktober 1984, in der der Abgeordnete Joschka Fischer von den Grünen »Herr Präsident, Sie sind ein Arschloch, mit Verlaub« ausrief. Dafür allerdings konnte er keinen Ordnungsruf erhalten, weil der Präsident die Sitzung unterbrochen hatte. Denn trotz zweimaligen Ordnungsrufs und Sitzungsausschlusses hatte Fischer den Plenarsaal nicht verlassen, und der Präsident hatte kein anderes Mittel gesehen, sich durchzusetzen.

Schon der Einzug der Grünen, 1983 »in für das Parlament ganz ungewohnter Kleidung samt Blumentöpfen«, hatte eine Probe auf den Stil des Parlaments dargestellt, die es aber gut bestand. Willy Brandt beschwor als Alterspräsident die republikanische Kultur der Bundesrepublik unter dem starken Beifall von CDU/CSU, SPD und FDP. Er erinnerte an den tapferen Widerstand von Otto Wels gegen das Ermächtigungsgesetz von 1933; da bekundeten die SPD-Abgeordneten ihren Respekt, indem sie sich erhoben; und einige Grüne schlossen sich an. Als er der Opfer des Krieges und der »Gewaltherrschaft« gedachte, erhoben sich auch CDU/CSU- und FDP-Abgeordnete. Als Bundestagspräsident Barzel kurz darauf erklärte, er habe von seinem Großvater, einem Gärtner, gelernt, daß Blumen etwas Schönes seien, daß man aber mit Blumentöpfen auch werfen könne, konnten die Töpfe von den Saaldienern ohne Widerstand entfernt werden. Die Weimarer Republik habe gelehrt, daß der Verfall einer Republik mit dem der parlamentarischen Sitten beginne. Flexibel und fest zugleich fuhr er fort, und der Integrationsprozeß nahm, wenn auch über viele Hindernisse hinweg, seinen Lauf.

Heute stellt sich das Problem der »Würde« völlig anders. Dem einen

Unruhe im Bundestag: Während der Regierungserklärung von Helmut Kohl enthüllen Abgeordnete der Grünen ein Transparent, mit dem sie gegen die Nicaragua-Politik der Bundesregierung protestieren (4. Mai 1983).

mag es gar zu würdig zugehen, dem andern mag es zur Würde an der gehörigen Prise Salz fehlen, und wieder andere mögen sich im Blick auf öffentliche Kundgebungen im Parlament fragen, ob nicht die Betroffenheit der Würde zuweilen im Wege stehe.

Indes bleibt das Problem der Autorität (und zugleich der Rechte) des Parlaments, für die stets neu zu sorgen ist. Wenn wir in unserer Verfassung ein Stück Vaterland sehen, wie es die These vom Verfassungspatriotismus will, so sind wir geradezu darauf angewiesen, uns im Parlament wiederzufinden, gerade auch wenn erheblicher Ärger durch das Land geht, wenn Fragen uns umtreiben oder wenn wichtige Fragen überhaupt erst gestellt werden müßten. Wenn eine Volksvertretung als Zentrum der Politik gebraucht wird.

Die Autorität des Bundestagspräsidenten hat seine Unparteilichkeit zur Voraussetzung. Die Geschäftsordnung fordert sie – zusammen mit der Gerechtigkeit – ausdrücklich für die Leitung der Versammlungen. Doch ist es schwer denkbar, daß sie sich nicht auf die gesamte Lenkung des Hauses erstreckte.

191

Sie kann dort schwierig, zumindest skeptisch beäugt werden, wo die Verfechtung der institutionellen Rechte des Parlaments – wenn sie eher kämpferisch erfolgt – mit den Zielen der Regierungsparteien kollidiert oder – wenn sich der Präsident in diesem Punkt stark zurückhält – mit denen der Opposition. Freilich haben alle Fraktionen auch die Möglichkeit, bestimmte Debatten zu erzwingen.

Die geforderte Unparteilichkeit des Präsidenten verbietet ihm aber – im Unterschied zum englischen Speaker – weder, in den Bundestagsdebatten selbst auch politisch Stellung zu nehmen, noch hindert sie ihn an der – weiteren und neuerlichen – Bekleidung von Parteiämtern, an politischen Reden im Lande, auch im Wahlkampf, oder an der Teilnahme an Fraktionssitzungen.

Die Geschäftsordnung schreibt nur vor, daß er sich an Aussprachen im Bundestag nur beteiligen darf, wenn er den Vorsitz abgegeben hat. So war es übrigens schon im Badischen Landtag von 1819 vorgesehen, nur daß es sich damals noch um ein Honoratiorenparlament handelte. Die gute Sitte erfordert, daß er selbst die Leitung während des gleichen Tagesordnungspunktes nicht wieder übernimmt. Sonst wären seine Argumente und Behauptungen ja gegen den Widerspruch anderer immun.

Gerade Hermann Ehlers hat darauf bestanden, daß er in wichtigen Debatten, wie etwa derjenigen über die Wiederaufrüstung, politisch auch im Hause Stellung nehmen könne. Neunmal hat er sich in die politische Arena begeben, sein Nachfolger Gerstenmaier tat es fünfmal in fast viermal so langer Amtszeit. Die folgenden Präsidenten haben sich politischer Stellungnahmen im Hause enthalten, nur Rainer Barzel (1983/84) hat sich einmal geäußert, bevor sich Rita Süssmuth (1988–1998) wieder etwas öfter, nämlich dreimal ans Rednerpult begab. Nicht gerechnet sind dabei die Reden, die wohl alle Präsidenten in Sachen des Hauses und seiner Arbeit gehalten haben.

Da sich im Bundestag ohnehin der Brauch eingespielt hat, daß sich Präsidenten und Vizepräsidenten in der Leitung der Sitzungen, zumeist alle zwei Stunden, ablösen, resultiert von daher keine Schwierigkeit. Und der Verzicht auf Unparteilichkeit außerhalb der Lenkung des Hauses wird dadurch zum guten Teil aufgewogen, daß der Präsident aufgrund der Geschäftsordnung wie des parlamentarischen Brauches auf eine sehr enge Zusammenarbeit mit den Fraktionen angewiesen ist.

Es bleibt ihm durchaus ein beachtlicher Spielraum; er hat bedeutende Kompetenzen. Wie stark man sie nutzen kann, zeigt die Unterschiedlichkeit der Amtsführung der – bisher – elf Präsidenten. Aber in einem haben sie sich nicht voneinander unterschieden: In der rollengemäß gerechten und von Parteirücksichten freien Lenkung des Parlaments. Ein gutes Indiz dafür bietet die Tatsache, daß sie, falls ihre Partei bei den Wahlen wieder die stärkste geworden war (und falls sie nicht selbst vom Amt zurücktreten wollten), nicht nur wiedergewählt worden sind, sondern regelmäßig eine – zum Teil erheblich – höhere Zahl von Stimmen dabei erzielten. Als einmal, bei der dritten Wiederwahl Gerstenmaiers, die Zahl rückläufig war, lag es nicht an Verstößen gegen das Verbot der Unparteilichkeit. Im Gegenteil, Carlo Schmid bescheinigt ihm, daß er es auch Andersdenkenden gegenüber nie an Loyalität habe fehlen lassen, »sie vielleicht sogar – aus Furcht, sich von seinen Neigungen treiben zu lassen – in Zweifelsfällen eher begünstigte«.

Der Präsident ist, wenn er die Sitzungen leitet, von zwei Schriftführern eingerahmt, von denen der eine einer Oppositionspartei angehört. Zusammen bilden sie den Sitzungsvorstand. Sie stellen das Ergebnis der Abstimmung fest, welche durch Handaufheben respektive Aufstehen von den Plätzen (oder Sitzenbleiben) erfolgt, sie entscheiden gegebenenfalls über die Beschlußfähigkeit des Hauses, in beiden Fällen aufgrund eigener Schätzungen; nur wenn einer von ihnen Zweifel äußert, wird gezählt, durch Hammelsprung (wobei mehrere der Schriftführer an den verschiedenen Türen zählen müssen). Zusätzlich sitzt der Direktor beim Deutschen Bundestag in der Präsidentenloge, der den Präsidenten in allen Fragen der Geschäftsordnung und des parlamentarischen Brauchs berät.

Der Präsident hat in vielen Hinsichten mit seinen Vizepräsidenten zusammenzuwirken. Alle Parteien sind im Präsidium vertreten. Es kommt wöchentlich einmal zusammen, um über die allfälligen Angelegenheiten des Hauses zu entscheiden.

Die wichtigste Stütze hat der Präsident im Ältestenrat, welcher ihm als Beratungsorgan, Rückhalt und zugleich Schaltstelle für die Arbeit und die Integration des Hauses dient. Gerstenmaier hat ihn geradezu ein »Juwel des deutschen Parlamentarismus« genannt. Das Ansehen des Alters, das sein Name – wie der frühere des »Seniorenkonvents« – für ihn beansprucht, kann heute kaum mehr etwas bedeuten (ganz abgesehen davon, daß der Name nie wörtlich zu nehmen war). Seine Autorität erwächst ihm aus seiner in der Stille sich vollziehenden überaus nützlichen, ja notwendigen Arbeit. Sie setzt den Willen der Fraktionen zur Zusammenarbeit voraus, den sie zugleich nährt und stabilisiert.

Neben Präsident und Vizepräsidenten gehören dem Ältestenrat 23 aufgrund eines Proporzes von den Fraktionen zu benennende Mitglieder an, darunter alle Parlamentarischen Geschäftsführer der Fraktionen. In der zwölften und dreizehnten Wahlperiode, als die PDS keine Fraktionsstärke erreichte, hat auch ihre Gruppe einen Sitz erhalten; ebenso im zwölften die Grünen, die damals nur in den neuen Ländern die Fünf-Prozent-Hürde überwunden hatten und nur acht Abgeordnete stellten. Zusätzlich ist die Bundesregierung in der Regel durch einen Staatsminister vertreten. Denn es geht vielfach auch darum, wie die Regierungsvorlagen und -erklärungen zu placieren sind.

In seiner Funktion als Beratungsorgan faßt der Ältestenrat keine Beschlüsse. Er ist auf Konsens angelegt. Seit 1969 ist er zudem für die sogenannten inneren Angelegenheiten des Bundestags zuständig, verfügt über die Zuteilung von Räumen, erstellt den Voranschlag für den Haushalt des Parlaments und ist folglich mit Diäten, Altersversorgung, Reisekosten, mit Bauproblemen und solchen von Bibliothek und Archiv befaßt. In diesen Punkten, für deren Vorbereitung er einzelne Kommissionen einsetzt, beschließt der Ältestenrat mit Mehrheit.

Als Beratungsorgan obliegt ihm die gesamte Planung der Arbeit des Bundestags. Das beginnt damit, daß er festlegt, wie die Sitzungswochen über das Jahr verteilt sind; in der Regel sind es 22 bis 24 Wochen, normalerweise folgen auf zwei Sitzungswochen ein bis zwei sitzungsfreie, zu Ostern, im Sommer sowie zu Weihnachten gibt es längere Pausen. Zugleich ist der Ältestenrat zuständig für die Einteilung der Sitzungswoche, in die Zeiten etwa, die für Fraktions-, für Ausschuß-, für Plenarsitzungen vorzusehen sind. In den ersten beiden Jahrzehnten des Bundestags hatte er sich vielfach mit dem sehr strittigen Problem herumzuschlagen, ob es Fernsehübertragungen aus den Plenarsitzungen geben dürfe, und wenn ja, wovon. Es gab einige Reibungen mit den Anstalten, da der Ältestenrat eine gewisse Kontrolle über die Sendungen ausüben wollte.

Insbesondere wird in ihm regelmäßig abgesprochen, wann im Plenum welche Vorlagen behandelt werden. Dabei geht es jeweils um die Aufstellung der Tagesordnung der beginnenden und um Festlegungen für die folgende Woche wie um längerfristige Vereinbarungen. Ursprünglich hatte es im Bundestag lange, lästige Plenumsdebatten über die Tagesordnung gegeben. Die wurden durch den Ältestenrat fast ganz erübrigt.

Im einzelnen soll er sich darüber einigen, ob – etwa zu den Lesungen eines Gesetzentwurfs – eine Debatte stattfinden soll oder nicht; oder auch welche Fraktion eine Debatte eröffnen soll; oder wieviel Zeit auf einen Tagesordnungspunkt zu verwenden ist; wie die Redezeiten von Fall zu Fall zu bemessen sind. Es ist die Reihenfolge festzulegen, in der die einzelnen Ressorts in der Fragestunde aufgerufen werden. Der Ältestenrat empfiehlt, an welche Ausschüsse Gesetzesentwürfe oder Anträge zu überweisen sind und, falls es mehrere sind, welcher von ihnen federführend sein soll.

»Geschäftsordnung ist Waffe«, sagt man mit guten Gründen. Verfahrensentscheidungen sind wirklich oft genug politische Entscheidungen. Die Fraktionen setzen unterschiedliche Prioritäten. In der Festlegung von Terminen oder in der Bestimmung, welcher Ausschuß in einer Materie federführend sein soll, können politische Vorentscheidungen fallen. Entsprechend kann im Parlament durch Geschäftsordnungsdebatten nicht nur viel Zeit verlorengehen, sondern es können sich auch die Parteien dabei erhitzen.

Eben davon wird es weitgehend entlastet, wenn – insbesondere – die für die Organisation der Arbeit zuständigen Fraktionsgeschäftsführer sich vorher einigen (und wenn die Fraktionen – und gegebenenfalls Gruppen – das anerkennen, was sie normalerweise tun). In kleinerem Kreise läßt sich, oft nach dem Grundsatz des *do ut des*, vieles auf sachliche Weise klären. Will Rasner, Parlamentarischer Geschäftsführer der CDU/CSU-Fraktion von 1955 bis zu seinem frühen Tod im Jahre 1971, hat das einmal sehr plastisch geschildert: »Unter Umständen stehe ich in der Ältestenratssitzung auf, gehe zu Herrn Frehsee hinüber und sage: ›Hören Sie mal, Frehsee, geben Sie doch mal den Widerstand auf, das muß so hinkommen. Sie haben nächste Woche das und das vor, ich helfe Ihnen da ja auch.‹ Und: ›Genscher, hören Sie mal, einerseits sollen Sie mich in der anschließenden Pressekonferenz nicht anklagen können, wir, die Große Koalition, unterdrückten mal wieder die

kleine Opposition, auf der andern Seite müssen Sie doch einsehen, [...]
Ich mache Ihnen einen Vorschlag, diese Woche nicht, dafür aber nächste Woche, und das gilt dann, ja? Gut, dann gilt das.‹ So findet das in
Wahrheit statt. Im Ältestenrat kommen drohende Untertöne unter
hundert Fällen nur einmal vor. Wir kennen uns bis ins Detail. Es geht
oft so zu, daß ich sage: ›Herr Kollege Frehsee, ich sehe an Ihrem Gesicht schon, was Sie sagen wollen. Darf ich dazu gleich antworten?‹ Das
ist der Grund, warum wir von unsern Kollegen wirklich als eine Gewerkschaft betrachtet werden.« Daß auch ihnen klar ist, wer die Mehrheit im Plenum hat (und gegebenenfalls entscheiden kann), ist sicher;
aber damit ist die hohe Konsensfähigkeit nur modifiziert.

Durch die Parlamentarischen Geschäftsführer wird der Kontakt zu
den Fraktionen und – besonders – zu ihren Vorständen gehalten. Sie
können die Wünsche der Fraktionen im Ältestenrat vorbringen und
Wünsche des Ältestenrats und das heißt oft anderer Fraktionen dorthin
vermitteln. In allen wichtigen Fällen werden sie sich mit dem Frakti-
onsvorstand oder der Fraktion vorher verständigen; auch die »Obmän-
ner« oder »Obfrauen«, die führenden Vertreter der Fraktionen innerhalb der Ausschüsse, werden sich dort gelegentlich zu äußern haben,
eventuell muß die Sache der Vollversammlung der Fraktion vorgelegt
werden; notfalls müssen die Beratungen im Ältestenrat verschoben
werden. Einiges Wissen und Gefühl, anders gesagt: Takt vorausgesetzt,
können die Geschäftsführer aber in vielen Fällen auch ohne vorherige
Absprache mit den Fraktionen Zusagen machen. Ihr Ansehen beruht
nicht zuletzt auf ihrer Fähigkeit zu einfühlsamer, nützlicher Zusammenarbeit hier wie dort. Notfalls müssen sie von ihren Fraktionsvorsitzenden desavouiert werden; doch passiert das fast nie.

Die Parlamentarischen Geschäftsführer haben allesamt ein gemein-
sames Interesse: daß innerhalb der so knappen Zeit möglichst viel ge-
schafft werden kann. Vermutlich nirgends ist die »Kollegialität« der
Abgeordneten über die politischen Gegensätze hinweg so stark ausgebildet wie in ihrer »Gewerkschaft«. Hier ist es wirklich weitgehend die
Last der Arbeit, welche verbindet, und das gemeinsame Interesse an der
Institution Parlament, das sich auf eine möglichst gute Organisation
richtet, sich darin aber kaum erschöpfen kann.

Wo sie sich nicht einigen können, ist das Plenum zuständig; wo eine
Fraktion oder auch einzelne Abgeordnete mit der von ihnen vorge-
schlagenen Tagesordnung nicht einverstanden sind, können sie deren

Änderung vor dem Plenum beantragen; auch gegen die Verteilung der Redezeiten können sie protestieren. Sie werden also nicht einfach bevormundet; sie können sich wehren. Aber all diese Fälle sind selten. Auch die kleinen Gruppen sind letztlich nicht auf Obstruktion aus (wie sie im Weimarer Reichstag so vielfach geübt wurde), sondern fügen sich den Regeln des Arbeitsparlaments.

Präsident und Ältestenrat haben außerdem, um von allen möglichen protokollarischen Entscheidungen abzusehen, über Einsprüche gegen Ordnungsrufe und Ausschlüsse von den Sitzungen zu beraten. Innerhalb der Plenarsitzungen ist die Entscheidung des amtierenden Präsidenten nicht anfechtbar. Sie darf während der Debatte nicht, auch nicht von andern, zur Sprache gebracht werden. Doch kann der Gerügte schriftlich Einspruch erheben, über den der Bundestag bei der nächsten Sitzung ohne Aussprache zu befinden hat. Dazwischen verhandelt der Ältestenrat über den Fall, der Präsident wird bemüht sein, in Hinblick auf seine Disziplinarmaßnahmen das Einvernehmen der Fraktionen zu gewinnen. Entsprechend ist es der Ältestenrat, der Beleidigungen von Abgeordneten aus der Welt zu bringen hat.

»Eine gründliche Erörterung der Landesherrlichen Anträge, der Motionen der Stände-Glieder sowie der Bittschriften, in voller Versammlung, läßt sich in den meisten Fällen, ohne nähere Vorbereitung nicht erwarten. Die ruhige Prüfung der Sache durch diejenigen Mitglieder, die mit dem Gegenstand am besten vertraut sind, die vollständige Kenntnißnahme vom Gegenstand von Seiten aller Abgeordneten soll den Discussionen vorausgehen.« Will sagen, die Gegenstände sollten vor der Plenumsberatung in einzelnen Abteilungen besprochen werden. »In diesen minder zahlreichen Versammlungen wird der Austausch von Ideen leichter von statten gehen; die einzelnen Mitglieder werden mit ihren gegenseitigen Ansichten bekannt; es zeigt sich, wer am tauglichsten ist, zur nähern Prüfung; die ernannten Commissarien bringen zu dieser Prüfung schon eine ganze Masse der Kenntnisse und Erfahrungen mit, die in den einzelnen Abtheilungen gesammelt wurden«, so begründet der Geheime Referendär Nebenius am 26. April 1819 das Reglement für die zweite Kammer des Badischen Landtags, das kurz darauf in »Geschäftsordnung« umbenannt wurde.

Diese für unser Empfinden etwas altväterlich ausgedrückte Einsicht gilt mutatis mutandis noch heute. In kleineren Kreisen, zumal wenn sie hinter verschlossenen Türen zusammentreten, läßt sich ganz anders verhandeln als im Plenum, in der Öffentlichkeit – in der Regel auch zwischen Angehörigen gegnerischer Lager. Man kann leichter ins unreine sprechen, kann seine Meinung ändern, ohne es kaschieren oder mühevoll begründen zu müssen, kann zu Kompromissen finden. Die Sache, um die es jeweils geht, spielt eine ganz andere Rolle, wenn die »Kollegen« unter sich sind.

Heute sind es zudem meist Experten, die die Dinge besprechen, analysieren und eventuell neue Vorschläge dazu erarbeiten; auch wenn in manchem Fall die politische Loyalität der Abgeordneten – und damit gewisse Scheuklappen – zum Teil wider besseres Wissen dem Lernen und dem Kompromiß Grenzen setzt.

Im Badischen Landtag nach der Verfassung von 1818 hat man solche kleineren Gremien einfach durch arithmetische Teilung des Hauses gewonnen: »Die Kammer theilt sich bei Eröffnung der Sitzung in fünf Abtheilungen ab, die, soweit es angeht, aus einer gleichen Anzahl von Abgeordneten bestehen sollen. Die Abgeordneten, welche in eine jede der fünf besonderen Abtheilungen treten, werden durch das Loos bestimmt [...] Die Kammer kann jederzeit beschließen, eine neue Zusammensetzung der Abtheilungen durch das Loos vorzunehmen« (§ 57, 58, 60 des Reglements). In den Abteilungen, und zwar in allen, werden die Gegenstände der Verhandlung diskutiert, am Ende ernennt jede von ihnen durch absolute Stimmenmehrheit ein Mitglied für die Kommissionen, in denen dann die am besten ausgewiesenen Sachkenner zusammentreten. Die Kammer kann weitere »Commissairs« aus ihrer Mitte mit relativer Mehrheit ernennen.

Es ging um eine Vorberatung und zugleich Vorbereitung der Materien. Ergebnis dieses zweistufigen Verfahrens sollte ein Vorschlag, eine Empfehlung an das Plenum sein. Zum Vorbild nahm man sich das Verfahren der französischen Nationalversammlung von 1791.

Allerdings können solche kleineren Kreise, auch wenn sie nur »Empfehlungen« aussprechen, eben damit die Entscheidung des Plenums vorwegnehmen oder zumindest stark bestimmen. Sie können dadurch in Widerspruch geraten zur Forderung nach innerer Souveränität und Freiheit des Entscheidungsgremiums. Offenbar hat man das selbst in frühen Parlamenten schon deutlich empfunden, obwohl die

Abgeordneten damals sehr viel mehr Zeit hatten, sich den – im Vergleich zu heute eher wenigen – Vorlagen zu widmen.

Da man jedoch die Vorbereitung in der Regel nicht entbehren kann, muß man sehen, daß sich in den vorbereitenden Abteilungen oder Kommissionen möglichst wenig Überlegenheit und Macht ansammelt. Das war – unter ganz andern Verhältnissen – schon den Athenern klar, als sie zur Vorberatung der Entscheidungen in der Volksversammlung einen Rat der Fünfhundert (!) einsetzten, der streckenweise in Abteilungen von fünfzig zu beraten pflegte. Indem sie ihn aus dem ganzen Land durchs Los zusammensetzten und seine Mitglieder jährlich zu hundert Prozent auswechselten, wirkten sie darauf hin, daß er nicht mehr als ein aufs Geratewohl aus der Bürgerschaft herausgegriffener Ausschuß war und daß sich in seinen Händen kaum Macht sammeln konnte. In der Assemblée Nationale verfuhr man noch rigider: Man löste die Mitglieder der Ausschüsse alle drei Monate ab. Dem Paulskirchenparlament, das sich ebenfalls in Abteilungen untergliederte, war auch das nicht genug: Es setzte die Ausschüsse sogar alle vier Wochen, und aufgrund von Losung, neu zusammen. Obwohl es damals schon, wenn auch informell, so etwas wie Fraktionen gab.

Im Badischen Landtag sollten ohnehin in den Abteilungen alle Abgeordneten mit allen Gegenständen der Verhandlung vertraut gemacht werden. In der Wahl der Mitglieder für die anschließend zu bildenden Kommissionen sollten sich »in der Regel schon die Meinungen aus[drücken], welche die Mehrheit in den Abtheilungen über den Gegenstand der Beratung hegt«. Falls zufällig »mehrere Stände-Glieder, die zur Beurtheilung eines Gegenstands am geschicktesten sind, in einer Abtheilung« zusammen sind, kann die Kammer dieser »Inkonvenienz« dadurch abhelfen, daß sie mehrere Mitglieder dieser Abteilung von sich aus in die Kommission wählt. Der Vortrag der Kommissionsempfehlung »trifft kein einzelnes Ständeglied unvorbereitet«. Da ging es also nicht um Arbeitsteilung, sondern um die Qualität des Gesprächs.

Es ist bezeichnend, daß man in Großbritannien, wo die Ausschüsse übrigens eine viel geringere Rolle spielten und spielen, wenigstens die Überlegenheit der Experten im Parlament auszuschließen suchte und sucht. Um es in den Worten des Premierministers Arthur Balfour zu sagen: »I do not wish our committees to be composed, especially Grand Committees, of experts or people who are supposed to have special knowledge of the subject. I rather want to have the reflected common sense of the House.« Allerdings bedeutet das auch, und mit der Zeit immer mehr, daß die Parlamentarier den Experten der Regierung unterlegen sein müssen; wenn auch einer Regierung, die aus dem Unterhaus hervorgeht und zu der ein großer Teil der Abgeordneten zählt.

Die Sorge freilich, daß die »Abteilungen« respektive deren Mitglieder oder die Experten überhaupt gegenüber der Vollversammlung zu mächtig werden konnten, muß heute in der Regel, so auch im Bundestag, hinter anderen zurücktreten. Zum einen ist die Macht im Parlament anders verteilt, nämlich weitgehend in den Fraktionen konzentriert, welche ihren Einfluß sowohl in den Ausschüssen als auch im Plenum ausüben. Obzwar das eine doppelseitige Beziehung ist. Denn bei allem Vorwalten fraktions-(partei- und regierungs-)politischer Zielsetzungen sind auch die Fraktionsführungen auf die Spezialisten in den Ausschüssen angewiesen und müssen vielfach ihrem Willen genügen.

Zum andern aber und vor allem haben die Parlamente, gerade ein so mächtiges und umfassend gebrauchtes wie der Deutsche Bundestag, gar keine Wahl. Wenn sie den Ehrgeiz haben, die Regierungsarbeit kritisch zu begleiten und zu kontrollieren, kann ihnen der *reflected common sense of the House* nicht weit helfen. Und wenn ihnen zugemutet wird und sie es sich zumuten lassen, »flächendeckend« die verschiedensten Lebensgebiete bis ins einzelne und immer wieder neu durch Gesetze zu regeln, sind sie vollends nicht nur auf ihre Experten angewiesen, sondern bleibt ihnen auch gar nichts anderes übrig, als deren Arbeit mehr oder weniger unbesehen im Plenum zu ratifizieren.

Bevor das geschehen kann, hat diese Arbeit freilich verschiedene Siebe zu passieren: Denn der Organismus Bundestag funktioniert ja im Ineinanderwirken von politischen Willensrichtungen und sachlichen Unterteilungen (und aufgrund seiner Offenheit zu Regierung und Interessenverbänden) sehr differenziert. Im Plenum – und das heißt zugleich dort, wo der normale Bürger allenfalls noch etwas davon zu sehen oder zu hören bekommt – läuft nur zum Ende, was an verschiedenen anderen Stellen zuvor zusammengelaufen und bestimmt worden ist.

Ob das Pensum, das dem Bundestag aufgeladen wird, wirklich so groß sein muß – aufgrund der ungeheuren Steigerung der Komplexität modernen (und postmodernen) Lebens – mag man sich fragen. Man mag da eine spezifisch deutsche Regelungswut am Werk sehen, mag auch auf das historisch wohlbegründete Selbstmißtrauen verweisen, das so wenig dem Spiel der Kräfte oder auch dem *common sense* – obwohl er inzwischen doch wohl im Wachsen begriffen ist – überlassen mag, sondern juristische Geländer sucht, wo immer es sie finden kann; man mag neue Formen politischen Streits dafür verantwortlich machen, die starke Einbeziehung etwa des Bundesverfassungsgerichts als »Spielpartner«, wodurch neue Gesetze, Gesetzesvorbehalte etc. notwendig werden, von den Auflagen der Brüsseler Bürokratie einmal ganz zu schweigen. Doch selbst wenn man meinen wollte, an diesem und jenem sei etwas zu ändern, so müßte es dabei bleiben, daß der Bundestag, wie er es seit seinen anstrengenden Anfängen nach dem Zusammenbruch wurde, ein Arbeitsparlament sein muß.

Daher muß sich seine Arbeit weithin in Ausschüssen vollziehen. Daher wird vom ehrgeizigen Neuling erwartet, daß er sich – eventuell an schon vorhandene Fähigkeiten und Interessen anknüpfend – in einem der Ausschüsse (und zumeist erst in einem der weniger prominenten) spezialisiert und bewährt; daß er in den fachlich bestimmten Arbeitskreisen der Fraktion mitarbeitet. Das ist jedenfalls der am meisten versprechende Weg zum politischen Aufstieg. Als Fraktionsexperte kann man auch in den Medien gefragt sein.

Die Zugehörigkeit zu einem Ausschuß ist für den Abgeordneten derart wichtig, daß das Bundesverfassungsgericht verfügt hat, auch fraktionslos gewordene Abgeordnete müßten einem Ausschuß angehören; der Bundestagspräsident habe zu entscheiden, welchem. »Eine prinzipielle Mitwirkungsmöglichkeit hat für den einzelnen Abgeordneten angesichts des Umstandes, daß ein Großteil der eigentlichen Sacharbeit des Bundestages von den Ausschüssen bewältigt wird, eine der Mitwirkung im Plenum vergleichbare Bedeutung.«

So wird Parlamentsarbeit weithin Spezialistenarbeit. Das heißt aber zugleich, daß eine Tendenz zur Fragmentierung des Hauses entsteht. Damit der Berg von Arbeit abgetragen werden kann, zumindest nicht anwächst, muß sorgfältigst mit der Zeit umgegangen werden. Es entsteht ein hohes Interesse an Reibungslosigkeit der Abläufe.

Die Kehrseite davon ist, daß sich auch die politische Lenkung und Zusammenfassung von Arbeit stark konzentriert; in den Fraktionsführungen etwa, jedenfalls in kleinen Kreisen.

Dazu gehört aber auch, daß die andere Seite des Parlaments, diejenige, von der es seinen Namen hat, die Debatte, vernachlässigt werden muß. Daß mit der steigenden Bedeutung des Parlaments als Legislative diejenige als wichtigstes »Forum der Nation« rückläufig wird; als Ort, an dem die Abgeordneten »Generalisten« zu sein, in einer Sprache zu sprechen haben, die nicht nur Spezialisten verstehen, einer Sprache, in der sich die Bürger wiederfinden können, sich selbst und ihre Probleme, was fast schon heißt, daß in den Debatten der Parlamente Sprache sich auch fortbilden muß: um mitzukommen mit all den Veränderungen, denen wir ausgesetzt – und hoffentlich eben nicht nur ausgesetzt – sind.

Der Bundestag kennt sehr verschiedene »Abteilungen«: Neben den Fraktionen, die dies im politischen Sinne sind, die Ausschüsse – sowohl Ständige wie Sonderausschüsse –, Enquetekommissionen, Untersuchungsausschüsse; und gelegentlich können sich Abgeordnete auch zu einer »interfraktionellen Initiative Parlamentsreform« zusammenschließen. Die Ausschüsse können für einzelne Fragen Unterausschüsse bilden.

Die ersten beiden Bundestage setzten relativ viele Ständige Ausschüsse ein. Inzwischen ist deren Zahl auf wenig mehr als zwanzig beschränkt. Zunächst hatten sie eine relativ enge Thematik, seit 1969 ist im wesentlichen jedem Bundesministerium ein Ständiger Ausschuß zugeordnet. So finden sich neben dem Auswärtigen Ausschuß etwa der Innenausschuß, der Rechts-, der Verteidigungs-, der »Ausschuß für Verkehr, Bau- und Wohnungswesen«, der für »Ernährung, Landwirtschaft und Forsten« (der fast als einziger immer unter derselben Bezeichnung rangierte), der für Wirtschaftspolitik und der für Arbeits- und Sozialpolitik.

In den Bezeichnungen der frühen Ausschüsse spiegelt sich die frühe Geschichte der Bundesrepublik. So gab es von 1949 bis 1953 den »Ausschuß für Kriegsopfer- und Kriegsgefangenenfragen«, der noch über drei weitere Perioden für »Kriegsopfer- und Heimkehrerfragen« fortbestand. Zwanzig Jahre lang arbeitete der Ausschuß für Heimatvertriebene, der später auch für die Flüchtlinge zuständig wurde. Der fünfte Bundestag bildete einen Ausschuß für Kriegs- und Verfolgungsschäden, wobei es um Fragen der Rehabilitation ging. Sechzehn Jahre lang existierte der für den Lastenausgleich. Daneben gab es im zweiten Bundestag den für Besatzungsfolgen. Fragen der »Wiedergutmachung«

(öffentlicher Dienst, Entschädigungen etc.) beschäftigten im zweiten und vierten Bundestag einen Ausschuß.

Der 1949 eingerichtete Ausschuß für »Wiederaufbau und Wohnungswesen« verlor 1957 den »Wiederaufbau« aus seinem Namen, wurde mit dem für »Bau- und Bodenrecht« vereinigt, um 1962 einem Ausschuß für »Wohnungswesen, Städtebau und Raumordnung« Platz zu machen, der 1965 zusätzlich vorübergehend die Kommunalpolitik aufgegeben bekam (die zuvor mit Sozialhilfe respektive öffentlicher Fürsorge Gegenstand eines eigenen Ausschusses gewesen war).

Der zweite Bundestag richtete erstmals einen Ausschuß für Atomfragen ein (1956), der für »Atomenergie und Wasserwirtschaft« folgte ihm 1957 bis 1965. Nachdem 1962 der Minister für Atomkernenergie zum Minister für wissenschaftliche Forschung geworden war, wurde 1969 ein Ausschuß für »Bildung und Wissenschaft« – Wissenschaft war 1965 bis 1969 dem Kulturausschuß zugewiesen – geschaffen; 1972 spaltete sich von ihm der für Forschung und Technologie ab, dem seit 1990 zugleich die Technikfolgenabschätzung aufgegeben wurde. Im zehnten Bundestag (1986), als im Gefolge von Tschernobyl unter Walter Wallmann das Ministerium für Umwelt, Naturschutz und Reaktorsicherheit gegründet wurde, begegnet erstmals der Umweltausschuß.

Seit dem vierten Bundestag (1961) gibt es einen Ausschuß für Entwicklungshilfe, der seit 1969 »politisch korrekter« als »für wirtschaftliche Zusammenarbeit« firmiert. 1998 wurde erstmals einer für Menschenrechte und humanitäre Hilfe eingesetzt; freilich hatte es seit der elften Wahlperiode (1987) einen Unterausschuß des Auswärtigen Ausschusses unter diesem Titel gegeben, anknüpfend an einen seit 1965 bestehenden Unterausschuß für humanitäre Hilfe (speziell in Afrika).

Die Ausschüsse, die sich mit Jugend, Familie und Gesundheit befassen, erhielten, ebenfalls 1986, erstmals »Frauen« als eigenes Thema. Seit dem zwölften Bundestag (1990) hatten neben der Gesundheit »Familie und Senioren« sowie »Frauen und Jugend« aparte Gremien, bevor sie 1994 zusammengelegt wurden. Ihnen ist die 1988 eingerichtete »Kommission zur Wahrnehmung der Belange der Kinder« zugeordnet.

In den ersten fünf Legislaturperioden hatte man noch einen Ausschuß für Kulturpolitik, der 1957 auch »Publizistik« und 1965–69 »Wissenschaft« zugewiesen bekam. Er beschäftigte sich etwa mit der Auslandskulturarbeit, der Förderung des deutschen Films, der Gefährdung der wirtschaftlichen Existenz von Presseunternehmen und den Folgen der Konzentration für die Meinungsfreiheit. Erst im vierzehnten Bundestag ist er 1998 als »Ausschuß für Kultur und Medien« wieder ins Leben gerufen worden. Dafür hatte der sechste Bundestag (1969–72) anläßlich der Olympischen Spiele einen Sonderausschuß eingesetzt, aus dem 1972 der Sportausschuß hervorging. Er ist neben dem Innenausschuß dem Bundesministerium für Inneres zugeordnet. Vielleicht sollte man hier anfügen, daß der Innenausschuß aus seiner Mitte in der elften Wahlperiode einen Unterausschuß für »Wiedergutmachung nationalsozialistischen Unrechts« eingerichtet hat, der seine Arbeit 1988 eigenartigerweise am 20. April aufnahm. 1991 bildete er einen Unterausschuß »Bewältigung der Stasi-Vergangenheit«.

Fast alle der auf die Ministerien bezogenen Ausschüsse haben es vornehmlich mit der Beratung von Gesetzesanträgen und Entschließungen auf ihrem Gebiet zu tun. Das Plenum weist ihnen Vorlagen und Anträge zu, und sie haben dazu in bestimmter Frist Empfehlungen auszuarbeiten. Seit einiger Zeit haben sie darüber hinaus das sogenannte »Selbstbefassungsrecht«, das heißt sie können sich andere Themen aus ihrem Bereich nach eigener Wahl vornehmen. Das soll der Orientierung der Regierungsarbeit, vor allem ihrer Kontrolle dienen. Wobei ein Gesichtspunkt sich neuerdings immer mehr in den Vordergrund schiebt: Es wird für notwendig erachtet, die Wirksamkeit der vom Bundestag beschlossenen Gesetze besser kennenzulernen und zu kontrollieren; gleichsam die Gesetze nicht einfach sich selbst zu überlassen. Nur dürfen die Ausschüsse darüber dem Plenum nicht formell berichten; doch gibt es ja andere Wege, die eigenen Erkenntnisse für die Arbeit des Parlaments fruchtbar zu machen.

Insoweit ergibt sich eine Korrespondenz zwischen Bundestag und Bundesregierung. Wenn man so will, stehen sie in gleich breiter Front einander gegenüber, nur daß die Reihen des Bundestages unvergleichlich viel dünner besetzt sind. Die Berührungen von der einen zur andern Seite sind sehr eng. Die Abgeordneten spezialisieren sich auf die verschiedenen Ministerien, werden vertraut mit den Angehörigen der Bürokratie wie mit den auf den betreffenden Gebieten interessierten Verbänden, sofern sie diesen nicht von vornherein schon nahestehen. Man spricht – übrigens über die Grenzen innerhalb der EU hinweg – von »Fachbruderschaften«. Sie vereinen, aufgrund der Gemeinsamkeit der sachlichen Arbeit, weitgehend Regierungs- und Oppositionsabgeordnete und sind der Sache oft sehr zum Vorteil. Freilich kann die Mitverantwortung der Abgeordneten für die Regierungsarbeit, welche daraus erwächst, die spätere Kritik aus dem Hause erschweren.

Es hat verschiedentlich Pläne gegeben, nur wenige, stark besetzte Ausschüsse zu bilden, die nach Bedarf ad hoc Unterausschüsse für bestimmte Fragen einsetzen sollten, welche sich nach deren Erledigung wieder auflösen. So hätte man etwa einen Wirtschafts- und Sozialausschuß einrichten können, der den Gesamtbereich dieser Problematik in seiner gegenseitigen Abhängigkeit einheitlich behandeln sollte (Dichgans). Das hat sich nicht durchsetzen lassen. Obwohl es gerade in der frühen Geschichte des Bundestags mehrfach Sonderausschüsse für bestimmte Gesetze oder Gesetzeskomplexe gegeben hat, etwa für das Wahlrecht, für das Parteiengesetz und vier Legislaturperioden lang für die Strafrechtsreform. Da ging es um schwierige Reformvorhaben, mit denen man die Ständigen Ausschüsse nicht belasten wollte oder konnte. Allein, gerade die Kontrolle der Auswirkung der Gesetze können solche Ad-hoc-Ausschüsse nicht ausüben. Und die Kontrolle der Regierungsarbeit können sie überhaupt nicht leisten.

Indem man es im ganzen bei der Entsprechung zwischen Ministerium und Ausschuß beließ, wird die Spezialisierung der Abgeordneten zugleich erweitert – denn es können recht verschiedene Materien sein, die in einem Ministerium zusammengefaßt werden – und befestigt, da sie es über längere Zeit stets nur mit einem Ministerialbereich zu tun haben und leicht dazu kommen, dessen fachliche Gesichtspunkte überzubewerten. Doch sind ja die Ausschüsse bei ihrer Arbeit, sofern sie größere Gebiete betrifft, nicht allein. Viele Vorlagen werden mehreren Ausschüssen zugleich überwiesen, von denen einer federführend ist. Der Gesamtbereich von Wirtschafts- und Sozialpolitik kann auch im Zusammenwirken verschiedener Ausschüsse einigermaßen einheitlich behandelt werden – wenn es nicht zu speziell wird und wenn genügend Zeit dafür bleibt.

Einige der Ausschüsse ragen aus der Reihe der anderen heraus, werden zum Teil als besonders prominent angesehen. Als das »Herrenhaus« des Bundestags galt früher einmal der Auswärtige Ausschuß. In ihm saßen die führenden Mitglieder der verschiedenen Fraktionen. Er hat es kaum mit Gesetzen, höchstens mit der Beratung wichtiger auswärtiger Verträge zu tun. Seine hauptsächliche Arbeit ist die Zurkenntnisnahme und Beratung der auswärtigen Politik. Das setzt ein hohes Maß an Vertraulichkeit voraus. Regierung und Parlament können vermittels des Ausschusses, indem sie unterschiedliche politische Richtungen verfolgen, eine besondere Bandbreite der Politik erzielen. Wo etwa die Regierung, als es um die Freiheit Algeriens ging, auf die französische Position Rücksicht zu nehmen hatte, konnte das Parlament für das Selbstbestimmungsrecht eintreten, in gegenseitiger, vertraulicher Abstimmung.

Wie der Verteidigungs- und bis zur Vereinigung der Ausschuß für gesamtdeutsche (später innerdeutsche) Fragen ist der Auswärtige ein »geschlossener Ausschuß«, das heißt es sind zu seinen Sitzungen nur die ordentlichen Mitglieder und deren Stellvertreter zugelassen, nicht – wie sonst üblich – alle Abgeordneten. Gelegentlich wird aus denen noch einmal ein engerer Kreis zum Außenminister eingeladen.

Der Verteidigungsausschuß, der ebenfalls mit Gesetzgebung vergleichsweise wenig zu tun hat, sondern primär für die Kontrolle der Streitkräfte zuständig ist, kann als einziger zugleich als Untersuchungsausschuß fungieren, das heißt Vernehmungen durchführen, Zeugen vorladen und vor allem sie auch vereidigen. »Zum Schutz der Grundrechte und als Hilfsorgan des Bundestags bei der Ausübung der parlamentarischen Kontrolle« wählt der Bundestag zudem auf jeweils fünf Jahre einen Wehrbeauftragten; Voraussetzung ist die absolute Mehrheit der Stimmen aller (nicht nur der anwesenden) Mitglieder. Er wird selbständig tätig, hat das Recht, jederzeit unangemeldet die Truppe zu besuchen und in Abwesenheit der Vorgesetzten Gespräche mit Soldaten zu führen. Die Zahl der Eingaben, die ihn erreichen, hat in den letzten Jahrzehnten zwischen knapp 6000 und gut 10 000 geschwankt. Er stellt also eine zusätzliche Petitionsinstanz dar. Das Plenum oder der Verteidigungsausschuß können ihm die Prüfung bestimmter Vorgänge übertragen. Einmal im Jahr hat er einen Bericht zu erstatten, der vom Verteidigungsausschuß beraten und in der Regel anschließend dem Plenum vorgelegt wird. So erfährt der Ausschuß eine Entlastung, und die Kontrolle der Streitkräfte kann vermittels einer Verwaltung, die Teil der Bundestagsverwaltung ist, wesentlich verbessert werden.

Von besonderer Bedeutung, freilich auch mit sehr viel spezialisierter Arbeit verbunden, ist der Haushaltsausschuß. Denn er ist – wie der Finanzausschuß, dessen »Ressort« die Steuergesetzgebung ist – zwar dem

Parlamentarische Feinarbeit: Sitzung des Haushaltsausschusses.

Finanzministerium zugeordnet, hat es aber natürlich mit dem gesamten Kabinett und der gesamten Bundesbürokratie zu tun. Die Haushaltspläne aller Ministerien werden von ihm, vor allem durch die darauf spezialisierten Mitglieder, beraten und geprüft. Er hat dazu Empfehlungen abzugeben. Er arbeitet nicht nur mit den Beamten des Finanzministeriums, sondern auch mit dem Bundesrechnungshof zusammen. Auch hier also kann ein Ausschuß auf die Hilfe einer Verwaltung rechnen, in diesem Falle durch eine selbständige Behörde, deren Mitglieder das Richterprivileg genießen; der Präsident des Bundesrechnungshofs wird seit einiger Zeit durch den Bundestag gewählt. Als Unterausschuß des Haushaltsausschusses fungiert ein Rechnungsprüfungsausschuß sowie ein anderer für Fragen der Europäischen Union.

Kein Gesetzesvorschlag, dessen Annahme nennenswerte Mehrausgaben oder Mindereinnahmen nach sich ziehen würde, darf ohne Zustimmung des Haushaltsausschusses verabschiedet werden. Gegebenenfalls muß er selbst sehen, wo eine Deckung gefunden werden kann. Bei Ausgaben, die mit einem qualifizierten Sperrvermerk verbunden sind, hat er – vom Plenum delegiert – das Recht, über die Freigabe der Mittel zu verfügen.

Eine Neuerung des 1998 gewählten Bundestags besteht in der Einrichtung eines Ständigen Ausschusses für die Angelegenheiten der neuen Länder. Seine Arbeit muß sich thematisch über die Zuständigkeit verschiedenster Ministerien und darüber hinaus erstrecken. Sie läuft insofern derjenigen verschiedener Ausschüsse streckenweise parallel und nötigt zu den allfälligen Koordinationen. Eine Entsprechung hat sie im Bundeskanzleramt, sofern auch dort die Befassung mit den neuen Ländern besonders konzentriert ist. Dieser Ausschuß ist gewiß ein Zeichen für die besondere Elastizität des Hauses, für die Breite und die aktuellen Akzentsetzungen seiner Zuständigkeit. Eine andere Neuerung ist der Ausschuß für Menschenrechte und humanitäre Hilfe.

1990 hatte man, übrigens unter dem Vorsitz der Bundestagspräsidentin, einen Ausschuß für die deutsche Einheit eingerichtet.

Außerordentliche Verantwortung kommt dem Ausschuß für Angelegenheiten der Europäischen Gemeinschaft zu, der seit September 1991 existiert. Er übernahm seine Aufgaben zum guten Teil von dem 1987 gebildeten entsprechenden Unterausschuß des Auswärtigen, in dem fünf Abgeordnete gesessen hatten. Dieser war seinerseits einer 1983 eingerichteten Europa-Kommission gefolgt, welche Empfehlungen für europapolitische Entscheidungen erarbeiten sollte. Sie hatte 22 gleichberechtigte Mitglieder gehabt, elf aus dem Bundestag und elf aus dem europäischen Parlament (sowie 22 Stellvertreter). Im EU-Ausschuß haben sich die Dimensionen etwas verschoben, er hat 33 Mitglieder, zu denen noch elf weitere »zur Mitwirkung berechtigte« deutsche Mitglieder und Beobachter des europäischen Parlaments kommen.

Die SPD hatte schon länger auf die Einrichtung dieses Ausschusses gedrängt. Sein Fehlen nannte Hans-Jürgen Wischnewski 1989 »eine schlimme Geschichte«. Er schloß daraus, daß »wir manchmal [...] die große Bedeutung von [...] Zukunftspolitik nicht in dem notwendigen Maße erkennen«. 1991 hatten die Parlamente in verschiedenen EU-

Staaten, aufgrund der sich beschleunigenden Integration, längst eigene Europa-Ausschüsse.

Dem Ausschuß wurde die Behandlung anstehender grundlegender Entscheidungen im Bereich der EU aufgegeben, der Änderung der Verträge, zusätzlich die Zusammenarbeit mit dem europäischen Parlament und die der nationalen Parlamente untereinander, schließlich die Beratung von EU-Vorlagen.

Seit Dezember 1992 ist der EU-Ausschuß, der damals noch EG-Ausschuß hieß, im Grundgesetz, Artikel 45, verankert. Während Ausschüsse normalerweise nur Hilfsorgane des Bundestags sind, kann er vom Plenum ermächtigt werden, »die Rechte des Bundestages gemäß Artikel 23 gegenüber der Bundesregierung wahrzunehmen«. Dort heißt es: »Die Bundesregierung hat den Bundestag und den Bundesrat umfassend und zum frühestmöglichen Zeitpunkt zu unterrichten. Die Bundesregierung gibt dem Bundestag Gelegenheit zur Stellungnahme vor ihrer Mitwirkung an Rechtsetzungsakten der Europäischen Union. Die Bundesregierung berücksichtigt die Stellungnahme des Bundestages bei den Verhandlungen.« Folglich hat der Europa-Ausschuß nicht nur fertige Vorlagen, sondern auch Denkschriften, »Grau-« und »Weißbücher« der Kommission wie insbesondere die Entwürfe von Richtlinien und Verordnungen und die Vorentwürfe späterer EU-Vorlagen zu behandeln. Er hat, wenn er eigene Stellungnahmen gegenüber der Bundesregierung abgeben will, jeweils diejenigen der beteiligten Fachausschüsse einzuholen. Dank diesem Ausschuß wird die »unionswärtige Gewalt« der Bundesrepublik stärker, als dies normalerweise bei der auswärtigen der Fall ist, von Parlament und Regierung gemeinsam ausgeübt; was auch nötig ist, da die EU weit stärker in das Leben der Bürger eingreift als die (übrige) Außenpolitik. Entsprechend kann laut Artikel 52.3a der Bundesrat für Angelegenheiten der Europäischen Union »eine Europakammer bilden, deren Beschlüsse als Beschlüsse des Bundesrats gelten«.

Wie der Europakammer des Bundesrats kann dem EU-Ausschuß des Bundestags demgemäß geradezu eine Schlüsselstellung zukommen. Denn was in den Verhandlungen in der EU herauskommt, läßt sich im nachhinein im Plenum des Bundestags nicht mehr abwenden oder verändern; oder jedenfalls nur unter hohem Einsatz. Da dies eine außerordentliche Fülle von Materien, die zum Teil keineswegs unwichtig sind, betrifft –, für Medien, Wirtschaft, Recht besteht schon über die Hälfte der Gesetzgebung in der Angleichung an EU-Verordnungen –, wäre der Bundestag ohne diesen Ausschuß auf weite Strecken auf das bloße Absegnen beschränkt. Denn die – nicht zuletzt durch die Flucht aus der deutschen Geschichte beflügelte – Einigkeit der Parteien in Hinsicht auf den europäischen Integrationsprozeß betrifft ja eher die allgemeine Richtung, und im Detail steckt, wie üblich, der Teufel.

Da in diesem Ausschuß ja aber, wie im ganzen Bundestag, die Regierungsparteien die Mehrheit haben und da seine Arbeit – anders als die des Plenums – sich weder öffentlich vollzieht noch den verschiedenen Regeln unterliegt, die der Opposition im Plenum einige faire Chancen verschaffen, kann es relativ leicht dazu kommen, daß er auf diesem mit der Exekutive geteilten so wichtigen Feld voller Versuchungen, sich hinter der EU zu verstecken, wenig ausrichtet. Vielleicht ist ein Ausschuß nur, falls er – und falls insbesondere die Minderheit in ihm – zugleich die Möglichkeit hat, kurzfristig Platz auf der Tagesordnung des Plenums zu beanspruchen, in der Lage, auf einem so empfindlichen Territorium die Rechte des Parlaments und der von ihm vertretenen Bürgerschaft hinreichend gewissenhaft wahrzunehmen.

Zwei ständige Ausschüsse stehen etwas außerhalb der Reihe. Das ist zum einen der für »Wahlprüfung, Immunität und Geschäftsordnung«, zum andern der Petitionsausschuß. Der letztere ist seit 1975 im Artikel 45c des Grundgesetzes verankert. Dort wird Bezug genommen auf das in Artikel 17 festgelegte Grundrecht: »Jedermann hat das Recht, sich einzeln oder in Gemeinschaft mit andern schriftlich mit Bitten oder Beschwerden an die zuständigen Stellen und an die Volksvertretung zu wenden.« »Bitten« bezieht sich vornehmlich auf Gesetzgebung, »Beschwerden« auf das Handeln oder Unterlassen der Verwaltung in Einzelfällen. Das Recht auf Petitionen hat jeder unabhängig von Wohnsitz und Staatsangehörigkeit, auch Jugendliche und Kinder sowie inländische juristische Personen. Der Bundestag ist freilich nur mit Angelegenheiten der Bundesregierung, der Bundesbehörden und entsprechender Institutionen, wie etwa der Nürnberger Bundesanstalt für Arbeit, befaßt.

Dieser Ausschuß, der früher einmal als »Strafbataillon des Bundestags« bezeichnet worden ist, hat Mitte der 70er Jahre eine wesentliche Verbesserung seiner Möglichkeiten erfahren. Kaum jemand hatte sich früher freiwillig in ihn delegieren lassen, um mit andern zusammen Tausende von Eingaben detailliert zu behandeln, wie es das Recht der Petenten gebietet.

Dabei konnte die Arbeit immer interessant sein; immer wieder einmal konnten berechtigte Wünsche erfüllt werden, teilweise indem man den Petenten einen andern Weg als den gesuchten wies, an den in der Verwaltung bis dahin keiner gedacht hatte. So wurden die Mitglieder des Ausschusses zu findigen Kennern der gesamten Staatsapparatur. Manche Informationen regten zu Gesetzesinitiativen an. Als herausragendes Beispiel für ein mit Hilfe des Petitionsausschusses beseitigtes Ärgernis ist das zehnte Gesetz zur Änderung des Bundeskindergeldgesetzes vom 21. Dezember 1984 zu nennen, demgemäß Volljährige, die längere Zeit auf den Beginn ihrer Ausbildung warten müssen oder arbeitslos sind, dabei bis zur Vollendung des 21. Lebensjahrs voll zu berücksichtigen sind.

Inzwischen ist der Ausschuß gut ausgestattet, er verfügt über rund achtzig Mitarbeiter in der Bundestagsverwaltung. Seine Rechte entsprechen seinem Auftrag. Er kann von der Bundesregierung mündlich oder schriftlich Auskunft einholen, kann die Vorlage von Akten verlangen, sich oder einzelnen seiner Mitglieder Zutritt zu Einrichtungen des Bundes verschaffen. Wie alle Ausschüsse kann er die Anwesenheit von Mitgliedern der Regierung verlangen, kann die Amtshilfe von Gerichten in Anspruch nehmen und Petenten, Zeugen und Sachverständige anhören. Gegebenenfalls wird er sich an andere Bundestagsausschüsse wenden. Verschiedentlich ergeben sich aus seiner Arbeit Vorlagen an das Plenum. Die Zahl der Petitionen geht in die Zehntausende; seit der Vereinigung Deutschlands beläuft sie sich regelmäßig auf über zwanzigtausend im Jahr. Sie werden übrigens zu knapp zwei Dritteln von Männern eingebracht, nur etwa halb so oft von Frauen.

Es sind Petitionen von Einzelnen, eventuell Sammelpetitionen (aufgrund von Unterschriftensammlungen) oder sogenannte »Masseneingaben«, das heißt Hunderte, Tausende, mitunter Hunderttausende von Petitionen zum selben Anliegen. In der neunten Wahlperiode (1980−83) waren es rund 440 000 Masseneingaben, etwa zu Tierversuchen, zum Transport von Schlachtpferden, zum Schutz der Karettschildkröte im Dalyan-Delta (Türkei), zum Importverbot von in Kanada gewonnenen Robbenfellen, zur Urheberrechtsreform, zur Aktion »Porno Stop« und zum geplanten »Reitverbot im Wald« oder auch zu Frauenhäusern, zur Freifahrt für Schwerbehinderte, zum Visum für Bhagwan, zum Schutz der Nordsee oder zur Bahncard der Deutschen Bahn, zur Gebührenordnung für Ärzte, ferner solche, die zum Schutz des ungeborenen Lebens, zur Annullierung des Hitler-Stalin-Paktes oder zum sofortigen Stop der Baumaßnahme für die B 455 neu durch den Oberurseler Stadtwald veranlassen sollten.

Was den Erfolg der Petitionen betrifft, so sei beispielhaft nur die elfte Wahlperiode (1987-90) erwähnt. Dort wurde in 15 Prozent der Fälle dem Anliegen entsprochen, 44 Prozent wurde erledigt durch Rat, Auskunft, Verweisung oder Materialübersendung. Verschiedene Fälle wurden an andere Institutionen überwiesen; in 33,4 Prozent wurde dem Petitum nicht entsprochen.

Im Petitionsausschuß kann der Bundestag jedenfalls wirklich und buchstäblich für den Einzelnen da sein, und es sind nicht wenige, die das nutzen.

Für die Kontrolle besonders sensibler Bereiche bildet der Bundestag eigene Kommissionen respektive Gremien. So die »Parlamentarische Kontrollkommission«, die den Verfassungsschutz, den militärischen Abschirmdienst und den Bundesnachrichtendienst zu überwachen hat. Für die Beschränkungen von Brief-, Post- und Fernmeldegeheimnis gemäß Artikel 10 des Grundgesetzes ist ein »Gremium« von neun Abgeordneten eingesetzt worden, das in regelmäßigen Abständen unterrichtet werden muß. Dieses hinwiederum wählt eine Viererkommission, deren Vorsitzender die Befähigung zum Richteramt haben muß und deren Mitglieder nicht Abgeordnete zu sein brauchen. Jeder einzelne Fall der von einem Bundesminister angeordneten Postkontrolle muß vor seinem Vollzug der Kommission zur Bewilligung vorgelegt werden. Wird sie verweigert, so ist die Kontrolle aufzuheben, sofern sie wegen Gefahr im Verzug schon begonnen hat. Ein weiteres Gremium von fünf Abgeordneten (»Vertrauensgremium«) hat die Wirtschaftspläne der Geheimdienste zu prüfen und zu billigen, wieder ein anderes die Aufhebung des Postgeheimnisses wegen des Verdachts von Straftaten nach dem Außenwirtschaftsgesetz und dem Kriegswaffenkontrollgesetz zu überprüfen.

Die Mitglieder dieser Gremien sind vom Bundestag aufgrund von Vorschlägen der Fraktionen mit Mehrheit zu wählen. Speziell die parlamentarische Kontrollkommission pflegt besonders hochrangig besetzt zu werden; ihr gehören normalerweise die Fraktionsvorsitzenden oder deren Stellvertreter an. Laut Urteil des Bundesverfassungsgerichts kann es aus zwingenden Gründen des Geheimschutzes verfassungsrechtlich hingenommen werden, »daß einzelne Fraktionen bei der Besetzung eines Ausschusses unberücksichtigt bleiben«. So waren etwa die Grünen von diesen Gremien lange ausgenommen.

Zur Zeit besteht der Plan, die parlamentarische Kontrollkommission und das Gremium nach Artikel 10 des Grundgesetzes bei einer Mitgliederzahl von neun zu belassen, bei dieser Stärke stünde der PDS kein Sitz zu.

Ein Ausschuß ist für die Wahl der vom Bundestag zu bestellenden Mitglieder des Bundesverfassungsgerichts zuständig (der Wahlmännerausschuß, nicht zu verwechseln mit dem Richterwahlausschuß, den der Bundestag mit dem Bundesrat gemeinsam, übrigens nicht nur mit Abgeordneten, besetzt, damit er die Richter der anderen obersten Gerichtshöfe des Bundes bestellt). Schließlich sei der »Gemeinsame Ausschuß« (von Bundestag und Bundesrat) erwähnt, den die Bundesregierung zweimal im Jahr über ihre Planungen für den Verteidigungsfall zu unterrichten hat. Er steht unter dem Vorsitz des Bundestagspräsidenten. Im Spannungs- und Verteidigungsfall würde er, falls der Bundestag nicht mehr zusammentreten kann, als Notparlament dienen. Da zwei Drittel seiner Mitglieder aus dem Bundestag kommen und seine Beschlüsse mit einfacher Mehrheit zu fassen sind, könnten seine Abgeordneten den Bundesrat überstimmen; was das gegebenenfalls bedeutete, hinge von Parteikonstellationen, vielleicht auch von Gesichtspunkten der landschaftlichen Herkunft ab.

Der Ältestenrat legt fest, wie viele Abgeordnete die einzelnen Ausschüsse umfassen sollen. Anschließend besetzen die Fraktionen die ihnen, proportional zu ihrer Stärke, zustehenden Sitze.

Der Ältestenrat soll aber auch eine Verständigung zwischen den Fraktionen über die Besetzung der Stellen der Ausschußvorsitzenden und ihrer Stellvertreter herbeiführen. Die Ausschüsse haben unterschiedliches Gewicht, entsprechend sind die Positionen der Vorsitzenden in einigen von ihnen besonders begehrt. Glücklicherweise haben die Fraktionen dabei oft verschiedene Präferenzen, so daß eine Einigung unter ihnen in der Regel möglich ist. Doch kann sie auch scheitern. Dann wird im »Zugreifverfahren« entschieden.

Dazu werden für die Fraktionen sogenannte Rangmaßzahlen ermittelt, indem man die Zahl der Mitglieder des Bundestags durch die der Fraktionsangehörigen dividiert und anschließend mit 0,5, 1,5, 2,5 etc. multipliziert. So entsteht eine Abfolge, innerhalb derer normalerweise etwa die beiden stärksten Fraktionen zunächst einen Zugriff haben, dann zwei, dann drei Zugriffe, irgendwann erhalten die schwächeren Fraktionen einen ersten, später vielleicht noch ein oder zwei weitere Zugriffe. Dasselbe Verfahren gilt für die Verteilung der Ausschußsitze auf die Fraktionen. Es bewirkt zum Beispiel, daß die PDS mit ihrer relativ sehr kleinen Fraktion noch nicht in einem Ausschuß von neun, sondern erst in einem von fünfzehn Abgeordneten vertreten wäre.

Fraktionen, die politischen Abteilungen des Bundestages, »sind Vereinigungen von mindestens fünf vom Hundert der Mitglieder des Bundestages, die derselben Partei oder solchen Parteien angehören, die aufgrund gleichgerichteter politischer Ziele in keinem Land miteinander im Wettbewerb stehen«. So heißt es in Paragraph 10 der Geschäftsordnung; der zweite Teil des Satzes soll die gemeinsame Fraktionsbildung von CDU und CSU ermöglichen. Abgeordnete von Parteien, die weniger als fünf vom Hundert der Mitglieder umfassen, können eine »Gruppe« bilden, wie zeitweise die PDS. Der Bundestag muß darüber entscheiden, welche Rechte er ihnen gewähren will. Er ist dabei im Falle der PDS (und der Grünen 1990 bis 1994) relativ großzügig gewesen.

Die Vorstände der Fraktionen, zu denen neben dem Vorsitzenden zumeist mehrere stellvertretende Vorsitzende, die Parlamentarischen Geschäftsführer und weitere Abgeordnete gehören, bilden die wichtigsten Zentren der Macht im Hause. An ihren Sitzungen nehmen, falls sie zur Regierungskoalition gehören, zumeist auch Regierungsmitglieder teil. Von den Vorständen geleitet und in vieler Hinsicht dirigiert, finden in den Fraktionen zum Teil lebhafte Willensbildungsprozesse, auch heftige Auseinandersetzungen statt; hier ist der Ort, an dem sich einzelne unter Umständen gegen die Mehrheit durchsetzen können; was freilich am Ende als Beschluß herauskommt, sollte dann von allen getragen werden.

Den den Ministerien zugeordneten Ausschüssen entsprechen innerhalb der Fraktionen Arbeitskreise oder Arbeitsgruppen. Ursprünglich herrschten in allen Fraktionen die größeren Arbeitskreise vor, welche jeweils für die Gebiete mehrerer Ausschüsse zuständig waren. Inzwischen sind die großen Fraktionen längst dazu übergegangen, fast eins zu eins zu den Ausschüssen Arbeitsgruppen einzurichten. Sie sind Hilfsorgane der Fraktionsvollversammlungen.

In diesen Kreisen und Gruppen wird die Arbeit in den Ausschüssen vorbereitet. Jede Fraktion hat in jedem Ausschuß einen Obmann respektive Sprecher, der die Arbeit ihrer Mitglieder koordiniert und sich besonders darum zu kümmern hat, sie mit der Willensbildung der Gesamtfraktion in Einklang zu bringen.

In der Organisation des Bundestags sind die Fraktionen also überall präsent. Die Arbeitsteilung in den Ausschüssen kann verantwortet werden, weil sie entsprechend ihrem Kräfteverhältnis im Plenum dort vertreten sind. Um die Zahlenverhältnisse nicht zu verwischen, haben fraktionslose Abgeordnete in ihnen zwar Mitwirkungs-, aber kein Stimmrecht. So sind die Ausschüsse in gewissem Sinne repräsentativ für den gesamten Bundestag sein. Ihre Empfehlungen sind deswegen nicht bindend. Trotzdem gibt es bei der ungeheuren Vielfalt der Materien die Notwendigkeit, »nach Glauben« zu entscheiden, dem Glauben nämlich, »daß die Leute, die in meiner Fraktion diesbezüglich die Federführung haben, das Richtige tun«, wie es Hans-Jürgen Wischnewski einmal ausgedrückt hat. Hildegard Hamm-Brücher sieht es etwas anders. Sie meint auch, daß man sich auf das Wissen anderer verlassen muß, hat nur die Erfahrung gemacht: »Nachträglich muß sich jeder gewissenhafte Abgeordnete in vielen Fällen eingestehen, daß die Informationen, die ihm von den zuständigen Fraktionsexperten gegeben wurden, ebenso unzureichend waren wie sein eigener Wissensstand.« Jedenfalls bliebe »sehr viel vorhandener Sach- oder gesunder Menschenverstand ungenutzt, weil es dem »ungeschriebenen Reglement der Fraktionsdisziplin« widerspricht, »einmal benannten Fraktionsexperten [. . .] ins Handwerk zu pfuschen«. Hans Apel berichtet von einer Debatte, in der sich die SPD-Fraktion darüber einig war, daß ein Amnestiegesetz hätte abgeändert werden müssen. »Aber zu ändern war nichts mehr. Die Experten waren sich einig, mit der FDP war alles abgesprochen, die mehrheitlich beschlossene Stellungnahme des Ausschusses war veröffentlicht.« Man habe sich doch nicht selbst desavouieren können. Was also bleibt den Abgeordneten in vielen Fällen anderes übrig, als den Ausschußempfehlungen zu folgen?

Andererseits hat die Fraktionsführung, in deren Händen alle Fäden zusammenlaufen (und die nachher auch im Plenum großen Einfluß auf die Verteilung der Redebeiträge hat), stets die Möglichkeit, die Arbeit in den Ausschüssen zu beeinflussen.

Manches ist schwierig, vielfach kann auch die Fraktionsführung gegen Experten – und deren Fachbruderschaften – nur wenig machen. Aber im wesentlichen läßt sich das so komplizierte Gebilde Bundestag mit der ungeheuren Vielfalt und Verschachtelung seiner Ausschüsse, Fraktionen und Kommissionen am Ende so gut beherrschen, daß Spontaneität auf begrenzte Räume beschränkt bleiben kann, ohne die Ordnung nennenswert zu stören.

In der Anfangszeit des Bundestags war es noch möglich, »beispielsweise das Jugendschutzgesetz mit den Stimmen der Unionsparteien und eines Teils der Sozialdemokraten gegen die Freien Demokraten (die Koalitionspartner von CDU/CSU) und den andern Teil der Sozialdemokraten« anzunehmen. Und ein FDP-Abgeordneter aus Köln konnte »in einer fantastischen Rede über die Zuständigkeit der Bundesbahn im Kraftverkehr der Meinung der Regierung« widersprechen, und zwar so überzeugend, daß die Mehrheit für die Bundesbahn gestimmt hat, »obwohl wir ursprünglich mit einer andern Meinung in die Sitzung hineingegangen sind«. So hat sich der langjährige Vizepräsident Richard Jäger erinnert. Dergleichen würde heute kaum mehr denkbar sein. Die Organisation ist dafür zu gut.

Diese Organisation ermöglicht dem Bundestag, bei aller Schwerfälligkeit, die ihm eigen ist, die Erbringung seiner außerordentlichen Arbeitsleistung. Daß er sich dabei, wie oft bemerkt worden ist, so brav wie langweilig darstellt, ist vermutlich die Schattenseite davon, daß er in der Regel – soweit die politischen Gegensätze und die profilierten politischen Absichten der Regierung das zulassen – zu sachgemäßen Lösungen und vernünftigen Kompromissen kommt. Auch die enge Zusammenarbeit mit der Regierung erfolgt weithin zum Vorteil der Sache. Daß dabei andere Aufgaben zu sehr in den Hintergrund geraten, ist eine andere Frage.

Der zweite Bonner Plenarsaal. Die Plätze der Abgeordneten sind kreisförmig angeordnet.

»Congress in session is Congress on public exhibition, whilst Congress in its Committee-rooms is Congress at work«, hat der spätere amerikanische Präsident Woodrow Wilson 1885 festgestellt. Entsprechend ist der Plenarsaal zwar der Ort, an dem der Bundestag seine Beschlüsse faßt, öffentlich debattiert und sich präsentiert, doch seine Arbeit vollzieht sich weithin anderswo, und anderswo fallen in der Regel auch die wichtigsten Entscheidungen. Will man ihn räumlich fassen, so muß man neben dem Plenarsaal das »Bundestagsviertel« einbeziehen.

Einiges von der Organisation des Parlaments ist der Sitzordnung im Plenarsaal abzulesen. An der Stirnseite einige Stufen hoch der Sitz des Präsidenten, umrahmt von den Plätzen für zwei Schriftführer (dahinter der Platz für den Direktor beim Deutschen Bundestag, der das Parlamentsrecht, Geschäftsordnung und parlamentarische Bräuche in- und auswendig kennt und notfalls Auswege weisen und Ratschläge geben kann). Vor diesem Podium, etwas niedriger, das Rednerpult, rechts von ihm in mehreren Reihen die Plätze für die Regierung, links entsprechend die für die Mitglieder des Bundesrats.

217

Außenansicht des zweiten Bonner Plenargebäudes. Entwurf: Günther Behnisch.

Regierungs- und Bundesratsbank sind im neuen Bonner Bundestagsgebäude Teil eines Kreises, der sich in den vorderen Sitzreihen der Abgeordneten schließt. Die Abgeordneten sitzen nach Fraktionen getrennt, vorn jeweils – je nach Fraktionsstärke breiter oder enger verteilt – die Mitglieder des Fraktionsvorstands samt den Parlamentarischen Geschäftsführern. Die Plätze dahinter werden, außer bei CDU/CSU, seit langem vermittels des Loses verteilt; jeder hat seinen festen Platz, in der Regel für die ganze Legislaturperiode. CDU/CSU ordnen die Sitze nebeneinander nach Bundesländern (Landsmannschaften) und hintereinander nach Anciennität. »Hinterbänkler« müssen im Bundestag also keineswegs buchstäblich diejenigen sein, die ganz hinten sitzen – im Unterschied zu den *backbenchers* des britischen Parlaments. Sofern während der Debatte Plätze unbesetzt sind, was ja nicht selten vorkommt, können sie von andern Abgeordneten der Fraktion beliebig eingenommen werden.

Die Sitzreihen für die Fraktionen sind sehr viel zahlreicher als die für Regierung und Bundesrat, entsprechend ist der äußere Teil des Kreises an der Stirnseite stark abgeflacht.

218

Die kreisförmige Anordnung soll das auf dem Kontinent sonst übliche Gegenüber von Exekutive und Legislative aufheben. Wenn man so will, trägt sie zugleich der Tatsache Rechnung, daß auch auf der Regierungsbank zumeist Abgeordnete sitzen, der Kanzler, die Minister und die Parlamentarischen Staatssekretäre.

Im alten, ursprünglichen Bundestag waren die Sitze der Regierung nicht nur denen der Abgeordneten gegenüber, sondern ursprünglich auch einige Stufen höher angebracht, so daß etwa der Kanzler auf den Redner vor ihm herabschauen konnte. Man hat sie später tiefer gelegt.

Es ließe sich einwenden, die neue Anordnung verschleiere nur das Gegenüber von Parlament und Regierung (samt der Überlegenheit der Regierung). Eine Gruppe von Abgeordneten aus FDP und CDU/CSU hatte dies in letzter Minute noch durch den Antrag verhindern wollen, die Sitze der Abgeordneten sollten in einem »abgesenkten geöffneten Halbkreis« angeordnet werden. »Die Sitzordnung muß der gleichgewichtigen Repräsentanz von Bundesregierung und Bundesrat

Der ursprüngliche Zustand des ersten Bonner Plenarsaals: an der Stirnwand die Wappen der Bundesländer, die Regierungsbank leicht erhöht über dem Rednerpult.

Der erste Bonner Plenarsaal nach dem Umbau: an der Stirnwand der Bundesadler, Rednerpult und Bundesratsbank auf gleicher Höhe.

in ihrem Gegenüber zum Parlament Rechnung tragen und das Prinzip der Gewaltenteilung sichtbar machen.« Da war es aber schon zu spät. Doch ist der Versuch, wenigstens symbolisch die Volksvertretung mit der Exekutive auf eine Höhe und in ein und denselben Kreis zu bringen, gewiß gut gemeint.

Und wenn die gläsernen Wände des Plenarsaals auch die Verhandlungen nicht gerade transparenter machen, so können sie doch immerhin eine gewisse cleane Geschichtslosigkeit bezeugen. Nur der Adler steht für die Kontinuität, die den Neubau mit dem alten Bau verbindet, der seinerseits durch den provisorischen Charakter, der ihm eigen war, gleichsam eine einstweilige historische Ortsbestimmung nach Zusammenbruch und Teilung des Landes darstellte.

Die Vorgeschichte des Neubaus zählt nicht gerade zu den glanzvollsten Kapiteln der Bundestagsgeschichte. Lange hatte die Absicht vorgeherrscht, den baufällig gewordenen, aber immerhin von bedeutenden historischen Erinnerungen erfüllten bescheidenen alten Bau wiederherzustellen. Der Bundesrat hatte gegen den Neubau protestiert, die Grünen hatten bis zuletzt dagegen gestimmt. Insgesamt stolperte die Mehrheit eher in die neue Planung hinein, als daß sie sie bewußt übernommen hätte. Daß der Kostenvoranschlag erheblich überschritten wurde, versteht sich von selbst.

Ironischerweise fielen die Verhandlungen und Beschlüsse zur deutschen Einheit in einem anderen provisorischen Bau, dem Bonner Wasserwerk, das für den Übergang als Plenarsaal diente. Graf Lambsdorff sollte bei seinem Abschied aus dem Bundestag die dort geführten Diskussionen die intensivsten und dichtesten seiner Zeit nennen; nicht wenige Abgeordnete fanden die Atmosphäre des Baus besonders angemessen.

Der Berliner Reichstag wird in der Gliederung des Plenarsaals grundsätzlich dem alten Bundestag (und dem Wasserwerk) gleichen. Regierungs- und Bundesratsbank stehen den Abgeordnetensitzen gegenüber, nur daß diese jetzt in einem (etwas mehr als halben) Kreis sitzen, nicht nur in einem langgestreckten Bogen.

Wie der Bundestag mit dem Erbe des Reichstagsgebäudes zurecht-

Der provisorische Plenarsaal im ehemaligen Wasserwerk.
Am Rednerpult Helmut Kohl.

Der neue Plenarsaal im Berliner Reichstagsgebäude.

kommt, muß sich zeigen; es gibt eine beachtliche, aber nicht gerade ehrenvolle Tradition von dessen Verachtung, angefangen mit Kaiser Wilhelm II., der ihn als »Reichsaffenhaus« beschimpfte. Man kann nur hoffen, daß sie sich nicht fortsetzt.

Die politische Gliederung des Hauses wird in der Sitzordnung sinnfällig. Die Fraktionen sind von rechts bis links in bedeutungsvoller Weise gruppiert. Die Unterscheidung zwischen den beiden Seiten geht auf den Brauch des französischen Parlaments nach 1814 zurück, dem Adel den Ehrenplatz rechts vom Präsidenten einzuräumen; an dessen Stelle traten später und anderswo die Angehörigen der – ursprünglich – der Regierung am nächsten stehenden konservativen, während die oppositionellen Parteien – Liberale, Demokraten, Sozialisten, Kommunisten – weiter links ihre Plätze fanden. In kontinentalen Parlamenten hat diese Anordnung auch die Regierungswechsel überstanden.

Im Bundestag wurde die anfangs festgesetzte Ordnung zwischen den Parteien bis heute beibehalten. Die FDP kommt danach, vom Präsidenten aus gesehen, rechts von der CDU/CSU zu sitzen; sie war also auch zu Zeiten der sozialliberalen Koalition von der SPD durch die CDU/CSU getrennt. Links von CDU/CSU fand sich zumeist nur die SPD, die Grünen wurden 1983 bemerkenswerterweise zwischen CDU/CSU und SPD gesetzt. KPD (im ersten Bundestag) und PDS (seit 1990) nahmen oder nehmen die äußerste Linke ein.

Architektur und Sitzordnung des Plenarsaals verstehen sich nicht von selbst. Vielmehr weicht der Bundestag samt der üblichen Form der kontinentalen Parlamente – welche an der Stirnseite von der Gerade (bei höchstens leichter Biegung), auf seiten der Abgeordneten durch die Form des abgeflachten Halbkreises bestimmt sind – von der Form des britischen Parlaments in Westminster ab. Dort sitzen die Abgeordneten einander gegenüber, auf der einen Seite die der regierenden Partei(en), auf der andern die der Opposition. Sie haben die politischen Gegner im Auge. Sie sprechen von ihren Plätzen aus. Der Speaker sitzt am Kopf des in der Mitte zwischen den beiden Seiten befindlichen Tisches, also seitwärts von den Abgeordneten. Die Regierung hat ihre Plätze in den vorderen Bänken der eigenen Partei, der Opposition, nicht dem Parlament als ganzem gegenüber. Und die Parteien nehmen im Falle eines Regierungswechsels andere Plätze ein: Die regierende Partei sitzt immer rechts vom Speaker. Zudem sitzt man buchstäblich auf Bänken, nicht auf Einzelsitzen, und vor allem: Es ist nicht genü-

Prototyp kontinentaler Plenarsäle: Paris.

gend Platz für alle Abgeordneten da. Das Problem der leeren Bänke gibt es auch dort, aber sie stechen nicht ganz so sehr ins Auge.

Nach der teilweisen Zerstörung des Hauses durch einen deutschen Luftangriff hat der Premier Winston Churchill am 11. Mai 1941 sogleich erklärt: »Diese Kammer muß genauso wieder aufgebaut werden, wie sie war.« Er hat das später näher begründet: »Die Logik, die in so vielen Ländern halbkreisförmige Versammlungen geschaffen und jedem Abgeordneten nicht nur einen festen Sitzplatz, sondern auch ein Pult zum Schreiben und einen Pultdeckel zum Lärmmachen gegeben hat, hat sich für die parlamentarische Regierungsform, wie wir sie hier in ihrem Geburtsland kennen, als verhängnisvoll erwiesen.« Und ferner: »Andere parlamentarische Länder wundern sich darüber, daß wir eine Kammer bauen, die nur für zwei Drittel ihrer Mitglieder Sitzplätze hat. Aber wenn das Haus groß genug ist, um alle seine Mitglieder aufnehmen zu können, werden neun Zehntel seiner Debatten in der deprimierenden Atmosphäre einer halb oder fast gänzlich leeren Kammer stattfinden. Das Wesen und die Grundlage der Unterhausdebatte aber ist die förmliche Konversation. Fertige, gußeiserne Reden und Volksansprachen haben in unserer kleinen Kammer nie viel Erfolg

224

gehabt. Der Konversationsstil, die Möglichkeit zu geschwinden, infor-
mellen Unterbrechungen, Einwürfen und Wortgefechten, erfordert
jedoch einen verhältnismäßig kleinen Raum, und bei bedeutenden
Anlässen soll man das Gefühl haben, daß große und wichtige Fragen
jetzt und hier vom Haus entschieden werden. Das Unterhaus ist nicht
nur, und nicht einmal in erster Linie, eine Gesetzgebungsmaschine; es
ist vor allem ein großes Forum der Debatte. Es besitzt eine Kollektiv-
persönlichkeit, die sich der Achtung der Öffentlichkeit erfreut und die
sich dem Gehaben und Betragen nicht nur des individuellen Abgeordneten, sondern auch der Parteien aufzwingt.«

Eugen Gerstenmaier hat in den ersten Jahren seiner Präsidentschaft
mehrfach angeregt, den Plenarsaal in Anlehnung an das englische Parlament umzubauen. Das Plenum hat es im Mai 1961 sogar beschlossen.
Aber es zeigte sich, daß der Saal nicht hoch genug war, um das englische Modell in ihm zu verwirklichen. Seitdem wurde immer wieder
der Einwand, diese Form entspreche nicht dem in der Bundesrepublik
vorhandenen Mehrparteiensystem, es bringe auch die verfassungsmä-

Das Unterhaus in London.

ßige Trennung von Parlament und Regierung nicht zum Ausdruck, vorgebracht.

In den Parlamenten des deutschen Frühkonstitutionalismus nach 1815 hatte es übrigens feste Sitzordnungen gegeben. Die Sitze wurden zumeist verlost; so etwa in Sachsen. In der zweiten Kammer des Württembergischen Landtags saßen sie nach Klassen. »Unter den Gliedern jeder einzelnen Classe entscheidet, je nach Beschaffenheit derselben, das Amts- oder das Lebens-Alter, und unter den Geistlichen katholischer Konfession der Vorzug der Amtswürde.« Man legte größten Wert darauf, daß nicht Gleichgesinnte nach freier Wahl beieinander saßen. Parteigruppierung sollte nach Möglichkeit erschwert werden. Nur in Baden widersetzte sich die zweite Kammer erfolgreich dem entsprechenden Regierungsentwurf. Folglich sollte »jeder ohne alle Unterscheidung dorthin sitzen [...], wo es ihm beliebe oder wo es der Zufall wolle«. In Bayern kennt man den Protest einer liberalen Gruppe: »Wäre den Abgeordneten die freie Wahl der Plätze, wie in England und Frankreich, vergönnt, so würden sich die Gleichgesinnten oder auch nur die Ähnlichdenkenden, zusammensetzen, benehmen, beraten«; sie würden einen oder, nach Wichtigkeit der Sache, einige aus ihrer Mitte reden lassen. Aber eben das sollte nicht sein.

Im Paulskirchenparlament von 1848 saßen die Volksvertreter zu Anfang »bunt durcheinander«, die Geschäftsordnung ließ das zu, nur auf der linken Seite habe man schon im Juni »eine gewisse Häufung der linksgerichteten Abgeordneten« beobachten können. Aber schon einen Monat später saßen die einer bestimmten Richtung zugehörigen Abgeordneten mehr oder weniger beieinander. Nur wenige von ihnen behielten ihre Plätze ungeachtet der Gesinnung. Ernst Moritz Arndt zum Beispiel wollte den Vorteil, nahe am Rednerpult zu sitzen, nicht aufgeben, so daß er auf seinem Platz »in den Reihen, nicht auch im Rate der Linken« beharrte.

Während sich heute im 14. Deutschen Bundestag wie in den meisten Parlamenten das politische Einteilungsprinzip nach Parteien im Plenarsaal spiegelt, wäre das quer dazu stehende fachliche Prinzip höchstens sichtbar zu machen, wenn man den ganzen Gebäudekomplex des Bundestags mit einbezöge; nämlich die Sitzungsräume der Ausschüsse, die sich dort neben denen der Fraktionen finden.

Wahrzeichen des Bonner Regierungs-
viertels: links das Abgeordneten-
hochhaus (»Langer Eugen«), im Hintergrund das Hochhaus Tulpenfeld.

Aber es müßten auch die Räume der Abgeordneten und ihrer Mitarbeiter – seien es nun Schreib- oder Bürohilfskräfte, Sachbearbeiter
oder wissenschaftliche Assistenten; dazwischen hat der Abgeordnete ja
die Wahl – sowie diejenigen der Verwaltung, speziell der wissenschaftlichen Dienste hier einbezogen werden. Immerhin sollte man nicht
vergessen, daß zum Bundestag mit seinen zur Zeit 669 Abgeordneten
eine sehr große Zahl von Mitarbeitern gehört.

Wie in Bonn, so wird auch in Berlin ein ganzer Komplex von Bau-
ten dafür benötigt werden.

VI.
Die Arbeit des Bundestags

*Geschäftsordnung. Politische Probleme und Zeitknappheit – Gesetz-
gebung – Arbeitsaufwand. »Schichtwechsel«. Leeres Plenum.
Parlamentsreform – Arbeitsrhythmus des Bundestags. Fragestunden –
Befassung mit wichtigen Themen der aktuellen Politik. Aktuelle Stunden –
Enquetekommissionen – Wahrnehmung der Kontrollfunktionen des
Bundestags. Untersuchungsausschüsse – Rechte der Minderheiten – Rechte
der einzelnen Abgeordneten innerhalb der parlamentarischen Arbeit – Plenar-
debatten – Das äußerst kunstvolle Instrumentarium –Internationale
Zugehörigkeiten und Kontakte*

Die Arbeit des Bundestags ist bis ins einzelne durch die Geschäftsordnung geregelt. In jeder Wahlperiode ist sie neu zu verabschieden, denn kein Bundestag darf den folgenden binden. Der erste übernahm zunächst die des Reichstags von 1922. 1952 trat an deren Stelle
eine neubearbeitete, 1980 wurde die jetzt gültige beschlossen. In den
Zwischenzeiten wurden immer wieder, bis zuletzt, Änderungen vorgenommen, besonders umfassend im Jahre 1969. Nicht wenig regelt
sich nach ungeschriebenem Brauch. Trotzdem gibt es immer wieder
Auslegungsprobleme, für deren Beratung der Ständige Ausschuß für
Wahlprüfung, Immunität und Geschäftsordnung zuständig ist. Ein
schönes Beispiel dafür bildet der Gebrauch respektive Mißbrauch des
durch die Geschäftsordnung garantierten Rechts jedes Mitglieds, nach
Schluß der Aussprache eine mündliche Erklärung zur abschließenden
Abstimmung abzugeben. Wann genau dies stattfinden konnte, ob vor
oder nach der Abstimmung, ließ der Wortlaut offen. Die Praxis vor
1983 war, daß diese Erklärungen vor der abschließenden Abstimmung
abgegeben werden konnten. Als jedoch am 22. November 1983 vierundzwanzig Abgeordnete der Grünen dieses Recht dazu nutzten, lediglich den Fraktionsstandpunkt zu wiederholen, also kein individuel-

les abweichendes Abstimmungsverhalten erläuterten, gab es Proteste. Der Ausschuß empfahl daraufhin, »künftig das Wort gemäß § 31 GO BT erst nach der Abstimmung zu erteilen«. Obwohl das Präsidium im Juni 1985 dieser Empfehlung gefolgt war, änderte sich bereits im November 1985 die Praxis, und nach einigem Hin und Her entschloß man sich zu einer zusätzlichen Feststellung in der Geschäftsordnung: »Der Präsident erteilt das Wort zu einer Erklärung in der Regel vor der Abstimmung.«

Man muß sehen, daß es über Organisation und Abläufe möglichst wenig Streit gibt, damit man dadurch nicht abgelenkt wird. Die Rechte, die die Abgeordneten zu sinngemäßer Ausübung ihres Mandats brauchen, sind zu respektieren. Man muß aber auch darauf achten, daß der Bundestag vermittels geeigneter Verfahren seine verschiedenen Aufgaben möglichst gut – und auch dergestalt, daß sich die Aufmerksamkeit der Öffentlichkeit darauf lenkt – erfüllen kann.

Daneben gibt es zwei akute Probleme. Das eine ist politischer Natur: Die Regierungsmehrheit will ihre Politik durchsetzen. Aber auch die Opposition muß gebührend zur Geltung kommen können. Während hier politische Gegensätze in geeigneten Verfahren und Rechten aufzufangen sind, haben in Hinsicht auf das zweite akute große Problem – die außerordentliche Knappheit an Zeit – die Abgeordneten der verschiedenen Fraktionen in der Regel das gleiche Interesse. Der Bundestag muß – und will – durchkommen, und das ist alles andere als einfach.

Richard Stücklen (Bundestagspräsident 1979–1983) hat dies einmal an einem winzigen Ausschnitt deutlich gemacht: »Dann sitzt man oben [. . .], und wir geben, da die Zeit schon abgelaufen ist, noch zehn Minuten dazu. Wir sind dann großzügig und kümmern uns nicht um die Geschäftsordnung, um Abmachungen, um die Reglementierung durch die Parlamentarischen Geschäftsführer, diese tatsächlich perfekt funktionierende gewerkschaftsähnliche Vereinigung zur Verhinderung der freien Entfaltung der Abgeordneten im Deutschen Bundestag. Das sind diejenigen, die die Minuten zählen und sagen: Herr Präsident oder Frau Präsidentin, warum klingeln Sie noch nicht ab? Wir sehen schon das rote Lämpchen da oben. Der muß eigentlich weg, auch wenn es klug ist, was der Redner sagt. Ich tue dann, was ich für richtig halte . . .«

Oder eine andere Schilderung, jetzt aus dem Munde des früheren

Parlamentarischen Geschäftsführers der SPD, Manfred Schulte: Wie kann man das Parlament zur »Tribüne der Nation« machen? Ein Ansatzpunkt für bestimmte Verbesserungen könnte sein, daß »man einzelnen Abgeordneten das Recht eröffnet, die Behandlung aktueller Fragen zu beantragen«. Aber die Parlamentarischen Geschäftsführer »geraten dann in Panik, einfach deshalb, weil sie eine Restantenliste mit 250 Punkten haben und von allen ununterbrochen gemahnt werden, diese Punkte endlich einmal auf die Tagesordnung zu setzen. Die Parlamentarischen Geschäftsführer machen sich Gedanken darüber, wie sie die nächsten vier Wochen gestalten wollen. Wenn dann noch einer herkommt und sich auf ein Minderheitenrecht beruft, zu sagen: Bitte weg mit all den anderen Punkten, jetzt müssen die Hormone im Kalbfleisch diskutiert werden, dann antworten sie: Ihr seid wohl verrückt geworden; stellt euch mal schön hinten an.«

Die Lösung der eher technischen, mit der Zeitknappheit gegebenen Schwierigkeiten wird, so kann man es wohl formulieren, dadurch versucht, daß man – erstens – die Arbeit möglichst aufteilt, mit möglichst wenigem also das Plenum belastet, möglichst viel an Ausschüsse und Kommissionen delegiert; daß man – zweitens – mit Hilfe zumal des Ältestenrats für möglichst reibungslose Abläufe sorgt, unter der Bedingung freilich, daß einzelne Abgeordnete und Gruppen von Abgeordneten das Recht haben, gegen Teile dieses Verfahrens Einspruch zu erheben. Dazu kommt, daß man den Abgeordneten Möglichkeiten eröffnet, bestimmte Dinge kurzfristig, zu bestimmten dafür vorgesehenen Zeiten und in aller Knappheit zur Sprache zu bringen und – nach einem System sorgsamer Unterscheidungen – einzeln oder zusammen mit einer Mindestzahl von andern Abgeordneten Anträge zu stellen.

Den politischen Problemen sucht man durch Einräumung relativ großzügiger Rechte für Minderheiten beizukommen.

Schon in der Organisation des Bundestags wird die enge Verzahnung zwischen Ausschuß- und Fraktionsarbeit deutlich. Wie sie sich vollzieht, läßt sich wohl am besten durch das Verfahren bei der Gesetzgebung illustrieren.

Die Entwürfe werden zur guten Hälfte (zwischen 51 und 69 Prozent) von der Bundesregierung eingebracht; die Zahl der vom Bundesrat vorgelegten Anträge war in den ersten Wahlperioden relativ niedrig (zwischen einem und vier Prozent), seit der sechsten (1972/76) hat sie sich mehr als verdoppelt und liegt seitdem zwischen acht und elf, einmal sogar bei fünfzehn Prozent. Aus dem Bundestag selbst stammen zwischen zwanzig und neununddreißig Prozent der Gesetzesanträge, in der zweiten Wahlperiode waren es sogar siebenundvierzig Prozent.

Fragt man nach der Zahl nicht der Anträge, sondern der Verabschiedungen, so schwankt der Prozentsatz der von der Bundesregierung ausgehenden Gesetze zwischen 72 und 83 Prozent. Die erfolgreichen Bundesratsinitiativen lagen zunächst bei ein oder zwei Prozent, um dann auf drei bis sechs, ausnahmsweise auch einmal auf zehn Prozent anzusteigen. Anträge aus dem Bundestag waren zu Anfang mit 26 Prozent, seitdem in der Regel mit elf bis achtzehn, einmal auch mit zwanzig Prozent an den vom Bundestag angenommenen Gesetzen beteiligt.

Die Zahlen machen deutlich, wie stark die Gesetzgebung von der Bundesregierung bestimmt ist. Es ist nicht anders zu erwarten. Regierungsfraktionen und Bundesregierung arbeiten eng zusammen; Vorlagen können am besten von der Regierung ausgearbeitet werden. Es ist eher erstaunlich, daß die Zahl der erfolgreichen Bundestagsinitiativen so hoch ist. Freilich bieten die Zahlen nur sehr ungefähre Anhaltspunkte. Denn verschiedentlich sind die Entwürfe auf Aufforderung des Bundestags von der Regierung vorgelegt worden. Umgekehrt läßt die Regierung aus taktischen Gründen manche ihrer Anträge von einer ihrer Fraktionen einbringen, weil das Haus bei Vorlagen aus seiner Mitte sogleich mit der Beratung beginnen kann (ohne daß der Bundesrat zuvor Stellung zu nehmen hätte). Daß von den Anträgen aus dem Haus selten mehr als die Hälfte auch verabschiedet wird, ergibt sich daraus, daß sie zum guten Teil von der Opposition ausgehen.

Die – direkt oder indirekt – von der Regierung ausgehenden Anträge sind nach ihrer Ausarbeitung in den zuständigen Ministerien im Justizministerium auf Rechtsförmigkeit und Vereinbarkeit mit dem geltenden Recht geprüft worden. Man hat zumeist die interessierten Verbände zur Beratung herangezogen, und möglichst alle, die einschlägig sind, damit man die verschiedenen – und auch gegensätzlichen – Gesichtspunkte, die zu beachten sind, kennt und berücksichtigen kann. Die Verbände, aber auch zahlreiche andere Gruppen verfügen über Einwirkungsmöglichkeiten innerhalb des Bundestages durch jene Mitglieder, die Abgeordnete sind und zumeist auch in den betreffenden Ausschüssen sitzen. Auch verfügt die Bundesregierung über eine Unzahl von wissenschaftlichen Beiräten und Kommissionen, etwa 6000 Fachleute, die sie um Rat bitten kann.

Vor allem aber entstammen die Anträge zum guten Teil Absprachen zwischen den Koalitionspartnern, sie können schwierig gewesen sein, um so schwieriger wird es sein, sie in etwas Wesentlichem zu ändern. Auch ein nach langwierigen und schwierigen Verhandlungen erzielter Ausgleich zwischen verschiedenen organisierten Interessen, aber auch zwischen Bund und Ländern, ist ein sehr starker Hebel in der Hand der Regierung, um eine Vorlage unverändert durchzubringen.

Die Regierungsvorlage muß, bevor sie ins Parlament geht, dem Bundesrat zugeleitet werden; er hat sechs, äußerstenfalls neun Wochen Zeit zur Stellungnahme. Nur in besonders eilbedürftigen Fällen braucht die Regierung dies nicht abzuwarten. Eventuelle Einwände des Bundesrats kann sie berücksichtigen oder in einer Gegenäußerung zurückweisen. Spätestens innerhalb von sechs Wochen (sofern sie der Eile wegen den Antrag schon vorher dem Bundestag vorgelegt hat: unverzüglich) hat sie die Stellungnahme des Bundesrats dem Parlament mitsamt ihrer eigenen zu überweisen. Nur Anträge, die vom Bundestag ausgehen, brauchen dem Bundesrat nicht gleich vorgelegt zu werden. Zum Teil stammen sie aus der Regierung, werden nur pro forma auf diesem Weg eingebracht, um Zeit zu sparen; der Bundesrat bekommt sie später ohnehin. Daß er in der Regel bereits vorher gefragt wird, hat seinen guten Grund darin, daß der Bundestag dann seine Stellungnahme von vornherein in seine Beratungen mit einbeziehen kann.

Nachdem der Gesetzesentwurf samt den Stellungnahmen dazu im Hause verteilt worden ist, ist er in den Fraktionen zu beraten, nicht nur inhaltlich, sondern auch im Blick auf taktische Fragen, etwa darauf, wie eilig man die Sache betreiben will und wer die Berichterstattung im Ausschuß übernehmen könnte.

Sodann hat der Ältestenrat nicht nur einen Platz auf der Tagesordnung dafür vorzusehen und sich darüber zu einigen, welchen Ausschüssen der Antrag zugewiesen werden und welcher von ihnen federführend sein soll, sondern auch darüber Vereinbarungen zu treffen, ob die erste Lesung mit oder ohne Aussprache erfolgen soll. Der Regierung kann daran gelegen sein, von vornherein das allgemeine Interesse auf ihr Vorhaben zu lenken und die eigenen Gründe dafür bekannt zu machen. Ist das nicht der Fall, spart man besser die Zeit.

Die Überweisung an die Ausschüsse erfolgt in aller Regel, und zwar für jeden Antrag (denn jeder soll gründlich beraten werden, auch wenn er nur von einer Minderheit eingebracht worden ist). Nur bei ganz unstrittigen einfachen Gesetzen und nur wenn zwei Drittel der Abgeordneten meinen, es sei nicht nötig, kann davon abgesehen werden.

Damit die Arbeit nicht uferlos – oder absichtlich hingezogen – wird, sind den Ausschüssen zeitliche Grenzen gesetzt. Laut Geschäftsordnung kann jede Fraktion nach zehn Wochen verlangen, daß der Ausschuß darlegt, warum er noch keinen Bericht erstattet hat.

Die Ausschüsse beschließen, falls mehrere Anträge zur Sache vorliegen, welchen davon sie ihren Beratungen zugrunde legen wollen. Sie bestellen einen oder mehrere Berichterstatter (aus verschiedenen Fraktionen), die für den einzelnen Antrag verantwortlich sind. Diese haben sich umfassend mit der Materie, auch mit den Forderungen der Verbände vertraut zu machen. Sie haben mit den Arbeitskreisen in den Fraktionen und mit deren Vorständen Kontakt zu halten. Sie – und natürlich zugleich die Obleute der Fraktionen im Ausschuß – müssen diesen aber auch über den Stand der Meinungsbildung in der Fraktion in Kenntnis setzen. Die Ausschußvorsitzenden – manch einer von ihnen gehört einer Oppositionspartei an – sind ihrerseits auf enge Zusammenarbeit mit Berichterstattern und Obleuten angewiesen. Übrigens haben die Fraktionsvorsitzenden das Recht, an allen Sitzungen beratend teilzunehmen oder einen Vertreter zu entsenden.

So kann der Ausschuß – politisch – als Parlament im kleinen fungieren, und weil er klein ist, kann er – praktisch – den Gesetzesentwurf eingehend im ganzen sowie abschnittsweise angemessen diskutieren; regelmäßig im Beisein von Regierungs- und Bundesratsvertretern, die dann ihrerseits im Fall von Änderungsanträgen für die Umformulierung des Gesetzestextes aufzukommen haben. Doch können hier auch die wissenschaftlichen Dienste des Hauses helfen.

Die Ausschüsse pflegen in etwa der Hälfte der Fälle an den Vorlagen Änderungen vorzunehmen. Es kommt sehr darauf an, wieweit ihre Mehrheit dabei Selbständigkeit gegenüber der Regierung und wieweit sie nur besonders gute Sachkenntnis beweist. Denn zumeist handelt es sich wirklich nur um Verbesserungen, für die die Regierung – auch im Rahmen ihrer politischen Absichten – nur dankbar sein kann. Sie können durchaus auch von Oppositionsabgeordneten stammen. Zumeist sind sie Ergebnisse der Diskussion, seltener durch eigentliche Änderungsanträge veranlaßt.

Die Ausschüsse tagen grundsätzlich nicht öffentlich (obwohl die Geschäftsordnung es neuerdings zuläßt, daß sie für bestimmte Gegenstände von dieser Regel abweichen können). So entspricht es der Logik der Abteilungen. Andernfalls wären die Mitglieder der verschiedenen politischen Richtungen öfter als bisher genötigt, sich zuvor genauer abzusprechen; sie verlören dann auch einen Teil ihrer Manövrierfähigkeit.

Zu den Beratungen des Ausschusses gehören oft – und zunehmend – öffentliche Anhörungen, auf denen sich Interessenverbände noch einmal äußern können, aber auch Sachverständige und andere, denen ein Urteil über das Gesetz, übrigens auch über die Chancen zur Verwirklichung der darin enthaltenen Vorschriften, zuzutrauen ist.

Der federführende Ausschuß ist auf Verlangen eines Viertels seiner Mitglieder zur Einberufung einer Anhörung verpflichtet. In diesem Fall müssen die von diesem Viertel benannten Auskunftspersonen gehört werden. Allerdings kann der Ausschuß auch eine Begrenzung der Zahl der anzuhörenden Personen beschließen, dann kann die Minderheit nur einen ihrem Stärkeverhältnis entsprechenden Anteil an der vom Ausschuß festzusetzenden Zahl benennen.

Öffentliche Anhörungen können für einen Gesetzesantrag vernichtend sein, wenn etwa die Fachleute ihn mit guten Gründen für ungeeignet oder gar schädlich halten – und wenn die vorgetragenen Argumente in der Presse aufgenommen und verstärkt werden. Schon mancher Antrag ist anschließend von der Regierung zurückgezogen worden; aber es gibt natürlich auch Konstellationen, unter denen so etwas gar nichts ausmacht.

Wenn der Ausschuß die Vorlage, sei es fertig beraten, sei es in neuer Form fertiggestellt hat, pflegen die Fraktionen dazu noch einmal Stellung zu nehmen.

Am Ende der Beratungen kann seit 1995 eine öffentliche Sitzung des federführenden Ausschusses stehen, in der die Beschlußempfehlung und der – schriftlich – an das Plenum zu erstattende Bericht über die Beratungen, auch über die Meinungen der überstimmten Minderheit, beschlossen wird. Alle Mitglieder der beteiligten Ausschüsse sind dazu einzuladen; ohnehin haben alle Abgeordneten das Recht, an den Sitzungen von nicht geschlossenen Ausschüssen teilzunehmen. Auch der

Zutritt für Presse und Öffentlichkeit ist frei. Diese Debatte, in der jede Fraktion die Möglichkeit hat, mit ihren besten Fachleuten zu Wort zu kommen, kann die Aussprache im Plenum erübrigen. Indes kann eine solche Aussprache von einem Viertel der Mitglieder trotzdem verlangt werden.

Findet eine Aussprache anläßlich der zweiten Lesung statt – je nach Empfehlung des Ältestenrats, eventuell aber auch weil fünf vom Hundert der Abgeordneten das verlangt haben, so kann jeder Abgeordnete Änderungsanträge einbringen. Dieses Recht stärkt die Position des Einzelnen. Es wird selten genutzt; aber die Tatsache, daß es existiert, führt dazu, daß auf manche individuelle Meinungen im vorangegangenen Beratungsprozeß mehr Rücksicht genommen wird.

Eine große Zahl von Änderungsanträgen in der zweiten Lesung kann es nahelegen, daß die dritte Lesung erst an einem anderen Tag – und mit einer erneuten Aussprache – erfolgt. Andernfalls kann sie sich unmittelbar an die zweite anschließen.

Nach Abschluß der Aussprache, vor der Abstimmung, hat, wie schon erwähnt, jeder Abgeordnete in der Regel das Recht zur Abgabe einer persönlichen Erklärung. Sie ist dazu da, von der Fraktion abweichendes Verhalten, aber auch mögliche Vorbehalte gegen Einzelheiten einer an sich bejahten Vorlage zu erläutern.

Die Abstimmung in der zweiten Lesung erfolgt durch Handaufheben, die in der dritten durch Aufstehen vom Platz. Das Stimmverhältnis wird vom Sitzungsvorstand geschätzt.

»Der Bundestag ist beschlußfähig, wenn mehr als die Hälfte seiner Mitglieder im Sitzungssaal anwesend ist«, heißt es in § 45 der Geschäftsordnung. Doch entspricht es dem Brauch, daß normalerweise nicht nachgeforscht wird, ob dies der Fall ist. Es interessiert keinen, vorausgesetzt, unter den Anwesenden herrschen dieselben Mehrheitsverhältnisse wie im Plenum – sofern nicht die Fraktionen ohnehin über die Annahme des Gesetzes sich einig sind. Falls in strittigen Fällen die Minderheit unter den Anwesenden, wie viele es auch sein mögen, stärker vertreten ist als die Mehrheit, wird die Beschlußfähigkeit von einer Fraktion bezweifelt, und wenn der Sitzungsvorstand sie nicht einmütig bejaht (oder sich gar dem Zweifel anschließt), müssen die Anwesenden gezählt werden, und zwar durch Hammelsprung; wobei gegebenenfalls zugleich die Klingeln schrillen, die die im Parlament zerstreuten Abgeordneten herbeirufen. Wenn es weniger als die Hälfte sind, die am Ende am Hammelsprung teilnehmen, wird die Sitzung aufgehoben.

Das gleiche Verfahren wird angewandt, wenn sich der Sitzungsvorstand über das Ergebnis nicht einig ist. Alle Abgeordneten haben den Saal zu verlassen und – in diesem Fall durch verschiedene Türen für Ja, Nein und Enthaltung – wieder hereinzukommen, wobei sie von den Schriftführern gezählt werden. Die Prozedur nimmt etwa zwanzig Minuten in Anspruch.

Möglich ist aber auch, daß »eine Fraktion oder anwesende fünf vom Hundert der Mitglieder des Bundestages« eine namentliche Abstimmung verlangen. Diese Prozedur dauert weniger lang, etwa sechs Minuten. Länger dauerte es nur, als die Grünen bei der Abstimmung über das dritte Gesetz zur Änderung des Fernstraßenbaugesetzes 209 Änderungsanträge stellten und für 51 davon die namentliche Abstimmung verlangten. Das hätte fünf Stunden gedauert. Der Ältestenrat entwickelte aus diesem Anlaß ein neues Abstimmungsverfahren: Alle Änderungsvorschläge wurden auf einem Stimmzettel angeführt; da kam die Prozedur auf nur 25 Minuten. In den ersten elf Wahlperioden ist es knapp 1200mal zur namentlichen Abstimmung gekommen (509mal zum Hammelsprung).

Nach der Annahme wird das Gesetz unverzüglich an den Bundesrat weitergeleitet. Dieser kann binnen drei Wochen nach Eingang verlangen, daß der sogenannte Vermittlungsausschuß einberufen wird, welcher aus je sechzehn Mitgliedern von Bundesrat und Bundestag besteht. Die Bundesratsmitglieder sind nicht an Weisungen gebunden, die Sitzungen streng vertraulich, die Protokolle jeweils für fünf Jahre geheim, damit die Landesregierungen ihre Vertreter möglichst nicht unter Druck setzen können.

Schlägt der Vermittlungsausschuß eine Änderung des Gesetzes vor, so hat der Bundestag darüber Beschluß zu fassen. Kommt es zu keiner Einigung, so kann dies verschiedene Folgen haben, je nachdem ob es sich um ein Gesetz handelt, das seiner Zustimmung bedarf oder nicht; worüber die Beteiligten übrigens durchaus verschiedener Meinung sein können, so daß deswegen unter Umständen das Bundesverfassungsgericht angerufen wird.

Zustimmungspflichtig sind insbesondere Gesetze, die die Länder unmittelbar betreffen, sei es daß sie sich auf ihre Finanzen auswirken, sei es daß sie ihre Verwaltung in besonderer Weise in Anspruch nehmen, sei es auch, daß sie Gemeinschaftsaufgaben von Bund und Ländern zum Gegenstand haben. In diesen Fällen liegt die Entscheidung letztlich beim Bundesrat. Versagt der einem Gesetz die Zustimmung, so können zwar sowohl die Bundesregierung wie der Bundestag noch einmal den Vermittlungsausschuß anrufen. Wenn dabei jedoch kein für beide Seiten annehmbarer Kompromiß zustande kommt und der Bundesrat endgültig die Zustimmung verweigert, so ist das Gesetz gescheitert. Etwa die Hälfte der vom Bundestag beschlossenen Gesetze sind zustimmungsbedürftig.

Im andern Fall kann der Bundesrat nur Einspruch erheben. Tut er es mit der Mehrheit seiner Stimmen, so kann der Bundestag mit der sogenannten Kanzlermehrheit, das heißt mit der absoluten Mehrheit seiner Mitglieder, den Einspruch zurückweisen. Das setzt zumindest die Anwesenheit aller oder fast aller Abgeordneter der Regierungskoalition voraus. Man beantragt dabei gern eine namentliche Abstimmung (weil das Fernbleiben von dieser Abstimmung mit einer Kürzung der Kostenpauschale der Abgeordneten verknüpft ist). Faßt der Bundesrat den Beschluß zum Einspruch mit zwei Dritteln seiner Stimmen, so bedarf die Zurückweisung durch den Bundestag einer Mehrheit von zwei Dritteln der in der Sitzung anwesenden Abgeordneten; und zwar dürfen dies nicht weniger als fünfzig vom Hundert der Abgeordneten insgesamt sein.

Die Zahl der Gesetze, die wegen der fehlenden Zustimmung, in geringerem Ausmaß auch wegen des – nicht mit hinreichender Mehrheit zurückgewiesenen – Einspruchs des Bundesrats, nicht verkündet werden, ist vergleichsweise gering. Meist sind es weniger als ein, wenn es hoch kommt drei Prozent der Gesetze, die in einer Legislaturperiode erlassen werden. Zumal dort, wo die Opposition über die Bundesratsmehrheit verfügt, kann es sich dabei um politisch wichtige Gesetze handeln.

6600 Gesetze sind in den ersten elf Wahlperioden (1949–1990) vom Bundestag behandelt, knapp 4400 verabschiedet worden. Das macht, bei durchschnittlich 23 Sitzungswochen im Jahr, mithin 92 pro Legislaturperiode, im Schnitt mehr als sechs Anträge pro Sitzungswoche, von denen vier angenommen werden – neben aller andern Arbeit.

Eine beachtliche Leistung zweifellos, zu erbringen nur bei weitgehender Spezialisierung vieler Abgeordneter und bei Heranziehung von vielerlei Fachkräften aus Regierung, Wissenschaft und Interessenverbänden. Man sollte nicht übersehen, wieviel Arbeit und Zeit gerade die Experten unter den Bundestagsmitgliedern auch darauf zu verwenden haben, sich in den zum Teil vertrackten Materien fortzubilden, um je auf dem neuesten Stand zu sein. Wenn allerdings ihre Kraft schon dadurch stark beansprucht ist, so mag man sich fragen, ob sie sich ihrer Fortbildung in jenem Ausmaß widmen können, wie es für innovatorische Ansätze wünschenswert wäre; jedenfalls auf bestimmten Gebieten, wo dies besonders wichtig und besonders schwierig ist.

Da die Gesetze vielfach sehr speziell sind, für viele Abgeordnete kaum verständlich, ist es kein Wunder, daß sie zumeist nur einen relativ kleinen Kreis von Kollegen interessieren. Und da die andern Abgeordneten die entsprechende Zeit sinnvollerweise für andere, dringende Geschäfte benutzen – in vieler Hinsicht auch: benutzen müssen –, ist das Plenum vielfach leer (respektive verbindet manch einer die Anwesenheit mit der Lektüre von Zeitungen und Akten). Man hat vom »Schichtwechsel« gesprochen, der eintritt, wenn die Experten, die für dieses Gesetz zuständig sind, die andern ablösen, denen jenes zu behandeln aufgegeben ist (Dichgans). Parallel dazu wechselt die im Plenum dominierende Sprache. Die Bilder, die das leere Plenum zeigen, sind nicht gerade fair, denn sie vermitteln kein auch nur entfernt gerechtes Bild von der von den Abgeordneten erbrachten Leistung.

Andererseits kann der Eindruck nicht ganz falsch sein, daß im Plenum oft wenig geschieht, was von allgemeinem Interesse – auch für die Abgeordneten – ist. Gewiß, der Bundestag muß vieles beschließen, und er beeilt sich dabei nach Möglichkeit. Und bei größeren Debatten, bei denen das Fernsehen live dabei ist, müssen Reden aus dem Fenster gehalten werden, die den Abgeordneten nichts Neues bieten. Da das Parlament sich auch an die Öffentlichkeit zu wenden hat, sind Reden zum Fenster heraus keineswegs unangebracht; womit über den Stil im einzelnen nichts gesagt ist. Und das läßt sich dem Gros der Bürger auch durchaus vermitteln.

Wenn trotzdem die leeren Bänke immer wieder Kopfschütteln und Ärger erregen, so liegt es vermutlich weniger daran, daß viele die Notwendigkeiten parlamentarischer Arbeit nicht verstehen, sondern es ist eher dadurch bedingt, daß die Institution Bundestag offenbar zu wenig

Vertrauenskapital angesammelt hat, um darüber hinwegzuhelfen, trotz aller Leistungen und Erfolge des Hauses.

1995 hat man durch eine Parlamentsreform versucht, den Plenarbetrieb attraktiver zu gestalten. Die vom Fernsehen live übertragene »Donnerstagsdebatte« wird für grundsätzliche Diskussionen reserviert, bei denen die Redezeit auf höchstens zehn Minuten begrenzt ist. Die Debatten sollen aufgelockert werden durch die Möglichkeit zu kurzen Zwischenbemerkungen, zu denen der Präsident das Wort erteilt; Zwischenrufe gehören ohnehin zum Grundrecht des Abgeordneten; und Zwischenfragen (die der Redner gestatten muß) sind schon länger eingeführt.

Der Präsident erhielt zudem die Möglichkeit, von sich aus die Sitzungen in dieser »Kernzeit« zu unterbrechen, wenn weniger als 25 vom Hundert der Abgeordneten anwesend sind, und dazu wird eine namentliche Abstimmung veranstaltet (mit den entsprechenden Folgen für die Kostenpauschale). Außerdem soll das Plenum durch die öffentlichen Abschlußdiskussionen der Ausschüsse von der Aussprache über eher spezielle Themen entlastet werden.

Die Arbeit des Bundestags unterliegt in der Regel einem seit langem bewährten gleichbleibenden Rhythmus; Ergebnis immer neuer Experimente, die der Ältestenrat seit der ersten Wahlperiode angestellt hat. Der Montagnachmittag und -abend ist den Fraktionsvorständen eingeräumt. Am Dienstag vormittag tagen die Arbeitskreise und -gruppen der Fraktionen, bevor es am Nachmittag zu den Fraktionssitzungen kommt. Der Mittwoch gehört sodann den Ausschüssen. Soweit es aktuell ist, ist deren Arbeit am Vortag von den Fraktionen entsprechend vorbereitet. Übrigens ist keineswegs gesagt, daß die Ausschüsse mit dieser Zeit auskommen; manche von ihnen tagen mehr als hundertmal in der Wahlperiode, also öfter als einmal in der Woche – wenn sie nicht auch die sitzungsfreie Zeit für sich in Anspruch nehmen müssen. Sowohl bei den Sitzungen der Arbeitskreise und -gruppen wie bei denen der Ausschüsse entstehen dadurch Schwierigkeiten, daß verschiedene Abgeordnete im einen Fall als Mitglieder, im anderen als Stellvertretende engagiert sind. So stehen sie immer wieder vor der Wahl, ob sie hier- oder dorthin gehen; die Ausschüsse tagen also oft nur in eher kleiner Besetzung; sie sind zwar, wenn die Mehrheit anwesend ist, beschlußfähig, und trotzdem gibt es immer wieder Probleme, die dadurch entstehen, daß bestimmte Gegenstände rekapituliert werden müssen, die verhandelt wurden, als der eine oder andere nicht anwesend war.

Seit 1988 besteht Mittwoch nachmittag von 13 bis 13.30 Uhr die Möglichkeit, die Bundesregierung im Anschluß an deren Sitzung zu befragen; immerhin ein Versuch, über wichtige Dinge nicht erst aus der Presse zu hören und an manche Informationen heranzukommen.

Von 13.30 bis 14.30 Uhr schließt sich im Plenum eine »Fragestunde« an; ihr folgt zumeist eine weitere am Donnerstag zwischen 14 und 15.30 Uhr. Bis zu 180 Minuten können laut Geschäftsordnung pro Woche auf solche Fragestunden verwandt werden.

Jeder Abgeordnete hat das Recht, der Regierung respektive ihren Ressorts zur mündlichen Beantwortung bis zu zwei kurzgefaßte Fragen in der Woche vorzulegen. Sie müssen bis Freitag 10 Uhr der Vorwoche dem Präsidenten eingereicht sein, in Fällen von »offensichtlich dringendem öffentlichen Interesse« geht es auch noch am Vortag bis 12 Uhr. Hildegard Hamm-Brücher hat den Normalfall verärgert so geschildert: »Da müssen die Fragen von Abgeordneten fast eine Woche vor der Fragestunde eingereicht werden. Die Antworten werden dann – angefangen vom Sachbearbeiter durch die ganze Ministerialbürokratie bis hinauf zum Staatssekretär – so abgeschliffen, daß sie nichtssagender gar nicht ausfallen können.« Die Begründung der Frage darf nur mündlich gegeben werden, so daß die Regierung bei der Abfassung ihrer Antwort darauf gar nicht vorbereitet war.

Immerhin können vom Fragesteller bis zu zwei Zusatzfragen gestellt werden, und der Präsident soll weitere Zusatzfragen durch andere Mitglieder des Bundestags zulassen, soweit dadurch die ordnungsgemäße Abwicklung der Fragestunde nicht gefährdet wird. Sie müssen in einem unmittelbaren Zusammenhang mit der Hauptfrage stehen. Die Fragestunde kann interessant sein, sie kann Überraschungen bringen, insbesondere wenn mehrere Anfragen gleichsam zu einer Serie geschaltet werden, die dem Ziel dient, zu einem Sachverhalt durch die Vielzahl der das Thema variierenden und seine Facetten auslotenden Fragen Antworten zu erhalten.

Richard Stücklen bezeugt: »Da gehen auch die Journalisten hin. Da hören sie hin. Da lassen sie sich nicht erst die Rede auf den Tisch legen und womöglich noch anstreichen, was sie dann veröffentlichen sollen.«

Manche Minister legen großen Wert darauf, die Fragen persönlich zu beantworten. Mit einigen, etwa dem Innen-, Außen- und Verteidigungsminister Gerhard Schröder (CDU), soll es zu schlagfertigen, eleganten Dialogen gekommen sein. Und es besteht die Möglichkeit, daß man bei unbefriedigenden Antworten eine längere Diskussion in der Form einer Aktuellen Stunde an die Fragestunde anschließt.

Vielfach geht es gewiß um Einzelfragen – obwohl Fragen von lokalem Interesse schriftlich beantwortet werden sollen. Frage und Antwort werden dann in einer Bundestagsdrucksache veröffentlicht.

Der Donnerstag ist vollständig, der Freitag am Vormittag für das Plenum reserviert. In dieser Zeit dürfen auch keine Ausschüsse tagen, es sei denn mit ausdrücklicher Genehmigung des Präsidenten. Die Donnerstagssitzungen können bis tief in den Abend hinein dauern. An jedem Sitzungstag kann eine Aktuelle Stunde auf die Tagesordnung genommen werden.

Die bloße Darlegung des Wochenplans aber kann keinen Eindruck davon vermitteln, wie stark die meisten Abgeordneten von ihm beansprucht werden. Eine Sitzung jagt die andere; und vielerlei Vorbereitungen, Besprechungen sind am Rande notwendig. Und immer wieder muß der Abgeordnete manches, wozu er eigentlich verpflichtet wäre, versäumen, um anderen, drängenderen Verpflichtungen nachzukommen.

Der Plan gilt nicht für die Beratungen über die Haushaltspläne der Regierung, die in der Regel vier Sitzungstage brauchen.

Das Plenum hat verschiedene Möglichkeiten, sich auch mit wichtigen Themen der aktuellen Politik zu befassen und gegebenenfalls durch Entschließungen seinen Willen dazu zu bekunden.

Einiges davon kann in den Fragestunden geschehen, unter Umständen ganz kurzfristig. Besonders geeignet dafür aber sind die Aktuellen Stunden. Jede Fraktion oder fünf vom Hundert der Mitglieder des Bundestags, also 34 Abgeordnete, können eine solche Stunde verlangen, und zwar beim Präsidenten unter Angabe des Themas bis spätestens 12 Uhr des Vortages. Nur wenn schon eine Aktuelle Stunde im Ältestenrat vereinbart worden ist, muß sie einen Tag warten. Denn pro Tag soll nur eine Aktuelle Stunde stattfinden. Hier bietet sich die Gelegenheit, ohne viel Verzögerung besonders aktuelle politische Ereignisse zur Sprache zu bringen, Informationen einzufordern und die meinungsbildenden Stellungnahmen nicht allein den Medien zu überlassen. Hier kann sich der »Mitregent« Bundestag unmittelbar in den politischen Prozeß einschalten. Die Initiative dazu geht zumeist von Oppositionsparteien aus, aber auch Regierungsparteien können Interesse daran haben, bestimmte Dinge bei solcher Gelegenheit an die große Glocke zu hängen, auf Schwächen oder Fehler der Gegner hinzuweisen respektive die eigene Politik neu einzuschärfen und zu begründen.

Das Spektrum der Themen ist außerordentlich breit und kann sehr vieles, auch langfristigere Probleme umfassen. Fragen des Arbeitsmarkts, der Lehrstellensituation, der Kostenentwicklung im Gesundheitswesen können genauso Gegenstand einer Aktuellen Stunde werden wie Menschenrechtsprobleme in der Türkei oder in Tibet. Es können die Haltung der Bundesregierung zu unangemeldeten gentechnologischen Versuchen ebenso wie Waffenexporte nach Saudi-Arabien oder Äußerungen des bayerischen Ministerpräsidenten Franz-Josef Strauß zur Arbeit des Goethe-Instituts zum Anlaß genommen werden. Hochaktuell war die Frage nach der Beurteilung der amerikanischen Intervention in Grenada durch die Bundesregierung, unmittelbar durch frische Nachrichten waren die Aktuellen Stunden über »die Zerstörung von wertvollen Bauwerken durch Tiefflugübungen« sowie über die »notwendigen Konsequenzen aus der Raserei auf deutschen Straßen und aus der erschreckenden Zunahme von Massenunfällen« hervorgerufen. Ein andermal meldete sich der Bundestag zu »Maßnahmen zur gewaltfreien Lösung der Konflikte in Südafrika« zu Wort.

In der Aktuellen Stunde beträgt die Redezeit höchstens fünf Minuten, das ist für die Darlegung bestimmter Zusammenhänge relativ knapp, macht die Sache aber lebendig; und zur Not lassen sich ja Rollen verteilen. Die Bundesregierung hat sich damit einverstanden erklärt, ihrerseits nicht mehr Zeit zu beanspruchen. Tut sie es trotzdem oder tut sie es erst gegen Ende der Debatte, so kann diese verlängert werden, jedenfalls müssen die Antragsteller die Gelegenheit haben, auf die Beiträge der Exekutive noch zu antworten.

Von der Institution der Aktuellen Stunde wird reichlich Gebrauch gemacht, zumeist mehr als einmal in der Woche.

Ein anderes Mittel, um Probleme der aktuellen Politik im Bundestag zur Sprache zu bringen, ist die Möglichkeit der Fraktionen oder von fünf vom Hundert der Abgeordneten, Entschließungsanträge einzubringen. Es wird dadurch dem Plenum ermöglicht, zu den verschiedensten Fragen nicht nur zu debattieren, sondern auch eine Stellungnahme des Bundestags herbeizuführen. Auch solche Anträge werden immer häufiger eingebracht, in der Regel mehrmals pro Woche. Es kann daraus jedenfalls eine Debatte entstehen, Entschließungen nur, wenn die Mehrheit dafür ist. Und selbst dann sind sie häufig akademischer Natur, zumal wenn sie Dinge betreffen, die außerhalb der Reichweite deutscher Politik liegen.

Aber auch der eigenen Regierung gegenüber ist die Wirkung solcher Bundestagsbeschlüsse begrenzt, obwohl der Bundestag nicht in der Lage des Straßburger Europa-Parlaments ist, das sich von einem EU-Kommissar sagen lassen mußte: »Stimmt nur schön ab, wir machen sowieso, was wir wollen.«

Entschließungsanträge können, gemäß der Geschäftsordnung, einem Ausschuß überwiesen werden, jedoch nur dann, wenn die Antragsteller nicht widersprechen. Andererseits kann eine Fraktion oder können fünf vom Hundert der Mitglieder des Bundestags verlangen, daß die Abstimmung darüber auf den nächsten Sitzungstag verschoben wird.

Einen etwas längeren Anlauf braucht die Große Anfrage, die »Interpellation«, wie sie früher hieß. Sie muß »kurz und bestimmt gefaßt sein« und kann mit einer kurzen Begründung versehen werden. Der Bundestagspräsident übermittelt sie der Bundesregierung und fordert diese »zur Erklärung auf, ob und wann sie antworten werde. Nach Eingang der Antwort wird die Große Anfrage auf die Tagesordnung gesetzt« (§ 111 der Geschäftsordnung). Lehnt die Bundesregierung überhaupt oder für die nächsten drei Wochen die Beantwortung ab, so kann der Bundestag die Große Anfrage trotzdem zur Beratung auf die Tagesordnung setzen. In beiden Fällen muß eine Aussprache erfolgen, wenn eine Fraktion oder 34 Abgeordnete dies verlangen.

Auch dieses Mittel wird überwiegend von der Opposition genutzt. Hier ist nicht nur eine Möglichkeit gegeben, Informationen einzuholen, sondern vielerlei Dinge zur Debatte zu stellen, also in die allgemeine Aufmerksamkeit zu rücken. Was der Form nach eine Frage ist, kann der Sache nach Hinweis, Kritik oder geradezu Alarmzeichen sein. Die Themen unterscheiden sich nicht grundsätzlich von denen der Aktuellen Stunde – außer dadurch, daß sie besser vorbereitet und zum Teil gründlicher bearbeitet werden konnten. Die Reform des

Auswärtigen Dienstes kann genausogut wie Menschenhandel mit aus-
ländischen Mädchen und Frauen oder die »Emanzipation vom Auto –
das Recht der Frauen auf eine Verkehrswende« zum Gegenstand der
Frage gemacht werden, die Rehabilitierung der Opfer des SED-Un-
rechts nicht weniger als die Probleme der modernen Transplantations-
medizin, die Tätigkeit des Verfassungsschutzes, »Umwelt und Aller-
gien«, der »Umgang mit der sogenannten entarteten und sogenannten
schönen Kunst« oder das Thema »Bildung und Europa«.

Da laut Grundgesetz ein Drittel der Mitglieder des Bundestags, der
Bundeskanzler oder der Bundespräsident die Einberufung des Bundes-
tags verlangen können, kann es gelegentlich in dringenden Fällen zu
Sondersitzungen kommen; der Bundestag kann auch eigens aus den
Ferien einberufen werden. So etwa am 18. August 1961 zur Entgegen-
nahme einer Erklärung der Bundesregierung zur politischen Lage
und Beratung über die Lage in Berlin, fünf Tage nach dem Bau der
Mauer. Die Sitzung dauerte zwei Stunden neununddreißig Minuten.
Am 29. Juli 1964 wurde der Bundestag zur Beratung der Anträge betr.
Deutsche Bundespost insbesondere Postgebührenerhöhung aus den
Ferien geholt, da brauchte man sechs Stunden und dreißig Minuten für
die Sitzung. Am 30. April 1968 nahm man in einer Sondersitzung aufgrund der Unruhen nach dem Mordanschlag auf Rudi Dutschke einen
Bericht der Bundesregierung zur innenpolitischen Situation entgegen.
Hier gab es eine sehr lange Diskussion, so daß die Sitzung erst nach
acht Stunden und sechzehn Minuten zu Ende war. Um ein letztes Beispiel zu nennen: Am 31. Juli 1984 versammelte sich der Bundestag zu
einer Sondersitzung, um die Haltung der Bundesregierung zum Beschluß des Deutschen Bundestages vom 28. Juni 1984 zu erfahren; es
ging um die Inbetriebnahme des Kraftwerks Buschhaus.

Eine der wichtigsten Gelegenheiten, die gesamte Politik der Bundesregierung zum Gegenstand einer Aussprache zu machen und die
verschiedenen Willensrichtungen deutlich zu markieren, stellt die regelmäßig wiederkehrende Haushaltsdebatte dar.

Für Probleme allgemeinerer Art, die freilich in bestimmten Situatio-
nen von großer Dringlichkeit sein können, hat der Bundestag die
Möglichkeit, Sonderausschüsse oder Enquetekommissionen zu bilden.
Die einen besetzt er mit seinen eigenen Abgeordneten, die anderen

umfassen sowohl Abgeordnete des Bundestags wie Sachverständige. Die Mitglieder werden möglichst allesamt im Einvernehmen von den Fraktionen benannt, andernfalls müssen die Fraktionen sie im Verhältnis ihrer Stärke berufen. Die Einsetzung von Sonderausschüssen ist vergleichsweise selten, als Beispiel wäre etwa derjenige, der über den Schutz des ungeborenen Lebens beraten hat, zu nennen.

Die Institution der Enquetekommissionen wurde im Rahmen der Geschäftsordnungsreform von 1969 eingerichtet. Damals war es längst dazu gekommen, daß die parlamentarischen Untersuchungsausschüsse vor allem dazu eingesetzt wurden, Einzelvorfälle zu untersuchen. Die Enquetekommissionen hingegen sollen »Entscheidungen über umfangreiche und bedeutsame Sachkomplexe« vorbereiten. Es sind nicht gerade einfache Themen, mit denen sie sich zu beschäftigen haben, Chancen und Risiken der Gentechnologie etwa, die Gefahren von Aids, der Schutz der Erdatmosphäre, »sogenannte Sekten und Psychogruppen«, der demographische Wandel, Geschichte und Folgen der SED-Diktatur und »Zukunft der Medien in Wirtschaft und Gesellschaft – Deutschlands Weg in die Informationsgesellschaft«.

Die Enquetekommissionen haben ihren Bericht so rechtzeitig vorzulegen, daß bis zum Ende der Wahlperiode eine Aussprache darüber im Bundestag stattfinden kann. Gegebenenfalls muß ein Zwischenbericht erstattet werden, auf dessen Grundlage der Bundestag entscheidet, ob die Enquetekommission ihre Arbeit fortsetzen oder einstellen soll. Es geht hier um den Versuch, sehr schwierigen und bedeutsamen Sachkomplexen – übrigens zeitweilig auch der Strukturreform der gesetzlichen Krankenversicherung sowie der Technikfolgenabschätzung und -bewertung und der zukünftigen Bildungspolitik – vom Hause her, aus eigener Initiative beizukommen. Hier sollen wirklich Entscheidungen, die im Hinblick auf die Zukunft von größter Bedeutung sind, vorbereitet werden – so gut es geht.

Man hat in den sechziger Jahren vielfach von einer merklichen Verengung des Spielraums demokratischer Entscheidungen durch die Rolle der Sachverständigen gesprochen. Damals war diese Rolle relativ neu. Inzwischen wird man wohl feststellen können, daß – zumal angesichts der Unterschiedlichkeit der Gutachten – für solche Entscheidungen Raum genug bleibt. Und nachdem man oft genug erlebt hat, wie rasch sich Sachverständigenurteile überholen, sind manche Aporien nur um so deutlicher geworden.

Die Aufgabe der Kontrolle der Regierung kann der Bundestag zum Teil durch Fragestunden und Große Anfragen zu erledigen suchen. Auch durch Entschließungsanträge und Aktuelle Stunden kann er auf dies und jenes aufmerksam machen. Einiges geschieht in der Arbeit der Ausschüsse – und durch den Rechnungshof, der, seitdem der Präsident vom Bundestag gewählt wird (1985), enger mit ihm verbunden ist.

Er kann außerdem die Bundesregierung auffordern, über dies und jenes Bericht zu erstatten. Zum Teil ist die Regierung gesetzlich dazu verpflichtet, zum Teil ist sie aus eigener Initiative dazu bereit, doch kann der Bundestag sie auch mit seiner Mehrheit dazu auffordern. Diese Berichte haben quantitativ und qualitativ mit der Zeit immer mehr an Bedeutung gewonnen.

Das Recht des Bundestags sowie seiner Ausschüsse, Minister herbeizurufen, kann eine scharfe Waffe nur sein, sofern die Mehrheit mitmacht. Denn darüber wird abgestimmt. Sie ist meist nicht dazu bereit, davon Gebrauch zu machen. Doch gibt es Ausnahmen, und sie liegen nicht nur im Sinne der Regierung (für die es natürlich gelegentlich günstig sein kann, ihre Sache aus gegebenem Anlaß vor dem Haus darzulegen).

Ein vielbenutztes Mittel der Kontrolle sind die Untersuchungsausschüsse. Ein Viertel der Mitglieder genügt, um ihre Einsetzung zu erwirken. Die Mehrheit hat allerdings die Befugnis, über die rechtliche Zulässigkeit der Untersuchung zu entscheiden; notfalls kann sich die Minderheit nach Karlsruhe wenden.

Das Thema muß genau umschrieben werden. Untersuchungsausschüsse sollen in öffentlicher Verhandlung die erforderlichen Beweise erheben, Gerichte und Verwaltungsbehörden sind zu Rechts- und Amtshilfe verpflichtet. Der Ausschuß hat auch das Recht, Zeugen zu laden und zu vereidigen und von der Bundesregierung die Aussagegenehmigung für ihre Beamten sowie die Vorlage von Akten zu fordern. Nur, wie es bei Ausschüssen so ist, die Mehrheit entscheidet über das Verfahren, und der Bericht wird am Ende von der Mehrheit erstattet, obwohl grundsätzlich auch ein Minderheitsvotum hinzugefügt werden kann. Die Untersuchungsausschüsse widmen sich vorrangig Mißständen und Skandalen. Einer der ersten hatte der Frage nachzugehen, ob Bundesdienststellen nur in unzulänglichem Ausmaß Schwerbeschädigte einstellen. Verschiedentlich geht es um Korruptionsverdacht, etwa »die im Raum Bonn vergebenen Aufträge«, um Rüstungsaufträge, Nachrichtendienste oder Atomskandale.

Eben weil die Verdächtigungen, von denen die Ausschüsse ausgehen, zumeist sehr unangenehm sind, sind deren Beratungen von Streitigkeiten erfüllt, die sich rasch auf Verfahrensfragen zuspitzen können.

Immer wieder sind – übrigens im Anschluß an Bemühungen schon des Weimarer Reichstags – seit den sechziger Jahren Anläufe gemacht worden, durch ein Gesetz die Rechte der Ausschüsse zu verbessern und genauer festzulegen. Stets sind sie gescheitert. Es ging etwa um die Möglichkeit, Gerichte und Verwaltungen zu verpflichten, Akten vorzulegen respektive Aussagegenehmigungen für Bedienstete zu erteilen, um die Entschädigung geladener Zeugen und Übernahme der Verfahrenskosten durch den Bund. Man wollte die Möglichkeit der Mehrheit, den Untersuchungsgegenstand gegen den Willen der Minderheit zu verändern, beschneiden; der Minderheit bessere Beweiserhebungsrechte geben, notfalls die Möglichkeit, das Bundesverfassungsgericht in Verfahrensfragen anzurufen.

Aufgabe des Untersuchungsausschusses ist die Erforschung der Wahrheit. Heraus kommt am Ende zumeist eine »Proporzwahrheit«, ein Mehrheits- und ein Minderheitsbericht. Wichtig an den Ausschüssen im Rahmen der parlamentarischen Kontrolle können aber die öffentlichen Sitzungen und der Eindruck, den sie in der Öffentlichkeit machen, sein.

Doch im ganzen bleibt in Sachen Kontrolle bestehen, daß wirksam nur die durch die Mehrheit – hinter verschlossenen Türen – ist, während die Opposition davor nicht viel machen kann.

Die Arbeit des Bundestags ist nicht zuletzt dadurch ausgezeichnet, daß Minderheiten bestimmte Rechte haben. Sie beziehen sich im wesentlichen auf das parlamentarische Verfahren. Ihre Wahrnehmung setzt normalerweise eine bestimmte Mindestzahl voraus, meistens die Stärke einer Fraktion oder fünf vom Hundert der Abgeordneten. Doch können auch kleinere Gruppen, die als solche vom Bundestag anerkannt sind (wie die PDS in der zwölften und dreizehnten Wahlperiode), den Genuß der gleichen Rechte erlangen.

Zu diesen Rechten gehört etwa die Einbringung von Gesetzentwürfen und Anträgen, unter anderm desjenigen auf Herbeirufung eines Regierungsmitglieds. Fraktionen, Gruppen oder fünf vom Hundert der Abgeordneten können verlangen, daß ihre Anträge auf die Tagesordnung gesetzt werden, wenn seit Verteilung der entsprechenden Drucksache mindestens sechs Wochen verstrichen sind. Sie können von einem Ausschuß zehn Sitzungswochen nach Überweisung einer Vorlage einen Bericht über den Stand der Beratungen verlangen. Sie haben das Recht, Große und Kleine Anfragen an die Bundesregierung zu richten, können eine allgemeine Aussprache bei den verschiedenen Lesungen von Gesetzen erzwingen. Auf ihren Antrag muß eine Große Anfrage im Plenum beraten werden, wenn die Bundesregierung die Beantwortung innerhalb von drei Wochen oder überhaupt ablehnt, und wenn sie es verlangen, muß im Anschluß an eine Fragestunde zu einer Antwort der Bundesregierung eine Aktuelle Stunde stattfinden. Durch Widerspruch können sie verhindern, daß Gegenstände, die nicht auf der Tagesordnung stehen, beraten werden, sie können die Beschlußfähigkeit des Hauses bezweifeln.

Jede Fraktion kann bei der Aussprache für einen ihrer Redner eine Redezeit von 45 Minuten verlangen. Will sie nach einer länger als zwanzig Minuten dauernden Rede eines Mitglieds der Bundesregierung, des Bundesrats oder eines ihrer Beauftragten eine abweichende Meinung vortragen lassen, so steht ihr eine entsprechende Redezeit zu.

Die Fraktionen haben das Recht, ihre Mitglieder in den Ausschüssen und Enquetekommissionen zu benennen und gegebenenfalls abzuberufen, in jedem Unterausschuß mit mindestens einem Mitglied vertreten zu sein. Ihre Vorsitzenden dürfen an den Sitzungen jedes Ausschusses mit beratender Stimme teilnehmen.

Ein Viertel der Abgeordneten kann die Einsetzung einer Enquetekommission, ebenso viele die eines Untersuchungsausschusses verlangen, ein Drittel die Einberufung des Plenums. In Ausschüssen können die Mitglieder jeder Fraktion einer Erweiterung der Tagesordnung widersprechen, können auch verhindern, daß eine Vorlage für erledigt erklärt wird; ein Drittel der Mitglieder eines Ausschusses kann der Einsetzung eines Unterausschusses widersprechen, ein Viertel der Mitglieder eine öffentliche Anhörung über einen zur Federführung überwiesenen Gegenstand verlangen und hierzu die Auskunftspersonen benennen. Jede in einem Ausschuß vertretene Fraktion muß, bevor ein Ausschuß den Schluß der Debatte beschließt, Gelegenheit gehabt haben, zur Sache zu sprechen, und es mußten auch von der jeweiligen Fraktionsmeinung abweichende Meinungen vorgetragen werden können.

Mit diesen Festlegungen ist zugleich vermacht, daß einzelne Abgeordnete vieles im Hause nur zusammen mit andern auszurichten oder zu initiieren vermögen. In der Regel ist es die Fraktion, die sie für ihre Argumente und Absichten gewinnen müssen; aber es können auch fünf vom Hundert, das heißt zur Zeit 34 Abgeordnete, sein, mit denen zusammen sie Gesetze einbringen und vieles andere bewirken können.

Die Einschränkung der Rechte des Einzelnen, von sich aus gegenüber dem Plenum tätig zu werden, ist im Interesse einer geordneten Geschäftsführung unter heutigen Umständen wohl kaum zu vermeiden. Auch sollte man meinen, daß ein Abgeordneter das, wovon er am Ende das Plenum überzeugen zu können hofft, ohne unzumutbare Mühen zuvor mit 33 andern Abgeordneten abstimmen kann.

Zusätzlich kann jeder Abgeordnete vor Beginn einer Sitzung Einspruch gegen die Tagesordnung einlegen, er kann bei der zweiten Lesung von Gesetzen Änderungsanträge vorbringen, er kann Fragen für die Fragestunde einreichen, kann sich in der Debatte zu Zwischenbemerkungen melden und den Redner bitten, eine Zwischenfrage zu erlauben; von Zwischenrufen zu schweigen.

Schwieriger ist es für ihn, sich an den Debatten selbst zu beteiligen, sofern die Fraktion das nicht für ihn beantragt. Denn die Fraktionen pflegen die Debatten genau zu planen, und die Parlamentarischen Geschäftsführer achten sehr genau auf die Rednerliste.

Doch können einzelne Abgeordnete zumindest grundsätzlich auf das Wohlwollen des Präsidenten rechnen. Eugen Gerstenmaier berichtet: »Wenn aber ein Abgeordneter auch gegen den Willen seiner Fraktion das Wort wünschte, dann gab ich es ihm. Zu den vornehmsten Pflichten des Bundestagspräsidenten gehört schließlich der Schutz der Minderheiten auch gegen den Unmut der großen Mehrheit. Es passierte, daß ich das Recht des Einzelnen gegen den zumeist verständlichen Unwillen des ganzen Hauses durchsetzen mußte.« Gelegentlich läßt der Präsident wenigstens zu später Stunde solche Abgeordnete noch zu Wort kommen.

Man hat berechnet, daß das Rederecht im Plenum von einem Fünftel der Abgeordneten überhaupt nicht und von zwei Dritteln nur ausnahmsweise in Anspruch genommen wird.

Zweifellos mediatisieren die Fraktionen ihre Abgeordneten in größerem Ausmaß. Andererseits können diese erst mit Hilfe der Fraktionen nachhaltigen Einfluß auf das Parlamentsgeschehen erlangen. Damit kann im Alltag aber sehr viel Spannung, Unzufriedenheit und Frustration verbunden sein. »Wohl dem Abgeordneten, der sich mit seiner Gruppe und Fraktion so zu identifizieren vermag, daß seine eigenen Überzeugungen immer mit ihren Entscheidungen übereinstimmen. Er verkörpert dann sozusagen den Idealfall für seine Fraktion und Partei, und er erspart sich und seiner Gruppe viele Spannungen und Konflikte« – hat Hildegard Hamm-Brücher mit einem leichten Sarkasmus festgestellt.

Im Normalfall gibt es aber eine Brücke. Nach Umfrageergebnissen fühlt sich etwa die Hälfte der Abgeordneten im Bundestag vornehmlich den eigenen Wählern verpflichtet. Sie sind damit weitgehend auf eine bestimmte Klientel festgelegt, für deren Interessen sie sich einsetzen. Von Ausnahmesituationen abgesehen, läßt sich das vergleichsweise gut mit den verschiedensten allgemeineren Zielsetzungen der Fraktionen vereinen. Und in gewissem Sinne hängt die zunehmende Konzentration der Willensbildung in den Fraktionen und die »Vereinzelung« der primären Interessen so vieler Abgeordneter miteinander zusammen. Über diese Brücke können sich die von Hildegard Hamm-Brücher geschilderten »Idealfälle« vergleichsweise leicht bewegen.

Da können sie etwas (nicht zuletzt auch für die eigene Wiederwahl) bewirken, da sind sie selbst gefragt. Was das Volk im ganzen anbetrifft, stehen dagegen zwischen ihnen Fraktionen und Parteien (Wolfgang Ismayr).

Der einzelne Abgeordnete hat auch das Recht, aus einzelnen Anlässen persönliche Erklärungen abzugeben, neben den Erklärungen zur Abstimmung solche zur Aussprache, wenn er etwa Äußerungen, die sich auf die eigene Person bezogen haben, zurückweisen oder das Verständnis eigener Ausführungen richtigstellen will. Schließlich kann er »zu einer tatsächlichen oder persönlichen Erklärung außerhalb der Tagesordnung« vor Eintritt in die Tagesordnung, nach Schluß, Unterbrechung oder Vertagung einer Aussprache vom Präsidenten das

Wort erteilt bekommen. Die Erklärungen dürfen nicht länger als fünf Minuten dauern.

Das gesamte parlamentarische Geschehen ist letztlich auf das Plenum ausgerichtet. Von ihm und seinen Beschlüssen aus wird die Arbeit des Hauses in Gang gesetzt, in ihm und seinen Beschlüssen kommen Gesetze, Anträge, Wahlen zu ihrem Ergebnis.

Nach der Konstituierung des Hauses und der Wahl des Präsidenten findet hier der vielleicht folgenreichste Akt des Parlaments statt, die Wahl des Bundeskanzlers. Hier wird der Kanzler, werden die Minister, wird der Bundespräsident feierlich vereidigt. Hier stellt sich das Parlament den Blicken der Öffentlichkeit.

Im merkwürdigen Kontrast dazu steht die Tatsache, daß die Debatten, vor allem die großen Debatten im Plenum vergleichsweise langweilig sind, wenn die Abstimmung nicht von den Fraktionen freigegeben, wenn also in der Debatte nicht um die Entscheidung gerungen wird. In solchen Fällen aber kann es heiß hergehen, da kann es spannend werden, wie bei der Abstimmung darüber, ob Bonn oder Berlin die Hauptstadt sein soll, bei den großen Verjährungsdebatten und in diversen anderen Fällen. Künftig vielleicht bei der Debatte über das Holocaust-Denkmal.

Wo aber die Beschlüsse anderswo gefaßt worden sind, wo sie nur noch dargelegt und – nicht zuletzt aus dem Fenster heraus – begründet werden müssen, da muß einer schon ein ganz ungewöhnlich guter Redner sein, um interessant zu sprechen.

Schon 1848 hat ein Hamburger Senator aus dem Paulskirchenparlament berichtet: »Die Beschlüsse werden in den Clubbs gefaßt und danach läßt sich das definitive Resultat bestimmen, die großen Redner mögen nach dem auf der Tribüne sagen, was sie wollen. Eben deswegen besteigen auch nur die großen Talente die Rednertribüne, die andern wirken in den Clubbs oder wie man hier sagt, in den ›Parteien‹«.

Und so hat Max Weber die »unerhörte Langeweile der Parlamentsreden« charakterisiert, wo nur, wer als Redner bestellt ist, zu Wort kommen und vortragen kann, was die Partei vorher »durchrezensiert« hat.

Doch gibt es Ausnahmen, und sehr lang kann heutzutage keiner mehr werden, da die Debattendauer ziemlich genau und zumeist relativ knapp durch den Ältestenrat festgelegt wird.

Überblickt man das komplizierte, mit der Zeit immer feiner und mit sehr viel institutioneller Phantasie ausgestaltete Instrumentarium, das der Bundestag darstellt und mit dem er zu arbeiten vermag, so ist überhaupt nicht zu verkennen, daß es höchst kunstvoll ist. Und das ist schwer erarbeitet. Es gehört zur Erfolgsgeschichte des Bundestags, die ja auch darin besteht, daß er ziemlich rasch Formen einer erstaunlich guten Zusammenarbeit zwischen den Parteien gefunden und das Parlament als Parlament zum Funktionieren gebracht hat. Vieles verdankt sich unerhört mühevollen, mit Beharrlichkeit und beachtlicher Enttäuschungsfestigkeit vorangetriebenen Versuchen zur Parlamentsreform. Und manches konnte nicht gelingen, weil stets die Mehrheit, von welcher Seite des Hauses sie auch gestellt wurde, dagegen war, die Rechte des Parlaments – wie etwa bei den Untersuchungsausschüssen – zu verbessern.

Zweifellos hat der Bundestag sich mit diesem Instrumentarium die Möglichkeit geschaffen, angesichts der außerordentlichen Knappheit an Zeit vergleichsweise gut über die Runden zu kommen. Und aufs Ganze gesehen wird man auch feststellen können, daß die politischen Probleme der Zusammenarbeit zwischen Mehrheit und Minderheit insgesamt passabel gelöst sind.

Wie weit das Haus seine Aufgaben – und nicht zuletzt die in es ja nach wie vor gesetzten großen Erwartungen – erfüllen kann, ist eine andere Frage. Das kann durch Verbesserung der Verfahren und der Rechte der Einzelnen sowie von Minderheiten zwar erleichtert werden. Doch mit den Vorteilen für die Arbeit kann es verbunden sein, daß die Einbettung in die Bürgerschaft leidet, weil zu wenig öffentlich verhandelt wird. Was gleichsam sinnvoll innerhalb des politischen Systems ist, führt dazu, daß die Verbindung zur Bürgerschaft schmaler wird. Auch hängt es wesentlich von den Aufgaben selbst ab, wieweit ein Parlament sie lösen kann, wieweit es dabei überzeugt und die Stellung einnimmt, die seinem Rang als Volksvertretung zukommt; es spielt eine Rolle, welche Stellung das Parlament in der gesamten politischen und gesellschaftlichen Ordnung einnimmt; und nicht zuletzt kommt es darauf an, wieweit die Probleme eines Landes zu steuern sind, innerhalb des Landes wie in seinen Zusammenhängen mit anderen; wieweit das Geschehen in ihm noch Sache von Politik und politischen Entscheidungen ist.

Ein Teil der Arbeit des Bundestags vollzieht sich in internationalen Gremien. Der Europarat, die Westeuropäische Union, die NATO sowie die OSZE haben ihre eigenen parlamentarischen Versammlungen, in die die Parlamente (sei es durch Wahl, sei es durch Benennung seitens der Fraktionen) einige ihrer Mitglieder als Abgeordnete entsenden. Bis zur Einführung der Direktwahl (1979) war das gleiche auch im Straßburger Europäischen Parlament der Fall.

Schon 1953 war die Belastung durch solche Mitgliedschaften so hoch, daß man dies zum Anlaß nahm, die Zahl der Bundestagsabgeordneten zu erhöhen. Wieviel diese parlamentarischen Versammlungen zu sagen haben, ist sehr unterschiedlich, im ganzen müssen sie an Einfluß weit hinter den Regierungen zurückstehen. Doch ist es nicht unwichtig, daß auch die Parlamente unmittelbar an solchen Bündnissen und Verbindungen beteiligt sind und eine gewisse Mitsprache genießen.

Eine ganz besondere Erwähnung verdient die Interparlamentarische Union. Sie wurde 1889 als Zusammenschluß von Parlamentariern aus verschiedenen Ländern gegründet und sollte vor allem der Bewahrung des Friedens dienen. Entsprechend lag den Gründern vor allem daran, Schiedsgerichtsverfahren einzurichten und die Staaten zu verpflichten, ihre Streitigkeiten friedlich auszufechten. Probleme der Abrüstung kamen hinzu, und später erweiterte sich sowohl der Kreis der Mitglieder wie derjenige der Themen, die auf den, je in verschiedenen Ländern, stattfindenden Versammlungen beraten wurden. Mehr und mehr wurden ganze Parlamente zu Mitgliedern der Union. Sowohl nach dem Ersten wie nach dem Zweiten Weltkrieg konnten die deutschen Parlamentarier sehr rasch wieder an den Tagungen der Union teilnehmen, nach 1918 haben sich Parlamentarier aus Frankreich, Belgien und andern Ländern zeitweilig geweigert, die Sitzungen zu besuchen, weil Deutsche, Österreicher und ihre Verbündeten von Anfang an wieder eingeladen worden waren.

Seit 1965 hat die Union den Grundsatz der Nichteinmischung aufgegeben; damals wurde eine Entschließung gegen die Apartheid verabschiedet, wenige Jahre darauf folgten ähnliche Verlautbarungen zu den politischen Entwicklungen in der Türkei und Griechenland sowie zum Nahen Osten. Umweltprobleme, solche der Dritten Welt und immer wieder die Menschenrechte nehmen sehr viel Platz auf den Tagesordnungen ein.

Doch sind von der Interparlamentarischen Union auch Grundsätze entwickelt worden, die Reformbestrebungen innerhalb der einzelnen Parlamente bestärken können, zum Beispiel solche zum Recht der Untersuchungsausschüsse, derer sich der Bundestag zeitweise bedient hat. Denn es ist nicht der geringste Vorteil einer solchen Union, daß sie ihre Mitgliedsparlamente auch gegenüber deren Regierungen und Regierungsmehrheiten stärken kann. Die internationale Solidarität kommt dabei allen zugute. Daneben gibt es inzwischen mehr als 45 bilaterale Parlamentariergruppen von der deutsch-ägyptischen bis zur deutsch-venezolanischen. Einige davon umfassen mehrere Länder, wie etwa die deutsch-lateinamerikanische und die deutsch-mittelamerikanische Parlamentariergruppe. Sie haben den Zweck, durch gemeinsame Konferenzen, Informationsreisen sowie durch persönliche Kontakte die jeweiligen Beziehungen auf der parlamentarischen Ebene zu fördern.

Kein Zweifel, daß dies und manches andere nötig, daß es fruchtbar ist, daß es diesem und jenem Abgeordneten sehr am Herzen liegt. Was auch für das Haus, ja für das Land einmal zu Buche schlagen kann. Das Verhältnis zwischen Aufwand und Ertrag ist aber insgesamt nur schwer abzuschätzen.

VII.
Ein Plädoyer für die parlamentarische Demokratie

Bei aller Bewunderung für das Kunstwerk, zu dem das Parlament derweil entwickelt worden ist: wieweit es der Vielfalt seiner Aufgaben gerecht werden kann und allgemeiner gesagt: wieweit die Leistungsfähigkeit der parlamentarischen Demokratie heute reicht, ist damit noch nicht gesagt. Unzulänglichkeiten und Mängel dieser politischen Form drängen sich immer wieder dem Blick auf. Allein, gibt es unter den gegenwärtigen Verhältnissen bessere? Ich glaube, nein. Und in diesem Sinne möchte ich für diese Demokratie – in diesem Fall: so wie sie sich in Deutschland jetzt ausgebildet hat – sehr entschieden plädieren.

Man hat allen Anlaß, ihre Fähigkeiten herauszustreichen, stabile Regierungen hervorzubringen sowie den Wechsel zwischen Regierungsparteien zu ermöglichen; denn das versteht sich nicht von selbst.

Man hat Grund, ihre Fähigkeit zu schätzen, die Regierungsarbeit einer gewissen Öffentlichkeit und Kritik und in irgendeinem, hoffentlich nicht dahinschwindenden, Maß auch der Kontrolle auszusetzen. Denn auch das ist nicht selbstverständlich, sondern eine Leistung derer, die die institutionellen Voraussetzungen dafür im Laufe der Zeit geschaffen haben, sowie derer, die sie in Gang halten.

Man hat einst gemeint, im Kampf der Meinungen höben sich die Partikularinteressen gegenseitig auf und es triumphiere am Ende das Allgemeininteresse. Nach Karl von Rotteck trügen die parlamentarischen Diskussionen zur Feststellung des »vernünftigen Gesamtwillens« bei. Davon sind wir weit entfernt. Aber die Klarheit darüber, was im Gange ist und warum so oder so entschieden wird, eine Nötigung zu rationaler Auseinandersetzung und oft genug auch ein gewisser Ausgleich der Interessen kann nach wie vor auf diesem Wege erreicht werden, jedenfalls auf keinem andern so gut wie vermittels der Volksvertretung durch das Parlament.

Auch der Gewinn an Offenheit und Toleranz, den wir in den letzten Jahrzehnten erzielt haben, wäre unter den Umständen dieser Zeit ohne die politische Form der Demokratie wohl kaum zu haben gewesen. Gewiß, um die Toleranz einer Gesellschaft steht es am besten, wenn sie nicht auf die Probe gestellt wird. Und doch kann sich ein gewisses Polster ausbilden, das einige Stöße aufzufangen vermag – in der Praxis des Umgangs von politischen Gegnern miteinander, in der Erfahrung der Umgänglichkeit auch von Gegnern, also in der Demokratie und gerade auch im Parlament.

Und sosehr sie dabei gelegentlich schon mal an Grenzen stößt, was alles diese Demokratie an Rechtsstaatlichkeit trägt, sichert und angesichts von vielerlei Veränderung fortzubilden vermag, sollte man genausowenig für selbstverständlich, für gleichsam mit dem Leben im ausgehenden 20. Jahrhundert gebucht halten – wie die Leistungen des Sozialstaats, zumindest relativ weitgehender Formen sozialer Abfederung, die die Demokratie – übrigens in relativ alter preußischer und deutscher Tradition – zu erbringen vermag; in Abhängigkeit allerdings von den wirtschaftlichen Verhältnissen. Wir würden uns die Augen reiben, wenn all dies, was sich eben gar nicht von selbst versteht, entfiele.

Demokratie ist, daran hat sich seit den Griechen nichts geändert, eine Sache des Demos. Er muß sich unter modernen kontinentaleuropäischen Verhältnissen eine Ordnung setzen, als Constituante; der Geburtsfehler, der der deutschen Demokratie dadurch anhaftete, daß der Parlamentarische Rat nicht der Herkunft, sondern nur der Bestimmung nach als solche fungierte, ist längst ausgeglichen, weil wir uns das Grundgesetz im Westen des Landes längst zu eigen gemacht haben und auch im Osten dabei sind, es allmählich zu tun. Damit sind der Politik einige Ziele, sind ihr – und der Demokratie – vor allem Grenzen gesetzt.

Aber der Demos, das Volk, muß auch seine Institutionen tragen. Was er dabei grundsätzlich vermag, beweist die Geschichte der Deutschen Mark, speziell der Deutschen Bundesbank, die über einige Wechselfälle hinweg eine so geschlossene Zustimmung der Bevölkerung erwerben und genießen konnte, daß sie eine Autorität gewann, wie sie allein aus ihren gesetzlichen Grundlagen nie im Leben hätte erwachsen können.

Von den politischen Institutionen gilt nichts anderes; wenn auch mit bemerkenswerten Unterschieden und Abstufungen. Alle brauchen sie nicht nur gesetzliche respektive verfassungsmäßige Grundlagen – und gegebenenfalls Apparate, die sie zu allem möglichen instandsetzen –, sondern auch Zustimmung oder, um das schöne neue Wort dafür zu gebrauchen: Akzeptanz, Mitdenken, Bestärkung und zugleich Kritik, jedenfalls irgendwie artikulierte aufmerksame Teilhabe der Bürgerschaft daran; zumindest die Bereitwilligkeit, ihnen zu folgen und sei es nur: ihnen das Feld zu überlassen.

Aber sie tun es in ihren verschiedenen Positionen auf verschiedene Weise. Regierungen wissen es, wenn sie jedenfalls über funktionierende Apparate verfügen, zu schätzen, wenn sich die Bürger nicht allzu sehr um ihre Tätigkeit kümmern, sie also nicht stören, nicht zuletzt, wenn sie bereit sind zu tun, was sie wollen. Das macht vieles leichter – auch wenn es sich auf die Dauer vielleicht nicht auszahlt; aber das ist eine andere Sache.

Parlamente jedoch mögen es zwar genießen, wenn man sie in Ruhe arbeiten läßt; indes sind sie dann nicht unbedingt stark. Wohl vermögen sie dann einiges zu leisten; aber andere Komponenten ihrer Aufgabe müssen sie dabei vernachlässigen.

Volksvertretung bedeutet mehr, als nur stellvertretend für das Volk Gesetze zu geben. Das Parlament ist zwar ein Teil des politischen Systems (im engeren Sinne des Worts), aber derjenige, der dazu da ist, die Verbindung zur Bürgerschaft herzustellen. Seine Aufgabe, »dem Volk« in der Politik eine Stimme zu geben, ist nicht nur abstrakt zu verstehen. Auch wenn dessen »Wille« ursprünglich diffus ist. Auch wenn die Parteien und das Parlament vieles erst artikulieren (und eben dabei bestimmen) müssen, was zum Teil in allgemeinen Meinungstendenzen an-, im übrigen entlang der Parteilinien festgelegt wird – am Ende sollte sich etwas herausbilden, was als der Wille zumindest der Mehrheit des Volkes gelten kann; in gewissem Sinne der Fiktion nach, indes sollte zumindest als regulatives Prinzip dabei maßgebend sein, daß es so nicht nur gelten, sondern auch sein solle.

Doch das Problem besteht dabei nicht nur in der Artikulation, sondern auch in der Kraft der Meinungen, und es stellt sich nicht nur im Einzelfall, sondern auch in Hinsicht auf die Institution insgesamt. Unzufriedenheit mit dem Parlament ist auch ein gutes Zeichen, denn darin bezeugt sich, was man von der Vertretung des Volkes erwartet.

Nur dürfen die Enttäuschungen nicht überhand nehmen. Tun sie es nicht, so können die Erwartungen der Bürgerschaft, und je kräftiger sie sind, um so mehr, das Parlament nicht nur zu bestimmten Äußerungen motivieren, sondern ihm auch Kraft verleihen.

Es ist nicht nur – mit seiner Mehrheit – Stütze der Regierung, sondern stets potentiell auch dazu da, »das Volk« gegenüber der Regierung zu vertreten, besonders, wo es sich Zumutungen ausgesetzt fühlt, sei es von Regierung oder Bürokratie im Lande, sei es von der europäischen Kommission und deren Bürokratie. Gewiß muß das Parlament sich nicht gleich mit verbreitetem Ärger und Empörung identifizieren; doch wäre es gut, wenn es ihn gelegentlich aufnehmen, wenn es es der Mühe wert erachten würde, gerade verbreitete Ärgernisse zum Gegenstand öffentlicher Debatte zu machen, damit sie abgestellt, damit sie mindestens – vielleicht – besser verstanden werden können.

Die weit überwiegende Mehrheit einer Gesellschaft, ganz unabhängig von Parteizugehörigkeit und -sympathie, hat nur im Parlament – wenn man von den Medien einmal absieht – Aussicht, politisch vertreten zu werden, in Übereinstimmung wie in Gegensätzen. Insofern ist der Gedanke der Repräsentation durch das Parlament noch immer richtig. Hier kann »das Volk« vermittelt als politische Einheit handeln. Partikularinteressen können in Verbänden, Parteien (und natürlich auch im Parlament) große Macht entfalten, haben viele Möglichkeiten der Einwirkung, in Bonn respektive Berlin, Brüssel und anderswo. Ihr Potential gründet nicht nur in Beziehungen, sondern in der Verfügung über – häufig überlegenes – Expertenwissen, in Druckmitteln aller Art, darunter gar nicht so selten jenen Formen der Vernetzung, die, wenn sie noch die alten wären, »mafiös« genannt werden könnten; aber sie haben sich ja inzwischen modernisiert.

Ihrer organisierten Macht gegenüber ist die unorganisierte Menge des Volkes notwendig auf weite Strecken unterlegen. Um so mehr braucht sie die Öffentlichkeit der Diskussion, der Information, der Kritik – und eben jene Institution, die dies alles vermitteln und mindestens ein Stück weit die schwindenden Reste des Staates noch repräsentieren kann.

Wieviel das Parlament dabei vermag, ist fraglich. Es hängt nicht nur von ihm ab, sondern von der Bürgerschaft, die es stützt, vielleicht sollte man sagen von einer Basis in enttäuschungsfesten Erwartungen, in »horizontalen Solidaritäten«, in denen die Einzelnen, soweit es geht, ihre Spezialinteressen zurückstellen und die Gemeinsamkeit der Interessen mit anderen in den Vordergrund tritt. Es hängt ab von den vermittelnden Instanzen der Medien, von deren Urteilskraft, von deren Langzeitgedächtnis – von vielen Voraussetzungen also, die heute nachlassen. Daß es aber weitaus besser ist, wenn »das Volk« an einer Stelle vertreten wird, daß das Parlament insofern unersätzlich ist, ist trotz allem kaum zu verkennen. Alle Einwände gegen sind zugleich Argumente für das Parlament. Und wenn man sagt, daß jedes Volk das Parlament – und auf andere Weise natürlich auch die Regierung – hat, die es verdient, so wird darin deutlich, daß man diese Institutionen nie isoliert sehen kann. Es muß insgesamt einen Kreislauf der Willensbildung geben, von oben nach unten und von unten nach oben.

Parlamente befriedigten kein ordnungspolitisches Grundbedürfnis, hat Burkhard Wehner bemerkt. In ihrer Vielgestaltigkeit erschienen sie meist weder als ein unbezweifelbar sachlich kompetentes handlungs- und entscheidungsfähiges Machtorgan, dem sich der anlehnungsbedürftige Bürger unbesorgt anvertrauen mag, noch vermöchten sie dem gegenläufigen Bedürfnis nach möglichst unmittelbarer Vermittlung des Volkswillens an die Regierung zu genügen.

Offensichtlich haben die Parlamente mit ihrem Sieg an Profil verloren. Als sie im Gegensatz zum Herrscher, zu seiner Regierung standen, war ihre Rolle im Grunde klar, einleuchtend, identifizierbar; und sie konnte von vielen als notwendig empfunden werden. Sobald sie jedoch »Souverän« sind, Grundlage der Regierung und in so vielem deren legislatorisches Vollzugsorgan, verschwimmen ihre Konturen; jedenfalls für das allgemeine Bewußtsein, das ja heute nur am Rande politisch ist. Da wird jedenfalls manches problematisch.

Das kann überspielt werden, wenn große Entscheidungen anstehen, wenn sich die Fraktionen und Parteien ins Volk hinein verlängern, wenn die politische Leidenschaft um sich greift. Wie in den ersten Jahrzehnten der Bundesrepublik können dann parlamentarische Auseinandersetzungen, selbst wenn die Mehrheiten, die am Ende abstimmen, feststehen, spannend sein und weithin Interesse finden. Vielleicht daß es sich dann mutatis mutandis wie in einer guten Erzählung verhält, wo man den Ausgang kennt und trotzdem das Geschehen zitternd und mit immer neu keimender Hoffnung verfolgt, daß es anders kommen – könnte.

Das aber entfällt weithin, wenn nur um vielerlei nicht gar so Wichtiges, nicht gar so Bewegendes und nicht gar so eindeutig von den einen zu Begrüßendes, von den andern zu Befürchtendes gestritten wird, und sei es, daß die in Frage stehenden Prozentsätze des Eingangs- und des Höchststeuersatzes dem Bürger in konkreten Zahlen, was etwa die Durchschnittsfamilie mit zwei Kindern angeht (von der man gar nicht recht weiß, wie durchschnittlich sie eigentlich noch ist), erläutert werden.

Da wird jedenfalls die Rolle des Parlaments schwieriger. Schwieriger zu verstehen allemal; mit der Folge einer gewissen Politikverdrossenheit; schließlich wohnt der Institution Parlament die Erwartung inne, daß es uns nicht nur vertritt, sondern auch schützt. In Großbritannien hat das eine sehr lange Tradition, die so kräftig ist, daß sie durch die weitgehende Inbesitznahme der Unterhausmehrheit durch die Regierung kaum Schaden erleidet. Die aus dem Unterhaus hervorgehende Regierung ist gleichsam die Parlamentsregierung, und sie pflegt die vom Parlament in langen Auseinandersetzungen ertrotzten Rechte der Bürgerschaft zu respektieren und zu verteidigen. Auf dem Kontinent dagegen bleibt die Regierung – wie es sich bereits in der Sitzordnung abzeichnet – dem Parlament gegenüber; obwohl sie demokratisch domestiziert ist. Da kann der oppositionelle, der grundsätzlich regierungskritische Aspekt des Parlaments nicht so leicht vergessen werden. Mit den entsprechenden Enttäuschungen, wenn sich das Parlament zu sehr als Teil des Regierungsapparats erweist.

Doch ist die Rolle des Parlaments in unsern Tagen, bei vermindertem politischem Interesse des Demos auch schwieriger auszuüben (bei allen sedativen Effekten, die von einer ordentlichen Routine auszugehen vermögen). Nur, kann man ernsthaft hoffen, daß es in der Politik wieder interessanter wird?

Die Leistungsfähigkeit, der Nutzen, ja, was unsere Verhältnisse angeht, die Notwendigkeit der parlamentarischen Demokratie sind für jede genauere Betrachtung evident. Die Arbeit, die dort verrichtet wird, ist außerordentlich; sie trägt vielerlei Früchte (und ist dabei nicht sonderlich gut honoriert). Sie mag durch Reformen in diesem und jenem zu verbessern sein, auch um an Aufmerksamkeit überhaupt und speziell in unsern fast nur mehr durch Medienbrillen halbwegs scharfen Augen zu gewinnen.

Indes besteht das Grundproblem vermutlich darin, wieweit das Parlament die ganze Spannung, die in ihm als Volksvertretung *und* Regierungsorgan angelegt ist, auszuhalten, fruchtbar zu machen, ja auszuleben vermag; als Doppelrolle.

Die Frage ist, wieweit es neben seiner »Arbeit« die wichtigsten Probleme der Politik frühzeitig und in beachtlicher Weise zum Gegenstand seiner Aussprachen machen kann. Wieweit es als Forum der Politik fungieren kann, gegebenenfalls, zumindest gelegentlich, auch kritisch gegenüber der Exekutive, sei es der Bonner, sei es der Brüsseler, und das nicht unbedingt in den Bahnen von Parteiloyalitäten.

Dies aber ist in mehrfachem Sinn eine Sache der Setzung von Prioritäten, sowohl politisch wie sachlich.

Die Aufgaben, die Themen, die Rolle, die das Parlament in der Bürgerschaft zu spielen hat, verändern sich aufs stärkste aufgrund der vielfachen Durchbrechung der Staatlichkeit, unter anderm der Bedeutung und der Macht der europäischen Instanzen innerhalb der EU. Dadurch wird die parlamentarische Demokratie mühsamer, aber keineswegs überflüssig.

Die Weise, in der das durch gewisse Verzahnungen zwischen Bundestag und Europäischem Parlament aufzufangen versucht wird, kann, zumal im Europaausschuß des Bundestags, ein wenig von seinem Kompetenzverlust abfedern. Im ganzen aber ist es wohl kaum vermeidbar, daß der Bundestag wie die andern europäischen Parlamente – und bereitwilliger als manche andere, speziell das britische – in seinen Entscheidungsmöglichkeiten immer weiter zurückfällt, welche Mächte auch immer das dabei verlorene Terrain am Ende unter sich aufteilen werden. Aber etwas anderes kommt, so wie es aussieht, dazu.

Eric Hobsbawm hat von dem »Dilemma« gesprochen, das durch die Rolle hervorgerufen werde, die das gewöhnliche Volk in einem Jahrhundert spiele, welches – zumindest nach präfeministischen Standards – mit Recht »das Jahrhundert des kleinen Mannes« genannt worden sei: Das Volk könne in keinem Sinne selbst oder durch seine Vertretung regieren, doch habe man, zumal auch die Demoskopie seine Meinungen ständig zu ermitteln erlaube, weitgehend auf es Rücksicht zu nehmen. Und das kann die Regierungen lähmen. Die kleinen Leute könnten nämlich durchaus der Überzeugung sein, daß bestimmte Gesetze und Maßnahmen im allgemeinen Interesse wünschenswert seien, sie aber trotzdem ablehnen, weil sie deren Auswirkungen auf ihre privaten Angelegenheiten fürchteten. Die Ankündigung von Steuererhöhungen vor der Wahl liefe auf Selbstmord hinaus.«Und damit wurden Wahlen zu Wettkämpfen im Leisten von fiskalpolitischen Meineiden.« Man weiß inzwischen, daß dies letztere nicht so sein muß. Wahlversprechen können auch gehalten werden. Nur weiß man nicht, ob ihre Einhaltung dann nicht am Ende doch auch von denen, die davon begünstigt werden, bezahlt werden muß; weil es nicht reicht.

Die Frage ist, wieweit die Fortschrittsbewegung, die dieses Jahrhundert – trotz aller fürchterlichen Rückschläge – bestimmte, die die Demokratie – als Demokratie – weithin überhaupt erst möglich gemacht hat, auch weiterhin als deren Voraussetzung unentbehrlich ist.

Fortschritt, und gerade die als Fortschritt verstandene Geschichte, hieß Verbesserung auf vielen Gebieten zugunsten immer weiterer Schichten in immer mehr Ländern. Ist das aber noch möglich? Laufen die Dinge im ganzen nicht eher zugunsten immer kleinerer Minderheiten? Wenn jener Fortschritt aber nicht mehr möglich ist: Wie geht es dann weiter mit der Demokratie? Bei rückläufigem Staat, bei auslaufendem Fortschritt? Schließlich hat die begründete Hoffnung auf immer weitere Verbesserungen lange viel dazu beigetragen, unter den Unterprivilegierten Geduld zu erzeugen; Mäßigung, die Bereitwilligkeit zu friedlicher Auseinandersetzung, zur Anerkennung auch des Parlaments als deren Ortes.

Es geht hier nicht um Prognosen. Kein Mensch weiß, wohin wir unterwegs sind. Viele von uns haben ungeheure neue Möglichkeiten vor sich, entwickeln großartige neue Fähigkeiten, sie zu nutzen, in der ganzen Welt, wo immer es sein mag. Sie verändern die Welt, indem sie neue Erkenntnisse erzielen, neue Methoden entwickeln, neue Produkte auf neue Weisen entwerfen, herstellen, absetzen, wo immer es sein mag; indem sie auch auf ganz neue und immer neuere Weise miteinander und mit andern kommunizieren. Und das alles in großem Umfang, ohne daß sie das, was im ganzen dabei herauskommt, unbedingt beabsichtigten. Denn welcher Unternehmer, der rationalisiert und Arbeitskräfte entläßt, will die Arbeitslosigkeit mit all ihren vielfältigen Folgen? Welcher Wissenschaftler, der neue Gentechnologien entwickelt, will die potentiell weitreichenden Folgen, die daraus resultieren? Welcher Autofahrer will die Luftverschmutzung?

Es hängt immer von den Konstellationen des Handelns ab, wieweit die Verfolgung bestimmter Absichten unbeabsichtigte Nebenwirkungen mit sich bringt. Heute ist das, angesichts der weitgespannten »Interdependenzketten« (Norbert Elias), in außerordentlich hohem Ausmaß der Fall, an den verschiedensten Stellen, sei es am gleichen Ort, sei es anderswo. Und was daraus erwächst, ist schwer zu kontrollieren.

Wir befinden uns auch in diesem Punkt in einer welthistorisch ganz neuen Lage. Früher waren die wirtschaftlichen und gesellschaftlichen Strukturen im ganzen konstant, es sei denn, man hätte beschlossen, sie zu verändern. Das hing dann von der Politik ab, genauso wie sie darüber entschied, ob Reiche und Gemeinwesen im Auf- oder im Abstieg begriffen waren. Politik, politische Ereignisse und darunter manche »Schicksalsschläge« waren zu gewärtigen; strukturelle Veränderungen waren gering, man konnte sie kaum wahrnehmen (außer in gewissen Verfallsprozessen). »Von selbst« geschah nach allgemeiner Auffassung abgesehen von der Politik nichts. Anders seit dem 18. Jahrhundert: Da beobachtete man überall Veränderungsprozesse, die von der Politik vielleicht gestört und aufgehalten werden konnten, jedoch letztlich nicht von ihr abhingen, weil sie aus Wissenschaft, Technik, Wirtschaft, allgemeiner Aufklärung, bürgerlicher Öffentlichkeit und anderem vorangetrieben wurden. Das Unheimliche an solchen Veränderungen wurde für viele dadurch kompensiert, daß sie sich mit dem von ihnen teils wahrgenommenen, teils postulierten Prozeß als mit einem Prozeß der Verbesserung identifizierten. Die aufsteigende Bourgeoisie konnte das an sich selbst erfahren; später auch das Proletariat. Manch einer mochte an den Fortschritt nicht glauben, in der Aristokratie etwa, aber auch in den unteren Schichten, solange sie davon entschieden benachteiligt waren. Die Einsicht in seine Ambivalenz war vorhanden, mußte aber zurückstehen, bis sie aufgrund der Atomwaffen und Atomkraftwerke, aufgrund Gentechnologie und anderem auch für die Allgemeinheit nicht mehr zu übersehen waren. Und natürlich gab es auch Rückschläge genug, doch insgesamt hat sich die These von der allgemeinen Verbesserung weithin bestätigt.

Jetzt sind wir vermutlich zum ersten Mal in einer Lage, wo sich zwar vieles »von selbst«, unabhängig von politischen Beschlüssen, verändert, mehr als bisher und mit viel größerer Geschwindigkeit, ja steter Beschleunigung – wo aber die Richtung, in die das zielt, kaum mehr vermutet werden kann. Schon deswegen, weil das Künftige fast außer Relation zu allem bisherigen steht, weil wir keine Maßstäbe haben, um es auch nur recht einzuschätzen. Die Sprache selbst scheint dafür nicht mehr auszureichen; wieweit die bisherigen Werte noch etwas bedeuten, ist offen. Der verbreitete Unwille, sich dem Ernst dieser Situation zu stellen, anders gesagt: das Vorwalten der »Spaßgesellschaft« ist nur ein Anzeichen dafür, wie stark sich unser Erkennen und der in uns sich vollziehende Wandel auseinanderdividiert haben. Und, wie gesagt, daß die Dinge sich zugunsten immer breiterer Schichten in immer mehr Ländern veränderten, unterliegt starken Zweifeln.

Doch was immer an Grundlagen der bisherigen Demokratie sich damit verändert – ein Einwand gegen die parlamentarische Demokratie resultiert daraus nicht. Nur zusätzliche Schwierigkeiten und zusätzliche Herausforderungen für sie. Denn Diskussion und, bei aller Durchbrechung der Grenzen, Integration innerhalb der vorhandenen Gesellschaften, und Solidarität wird man auch weiterhin brauchen. Man darf dem Parlament nicht zu viel aufbürden. Doch wenn vieles, nicht nur was wir gelernt, sondern auch was wir geschätzt, wertgehalten, gewollt haben, zum Teil unbrauchbar, zum Teil unmöglich, zum Teil einfach vergessen wird, ergeben sich nicht nur intellektuelle, sondern auch politische Probleme – für eine Gesellschaft, die, mindestens zur Zeit, vor allem aus Vorandrängenden und Zurückbleibenden besteht.

Hobsbawm fährt fort: »Gleichzeitig waren Wähler wie Parlamente ständig mit Entscheidungen zu Sachfragen konfrontiert, für deren Beantwortung Nichtexperten – also die Mehrheit der Wähler wie der Gewählten – über keinerlei meinungsbildende Qualifikationen verfügten, beispielsweise wenn es um die Zukunft der Atomenergie ging.«

Keine Frage, solche Entscheidungen sind unerhört schwierig. Aber sind die Regierenden dabei in einer besseren Situation? Und ist den Fachleuten, die es vielleicht beurteilen können, zu trauen? Wie oft hat man erlebt, daß sie ihre Meinung bald änderten! Ist vor allem den Interessengruppen zu trauen, die oft über Fachleute, Gutachten, das beste Material, also über anscheinend glänzende Gründe verfügen? Ist in diesen wie in andern Fällen nicht immer noch das beste Argument, daß diejenigen, die insgesamt von Entscheidungen betroffen sind, diese auch fällen müssen? Mit Mehrheit? Unter demokratischen Verhältnissen?

So bedeutsam die Prozesse sind, die von Wissenschaft, Technik, Kommunikation und Wirtschaft ausgehen und die Welt bis weit in die gesellschaftliche Schichtung und die Mentalitäten der verschiedenen Völker hinein verändern; sosehr der Spielraum von Entscheidungen und Steuerungsmöglichkeiten schrumpft: Es wird eben doch auch weiterhin vieles von der Politik abhängen. Nicht nur, wie sich die verschiedenen Gesellschaften – einzeln oder (zunehmend) im Verbund mit andern – auf die Veränderungen einstellen, wie sie sie im eigenen Land aufnehmen, fördern oder auch hemmen wollen, wird auch künftig politisch zu entscheiden sein. Vielmehr werden, auch in der EU, weite Bereiche etwa der Sozialpolitik, vielerlei Probleme der sozialen Versicherung und des sozialen Ausgleichs, große Teile der Innen-, Wissenschafts- und Schulpolitik und vieles andere auf absehbare Zeit den Einzelstaaten überlassen bleiben.

Die Mehrheiten der bisherigen Gesellschaften werden, bei aller Beweglichkeit und allen Wanderungen, ihren Lebensmittelpunkt im eigenen Lande behalten. Sie müssen darauf sehen, ihr Zusammenleben einigermaßen zivilisiert zu regeln. Es braucht Recht. Es braucht Schutz. Es braucht aber auch Überblick und die Möglichkeit der Selbstbestimmung.

Seitdem in der Epoche der Aufklärung für Adel und Bürgertum der Anspruch erhoben worden ist, einigermaßen souverän die gesellschaftliche Welt zu erkennen und gegebenenfalls zu verändern, seitdem Liberale, Demokraten und Sozialisten je auf ihre Weise diese Welt zu formen und zu kontrollieren versuchten, sind die europäischen Staaten nicht mehr ohne das Bestreben nach weitgehender gesellschaftlicher Selbstbestimmung zu denken. Keineswegs ist alles für sie zu beherrschen, aber sie haben ihre Eingriffe immerhin immer weiter (und – so kann man zumindest mit guten Gründen meinen – vielfach auch über die Grenzen des Zulässigen hinaus) erstreckt. Übrigens haben sie dann ja auch gelernt, durch entsprechende Verfassungsbestimmungen sich selbst Grenzen zu setzen.

Europäische Gesellschaften wollen nicht von undurchschaubaren Mächten, welcher Art sie auch sein mögen, gelenkt werden. Sie wollen nicht irgendwo treiben, ohne zumindest zu wissen, warum, wozu und wohin. Sie wollen wenigstens verstehen, was mit ihnen vorgeht, wenn sie es schon – jedenfalls zuweilen – nicht ändern können.

Es gehört zu ihrem Verständnis von Menschenwürde, daß sie nicht nur respektiert und ordentlich behandelt werden, sondern daß sie auch »mitkommen« mit ihrer Welt (wie immer sie in ihren Augen zugeschnitten sein mag). Aber hinter dem Verstehen liegt natürlich zugleich das Ziel, das stets eine Illusion ist und dem man doch, indem man es anstrebt, wenigstens näherkommt: daß wir – und zwar bei allen Veränderungen auf stets neuen Wegen und trotzdem eben mit dem gleichen Ziel – versuchen, die Voraussetzungen und Verhältnisse unseres Lebens zusammen einigermaßen zu kontrollieren, in unserm Sinne; und daß wir unsere Kinder so aufwachsen lassen und erziehen, daß sie diese Welt fortsetzen und vielleicht – bewußt – weiterentwickeln können.

All dies wird, wenn nicht alles täuscht, zunehmend schwierig. Die Problematik, die sich mit den so raschen, so tief umwälzenden Veränderungsprozessen auftut und die gerade auch darin resultiert, daß die Möglichkeiten der Politik relativ zum gesamten Veränderungsgeschehen schrumpfen, spielt trotzdem, auch in einem Plädoyer für die parlamentarische Demokratie ihre Rolle.

Denn obwohl die notwendigen intellektuellen und mentalen Prozesse Sache nicht der Politik, sondern der vielfältigsten gesellschaftlichen Diskurse sind, werden in ihrem Zusammenhang immer wieder Aufgaben auch für die Politik erwachsen; nicht nur, was Wissenschaft und Erziehungswesen angeht. Es wäre Sache der Politik, neben und mit den verschiedenen partikularen Interessen, um die es dabei geht, das Ganze der Gesellschaft im Auge zu behalten, also das rechte Verhältnis zwischen den verschiedenen Schichten, Gruppen, Landesteilen, Altersklassen und Interessen immer wieder neu auszuloten und zu befördern. Längst sind wir viel zu sehr darauf aus, nur noch zu versuchen, was wir aus diesem und jenem an Vorteil herausschlagen, wie wir innerhalb der Verhältnisse vielerlei Möglichkeiten entwickeln, vielleicht auch Macht gewinnen können. Um so wichtiger wird es auf die Dauer sein, daß wir in irgendeinem Ausmaß versuchen, auch Macht über unsere Verhältnisse zu gewinnen; alle zusammen, durchaus nicht im Einklang, und doch in einem annehmbaren Zusammenklang.

Und wenn dies – möglichst – zunehmend vor dem Horizont neuerer allgemeiner Erkenntnisse über die Zeit und ihre Veränderung geschehen muß, so könnten sich die Diskussionen darüber – mutatis mutandis im Sinne von Bagehots *teaching function* – in ihrem politischen Teil im Parlament konzentrieren. Wenn sich etwa das Problem der Arbeitslosigkeit weniger als eines der Beschaffung von Arbeitsplätzen als vielmehr darin stellt, daß ein großer mehr oder weniger beschäftigungsloser Teil der Bevölkerung nicht nur – in jedem Sinne des Wortes – unterhalten, sondern auch die Verluste an Selbstwert und Lebenssinn ersetzt haben muß, die damit verbunden sind, dann sind ja wohl nicht nur Schulen, Sozialarbeiter und Polizisten – und gesellschaftliche Diskurse – gefragt, sondern auch Fördermaßnahmen und Geldzuweisungen – und dies alles kann nur auf dem Hintergrund stets neuer Orientierungen geschehen.

Wenn Demokratie die Staatsform ist, die auf der Partizipation des ganzen Volkes beruht, wenn sie rational funktioniert, in allgemeinen Prozessen der Reflexion, dann hat sie gerade auch in solchen Situationen wie der unseren im Parlament ihr natürliches Forum.

Es ist den Deutschen, wie man mit gutem Grund und dankbar festzustellen hat, nach 1945 das »Geschenk der Freiheit« zugefallen. Und sie haben es gewiß mit Verstand und Erfolg genutzt. Was es bedeutet, wird heute neu bewußt, nachdem die Vergangenheit der Zeit davor eine viel stärkere Rolle in der Öffentlichkeit und für viele Einzelne spielt. Hildegard Hamm-Brücher hat das geschildert und hat ausgeführt, daß zur Nutzung dieses Geschenkes vor allem gehört, »das eigene demokratische Stehvermögen zu mobilisieren, durchzuhalten, indem man das Aufbegehren gegen Mißstände nicht nur anderen empfiehlt, sondern es selbst wagt, um damit dem leider weitverbreiteten Hang [...] zur Anpassung, zur Resignation, zum Konformismus zu widerstehen«.

Hier liegt eine Aufgabe, gerade in Deutschland. Für alle zusammen und nicht zuletzt auch für das Parlament. Hier ist ein Kernpunkt parlamentarischer Demokratie berührt.

Denn woran lag es denn, daß die Deutschen fähig waren, ihrer Führung im ganzen blindlings bis zu den fürchterlichsten, bis zu einzigartigen Verbrechen zu folgen? Doch nicht daran, daß sie in besonders hohem Ausmaß unanständig, Schweine oder Schurken gewesen wären. Und was immer man in den Strukturen, den Eigenarten der »verspäteten Nation«, kurz an Gründen aus früheren Zeiten finden mag: Letztlich lag es doch daran, daß zuviel gehorcht, daß zuviel gekuscht – und daß, was sich damit ja normalerweise verbindet, zu viel und in zu vielem angepaßt wurde. Daß man bei allem, was man an Rechtsgefühl noch durchaus hatte, nicht die Klarheit und nicht die Unverdrossenheit besaß, um immer wieder aufzubegehren oder wenigstens aufzumucken gegen immer neue Zumutungen, und seien es diejenigen, auf eine Weise zu denken, wie es durchaus nicht recht war. Kaum etwas spricht dafür, daß Entsprechendes nicht wieder möglich wäre; am wenigsten die so beliebte konforme Betroffenheit. Freilich gibt es die gut begründete Hoffnung, daß eine ähnliche Inanspruchnahme solcher Art von Bereitwilligkeit in absehbarer Zukunft nicht zu befürchten ist.

Doch muß man nicht gleich an solch extreme Situationen denken. Vielmehr scheint, und gerade in Übergangszeiten, wo so vieles unsicher und flüchtig wird, das eigene Denken, die Eigenständigkeit – und gerade nicht die Bereitschaft, sich zu ducken – immer mehr gebraucht zu werden; um der Menschlichkeit, vielleicht gar um der Menschenwürde willen.

Auch in diesem Zusammenhang scheint es mir wichtig zu sein, daß ein Parlament, gerade ein Parlament, entsprechend der Rolle, durch die die Parlamente in der europäischen Tradition mächtig geworden sind, Selbständigkeit und Zivilcourage beweist. Das wäre eine gute alte herkömmliche Rolle – gespielt im Versuch, Demokratien als Demokratien zu erhalten. Denn noch ist nicht gesagt, daß diese Form überholt ist; noch scheint sie besser zu sein als jede andere bekannte, noch muß sie also praktiziert werden; und nicht zuletzt von den Parlamenten her, die es in der Tat schwierig haben, die aber so viel gute Arbeit leisten, daß wir uns umgucken würden, wenn es sie nicht mehr gäbe – und die vermutlich noch manche andere Aufgabe zusätzlich dazubekommen werden. Parlamentarier müssen nicht vorbildlich sein – doch müssen sie sich der Wurzeln, aus denen ihre Institution und ihre Repräsentation leben, bewußt sein; des Anspruchs zunächst auf Mitsprache und »Freiheiten«, dann auf die Freiheit selbst; der auf Gleichheit erwächst mit zunehmender Demokratisierung. Doch ist damit der auf Freiheit, auf Eigenständigkeit, Selbstbestimmung, Verantwortung nicht erübrigt. Im Gegenteil!

Nachwort zur
Taschenbuchausgabe

Die Neuauflage dieses Buches, für die ich dankbar bin, kann ich leider nicht dazu nutzen, um auf verschiedene freundliche Hinweise und Einwände einzugehen – respektive entsprechende Änderungen vorzunehmen.

Aber einmal bin ich, übrigens von Wolfgang Schäuble, auf einen Fehler aufmerksam gemacht worden, und den sollte ich richtigstellen, S. 117. Die Zweitstimmen von Wählern, die einem unabhängigen Kandidaten ihre Erststimme gegeben haben, werden laut Bundeswahlgesetz nur dann nicht berücksichtigt, wenn dieser den Sitz im Wahlkreis gewonnen haben sollte. Mein Schluß (werden . . . bestraft) ist also falsch.

Zum andern möchte ich einen eigentümlichen Vorgang nicht unerwähnt lassen. Die Fahnen dieses Buches haben vereinbarungsgemäß der Bundestagsverwaltung vorgelegen; ohne daß damit meine Entscheidung über den Text eingeschränkt worden wäre. Einige Hinweise boten im Gegenteil Anlaß zu Verbesserungen. Irgendwie sind dann aber doch, nach meiner letzten Korrektur, zwei Sätze abhanden gekommen, die ich nicht hätte auslassen wollen. Sie betrafen die Zahl der Mitarbeiter der Verwaltung und bildeten das Ende des ersten Absatzes auf S. 227. Sie lauteten: 1991 waren es 2232, nämlich 1347 Beamte, 633 Angestellte und 252 Arbeiter. 1949 hatte man mit zusammen 434 Mitarbeitern begonnen, 1969 stieg die Zahl erstmals auf über tausend an.

Die Zahlen habe ich dem Bundestagshandbuch entnommen. Wenn sie falsch gewesen sein sollten, hätte man sie korrigieren können. Aber warum sollte der Passus gestrichen werden? Hat die Verwaltung ob ihrer Größe ein schlechtes Gewissen? Konnte daher auch mein Wunsch nach einer Luftaufnahme oder einem Plan des Parlamentsviertels nicht erfüllt werden? In Berlin ist inzwischen hinfällig, daß nicht nur die Regierung ein Viertel hat. Doch wie auch immer es sich erklären mag: ich finde, daß wir ein arbeitsfähiges, zu Kontrolle und insbesondere auch zu eigenständiger Äußerung befähigtes Parlament brauchen und daß dies auch etwas kosten darf. Und entsprechend finde ich, daß man dies nicht zu verstecken braucht; es sei denn, der Bundestag meine, er erfülle seine Aufgaben nicht hinreichend. Davon hinge allerdings die Legitimation der Kosten ab. Daran jedoch kann man etwas ändern. Sollte man sogar.

München im März 2001

Bildnachweis

Parlamentsarchiv des Deutschen Bundestags: 182, 183, 189, 191, 207, 217, 218, 219, 220, 221, 227

J. H. Darchinger: 187

Deutsche Presseagentur: 8, 181, 222, 224

Interfoto: 225